Policy Guidelines for Tax,
Foreign Exchange and Accounting in Belt and Road Countries.

"一带一路"

税收外汇会计政策指南 Ⅴ

董付堂　姚焕然　辛修明　主编

中国经济出版社
CHINA ECONOMIC PUBLISHING HOUSE

图书在版编目（CIP）数据

"一带一路"税收外汇会计政策指南 . V / 董付堂，
姚焕然，辛修明主编 . —— 北京：中国经济出版社，2019.8

ISBN 978-7-5136-5728-0

Ⅰ . ①一… Ⅱ . ①董… ②姚… ③辛… Ⅲ . ① "一带
一路" – 国际税收 – 会计政策 – 指南　Ⅳ . ① F810.42-62

中国版本图书馆 CIP 数据核字（2019）第 238258 号

责任编辑　杨　莹
文字编辑　郑潇伟　赵嘉敏
责任印制　巢新强
封面设计　晨罡文化

出版发行　中国经济出版社
印 刷 者　北京力信诚印刷有限公司
经 销 者　各地新华书店
开　　本　710mm×1000mm　1/16
印　　张　21.25
字　　数　338 千字
版　　次　2019 年 9 月第 1 版
印　　次　2019 年 9 月第 1 次
定　　价　98.00 元

广告经营许可证　京西工商广字第 8179 号

中国经济出版社 网址 www.economyph.com　社址 北京市东城区安定门外大街 58 号　邮编 100011
本版图书如存在印装质量问题，请与本社发行中心联系调换（联系电话:010-57512564）

主　编

董付堂　姚焕然　辛修明

编委名单

姚丹波　冯会会　张翠芬　何牧林　王　征　莫永年

张泰宇　刘　琛　周陵彦　杨天福　董　青　段超凤

李福龙　尚　妍　刘　芬　翁　辉　余科明　刘旭光

王惠芳　孙坚青　张之亮　石保俊　李　兵　张和忠

董文静　杨晓彤　王重娟　何之蕾　郭　颖　杨　勇

马秀琴　张丽霞　林媛媛　熊升全　张红斌

本书特别顾问

（按拼音字母排序）

房秋晨

中国对外工程承包商会会长

傅俊元

中国保利集团有限公司总会计师

王秀明

中国铁建股份有限公司总会计师

张　克

信永中和集团董事长

赵　东

中国石油化工集团有限公司总会计师

序 一

随着我国对外开放特别是"一带一路"倡议的深入推进,企业走出国门、拓展海外业务的步伐加大,越来越多的中国企业"走出去"并在海外市场开展投资、并购等经济活动。据商务部数据显示,2018 年,我国对外投资规模持续扩大,共对全球 164 个国家和地区的 7961 家境外企业进行了非金融类直接投资,累计实现投资 1701.1 亿美元,同比增长 44.1%;与"一带一路"沿线国家进出口总额达到 6.3 万亿元人民币,对"一带一路"沿线 53 个国家的非金融类直接投资 145.3 亿美元。

但由于缺乏对境外投资目的地整体营商环境的研究,近年来,"走出去"企业在国际市场开拓和经营的过程中也面临着较大的困难和风险,特别是财税外汇政策方面的风险。

据不完全统计,我国"走出去"企业多达几十万家,其中除大型企业外,绝大部分是中小型企业,普遍反映对所在国的会计政策、税收政策和外汇政策难以进行系统性的了解和掌握,特别是中小型企业,更是心有余而力不足。因此,极大地制约了我国"走出去"企业的财务管理水平和合规能力的提升,严重影响了我国企业的国际声誉。

为了帮助企业更好地了解当地财税法规,本丛书主要围绕境外投资目的地整体营商环境、税收体系、外汇制度、会计政策等方面内容,进行了较为详细的介绍。鉴于主要发达国家的财税体系较为健全,有关政策法规比较透明,资料也容易获取,本丛书不再予以整理收集。本《指南》汇集的 80 个国家(地区),大部分是我国企业境外业务开展较多的欠发达或发展中国家,能够基本满足我国"走出去"企业的迫切需求,有助于"走出去"企业能够快速熟悉境外投资目的地国的基本财税政策,大幅降低企业对所在国财税法规信息收集的成本,既有利于提升企业的法规遵从意识,又有利于企业防控经营风险，增强企业"走出去"的信心和底气。

本丛书是集体智慧的结晶。中国对外工程承包商会发挥了重要的平台和引领作用，参与本丛书编写的是我国"走出去"的核心企业代表，分别为中国路桥、中国建筑、中国电建、中国有色、国机集团、葛洲坝国际、CMEC、中国铁建、中石油、中国港湾、中水对外、北京建工和江西国际等十多家企业。信永中和会计师事务所对本丛书进了全方位的指导和审核，使本丛书的专业性和实用性质量得到了实质性的提升。

本丛书定位为专业工具书，旨在为我国广大"走出去"企业的财务、投资、商务和法务等专业管理人员提供参考和指南，同时，也为"走出去"企业提供专业服务的中介机构提供了重要借鉴。

由于编写组学术水平和实践经验有限，本指南难免有不足和谬误之处，恳请专家和读者批评指正！

2019 年 9 月于北京

序 二

2013 年国家提出"一带一路"倡议,随着中国与沿线国家的扎实推进,现在"一带一路"已成为举世瞩目且被越来越多的国家认可和接受的概念。近年来,中国企业对沿线国家直接投资超过 900 亿美元,完成对外承包工程营业额超过 4000 亿美元,为推动沿线国家的经济发展做出了卓有成效的贡献。

越来越多的中国企业以多种多样的方式走出国门,参与这一宏大的划时代壮举,但过程和结果并非都能遂人所愿。如近些年部分企业相继爆出海外投资失败,或遇到重大障碍而致进退两难。虽然决定中国企业海外投资能不能成功的因素非常复杂,但"知己知彼、百战不殆",不知彼显然是其中一个重要因素。"走出去"的中国企业需要知悉目的国的经营规则和市场环境、税务财务制度和投资融资法规、政府的优惠及限制政策等。提高在国际环境下开展经营的意识和能力尤应引起足够重视,特别是在投资前期,要尽可能做到"谋定而后动",充分了解当地规则和信息,并借助专业机构的力量,对投资事项作出审慎判断,从而避免投资损失。

鉴于此,本套丛书集合众多财会咨询专家、海外投资经营实务机构高管的智慧,全面陈述了"一带一路"沿线相关 80 个国家(地区)的投资环境、市场基本情况、税收种类和征管情况、外汇管制、会计制度及核算等政策、规定和信息。可以说,本套丛书可以视作投资"一带一路"国家的财会实务宝典。此外,越来越多的中国专业机构和专业人士在服务中国企业"走出去"中也扮演着越来越重要的角色,通过此书掌握境外目标国的基本经济情况和财税政策无疑也会有效提升这些专业人士的服务能力和效率。

"一带一路"倡议的提出和运作为所有沿线国家提供了更大的发展空间

和福祉，也为中国企业提供了更多在世界舞台上驰骋的机会，若此书能在中国企业和中国专业服务机构走向世界的过程中发挥些许助力和护航的作用，则功莫大焉！

信永中和集团董事长

序 三

"一带一路"倡议提出六年来，中国对外承包工程行业保持良好发展势头，取得了可喜的成绩。但随着海外市场的不断拓展，企业面对的东道国政策法规环境也日趋复杂，企业中普遍存在着对所在国法规理解不透彻、经营管理中有"盲区"、正当权益遭侵害而维权不力等现象。特别是，很多企业对当地的财税政策了解较为肤浅和不系统，容易出现因无知和冒进的做法而触犯法律法规的问题，给企业经营带来损失，声誉造成影响，这其中的教训值得我们认真总结和反思。"走出去"企业迫切需要在了解和适应海外法律法规方面得到更多的指导和服务。

《"一带一路"税收外汇会计政策指南》丛书的出版，正是恰逢其时，为中国"走出去"企业提供了全面、及时、实用的海外政策信息指南，对企业开拓国际市场、提升合规经营和企业管理水平将发挥重要作用。

该《指南》由中国对外承包工程商会融资财税委员会组织行业内十多家骨干会员企业，联手信永中和会计师事务所共同整理研究的成果。《指南》对80个国家（地区）的投资经营环境、法律体系、外汇管理规定、税收会计政策等方面进行了详尽的解析，相信能对"走出去"企业准确了解所在国法规政策，快速融入当地营商环境，有效防范政策风险，促进企业可持续发展起到一定的引领和指导作用。

中国对外承包工程商会将进一步发挥各专门委员会的特色与专长，为广大企业提供更为专业和实用的服务，为中国企业全面参与"一带一路"建设，实现"共商、共建、共享"发展做出新的贡献！

中国对外承包工程商会会长

序 四

"一带一路"倡议提出以来，中国企业"走出去"的步伐不断加快，竞争实力日益提高，在国民经济中发挥着越来越重要的作用。但由于海外政治社会、法律财税、营商环境等方面存在较大差异，给企业国际化经营带来了较大挑战。

国际化经营涉及的内容繁多，企业需要从国际税法、国际税收协定、外汇和会计政策等角度作出系统全面的安排。企业在进行境外投资前有必要认真做好功课，对境外的税收、外汇和会计政策等重要内容进行充分了解、考察和分析，并针对企业自身情况制定出最优的投资架构、退出渠道等方案，以便有效规避境外投资风险，实现投资利益的最大化。

《"一带一路"税收外汇会计政策指南》丛书主要围绕境外投资目的地国整体营商环境、主体税种、征管制度、双边税收协定、外汇制度和会计政策等方面内容进行详细介绍，涉及"一带一路"沿线80个国家（地区），旨在使中国企业及时、准确、全面地了解和掌握境外投资的税务成本、纳税操作、税务风险规避、外汇和会计政策等重要信息，满足"走出去"企业的迫切需求，有助于"走出去"企业能够快速熟悉境外投资目的地国的基本财税政策，大幅降低企业对所在国财税法规信息收集的成本，既能够提升企业的法规遵从意识，又能够增强企业防控经营风险的信心和底气。

本丛书集合各类专家智慧结晶，具有很强的专业性、指导性和实用性，是不可多得的系列工具用书，对于助力中国企业"走出去"积极践行"一带一路"倡议将发挥重要作用。

中国石油化工集团有限公司总会计师

专家推荐语

  随着"一带一路"倡议的深入推进，中国企业"走出去"的步伐不断加快，海外业务拓展迅猛，但由于海外政治经济人文等差异较大，各项政策制度复杂多变，给企业生产经营带来了很大的困难和挑战，也积聚了一系列的问题和风险，必须引起高度重视，积极做好各项应对之策。《"一带一路"税收外汇会计政策指南》丛书，围绕80个国家（地区）颁布的税收、外汇和会计政策等问题，进行全面系统收集整理，认真分析归纳研究，以应用指南的形式呈现给广大读者，值得"走出去"企业的相关人员借鉴和参考。该丛书覆盖范围广，涉及"一带一路"沿线80个国家（地区），涵盖中国企业"走出去"的重点区域；针对性强，选择了税收、外汇和会计政策等中国企业"走出去"过程中遇到的最迫切、最现实的问题，能够满足我国各类企业"走出去"的基本生产经营需要；操作性强，内容安排上既有基本制度和相关情况的介绍，又有重要制度政策解读以及具体操作应用指引；权威性高，集合中国对外工程承包商会及我国"走出去"的十多家核心企业代表的集体智慧，同时也得到信永中和会计师事务所的专业指导和审核。该丛书是广大"走出去"企业的财务、投资、商务和法务人员非常难得的操作应用指南。

中国铁建股份有限公司总会计师

这是一部中国企业"走出去"践行"一带一路"倡议的重要工具用书，对于实际工作具有十分重要的参考价值。

中国保利集团有限公司总会计师

"一带一路"倡议重在促进沿线国家之间的互联互通，加强相互间的经贸合作和人文往来。缺乏对相关国家会计、税收、外汇等体系的充分了解，不仅会提高经贸合作的成本，而且会加大经贸往来的风险。汇聚了我国在"一带一路"经贸合作领域耕耘多年的多家知名企业的实务界专家们巨大心血的这本政策指南，填补了空白，可以为我国"走出去"的企业提供极富价值的参考，对学术界开展国际比较研究，夯实会计基础设施，助推"一带一路"合作，也有很好的参考价值。

上海国家会计学院党委书记、院长

习近平总书记在推进"一带一路"建设工作5周年座谈会上发表重要讲话指出，过去几年，共建"一带一路"完成了总体布局，绘就了一幅"大写意"，今后要聚焦重点、精雕细琢，共同绘制好精谨细腻的"工笔画"。要坚持稳中求进的工作总基调，贯彻新发展理念，集中力量、整合资源，以基础设施等重大项目建设和产能合作为重点，在项目建设、市场开拓、金融支持、规范经营、风险防范等方面下功夫，推动共建"一带一路"向高质量发展转变。

"一带一路"沿线国家的发展水平、社会制度、宗教民族、文化习俗等方面千差万别，企业"走出去"面临诸多风险。"一带一路"建设中要行稳致远，持续发展，需要政府加强政策沟通，建立以规则为基础的法治合作体系，更需要企业遵守东道国的法律法规，建立健全风险防范机制，规范投资经营行为。这就要求企业加强对沿线国家法律法规的深入了解和科学应用，不断提高境外安全保障和应对风险能力。《"一带一路"税收外汇会计政策指南》丛书的出版，可谓应景适时。

本丛书有以下三个突出特点：一是选题聚焦"一带一路"沿线国家的税收、外汇与会计等财经政策，契合企业当前的迫切需求，可以帮助企业及时了解、识别和规避沿线国家的财税、外汇与会计风险，对企业提升相关业务的合规合法性、促进企业稳步发展具有重要的现实意义。二是编写团队来自我国参与"一带一路"建设的核心企业代表，他们不但熟悉沿线国家的财经政策，并且有扎实的理论功底和丰富的实践经验，确保了本书的专业性。三是内容翔实，重点介绍了 80 个国家（地区）最新的税收、外汇和会计政策，具有很强的针对性和时效性，为"走出去"企业提升财经风险意识、夯实财经管理基础和提高财经风险防范能力提供了基本遵循。

本丛书源于实践，是切合实际的专业性指导工具书。在此，由衷地希望"走出去"企业及相关从业者能够从本丛书汲取营养，共同助力"一带一路"建设，为推动共建"一带一路"走深、走实做出积极贡献。

厦门国家会计学院党委书记

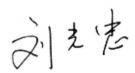

目录
CONTETS

第一章 孟加拉国税收外汇会计政策

第一节 投资环境基本情况

一、国家简介

孟加拉国位于南亚次大陆东北部，东、西、北面与印度相邻，东南角与缅甸接壤，南临孟加拉湾。国土面积 147570 平方公里，2016 年孟加拉国人口约 1.66 亿，平均每平方公里 916 人。孟加拉国资源贫乏，大量工业原材料、资本货物、生活物资均需从国外进口，进口依赖度很高。首都达卡是全国政治、经济、文化中心，人口约 1200 万。吉大港市（Chittagong）是孟加拉国最大的港口城市和全国第二大城市，人口超过 760 万。孟加拉国 80% 的国际贸易及 40% 的工业产值均产生于吉大港。官方语言为孟加拉语，通用语言为英语。货币为塔卡（TAKA）。

二、经济情况

孟加拉国农业资源、人力资源、天然气资源非常丰富。其中，储量最丰富者为天然气，也成为至今为止孟利用外国直接投资最多的产业。孟加拉国其他重要的资源主要还包括：石灰石、磐石鱼类资源、待开发的石油等。近年来，孟加拉国经济持续稳定增长。2017—2018 财年，孟加拉国实际 GDP 约合 2847 亿美元，较上年增长 9.33%，名义 GDP 约合 2726 亿美元，世界排名第 43 位，较上年增长 9.17%，人均 GDP 约合 1677 美元。

三、外国投资相关法律

孟加拉国实行贸易自由化政策，为进一步加速贸易自由化进程，孟加拉国政府在 20 世纪 90 年代进行了一些卓有成效的改革，包括减免关税，减少进出口限制，将多元化汇率系统改革成单一体制等。孟加拉国与贸易相关的主要法律有《进出口法案》（1950 年）、《国家出口奖励政策》（2006 年）、《进口商出口商采购商（注册）令》（1981 年）、进口政策（2012—

2016年）等。

孟加拉国允许外国公司或个人在国民经济领域进行投资。在互利的基础上，投资方式可以选择独资，也可以选择合资，鼓励外国投资的领域包括：基础农业和农产品加工业、人力资源出口业、造船业、可再生能源业和旅游业等。在公共事业领域，政府允许外国投资者通过BOO（建设—拥有—经营）、BOT（建设—经营—移交）、BOOT（建设—拥有—经营—移交）、PPP（政府和社会资本合作）等方式参与基础设施及公用事业的建设，以及自然资源的开发，并对外国投资者给予国民待遇。

在孟加拉国，外国投资者可设立的企业形式包括公司代表处或办事处、外商独资企业、合资企业、分公司或子公司、股份有限公司等。

赴孟加拉国需办理工作许可证制度。在出口加工区内企业工作的外国人向出口加工区管理局申请，出口加工区之外的企业、分公司、代表处向投资局申请。外国人在孟加拉国工作必须先申请工作许可证，工作许可证首次有效期为两年，此后视情况延期。

四、其他

按照孟加拉国《企业所得税法案》规定，孟加拉国政府对外国投资企业提供一系列税收减免政策，对部分行业投资企业的产品出口给予一定的现金补助。孟加拉国政府通过工业政策、进出口政策、出口加工区管理条例等多种渠道也制定了一系列企业所得税税收减免优惠政策。

孟加拉国鼓励以出口为导向的企业赴孟加拉国投资，以拉动本国经济并扩大就业。为鼓励投资并刺激出口，孟加拉国政府对部分行业实行出口现金补贴，主要包括：纺织、黄麻、冷冻鱼、土豆、自行车、皮革、轻工等产品，具体补贴比例如下：纺织品5%，黄麻和轻工产品10%，冷冻鱼虾和土豆12.5%，皮革产品15%，自行车17.5%等。为了通过工业化促进经济的快速发展，孟加拉国政府实行了吸引外资的开放政策。孟加拉国出口加工区管理局是促进和吸引外商在孟加拉国出口加工区投资并提供相应便利的政府官方机构。出口加工区作为特殊区域为投资者提供了适宜的投资环境以及便捷的服务手续。目前孟加拉国有8个出口加工区，规模最大的是吉大港出口加工区。

对于外国投资实行程序简化，享受单一窗口当天服务和简化程序。允许分包给加工区内外的出口导向型企业；允许在境内把企业从一个加工区迁至另一个加工区；符合条件时可获得常驻居民权利或公民权利。

第二节　税收政策

一、税法体系①

孟加拉国实行的是以所得税和增值税为核心的税收体系，由国税局进行统筹管理征收。常见税费包括：所得税（Income Tax）、关税（Customs Duty）、增值税（Value Added Tax，VAT）、消费税（Excise Duty）、补充税（Supplementary Duty）、基础设施建设附加费（Infrastructure Development Surcharge，IDSC）、旅游税（Travel Tax）、附加税。

主要税收法律法规包括《关税法》（1969 年）、《所得税法案》（1984 年）、《财税法案》（2016 年）、《增值税法案》（1991 年）、《旅游税法案》（2003 年）、《孟加拉国消费税》（1944 年）及《临时税征收法案》（1931 年）。对于所有的税收政策有重大影响的变化均需要通过议会讨论、辩论、批准后才能成为税收法案。

二、税收征管

（一）征管情况介绍

孟加拉国的最高税收管理权威机构是国税局。孟加拉国国税局是根据总统颁令 76 号文于 1972 年成立，是孟加拉国财政部分支机构内部资源部门的下属分支管理机构。

孟加拉国国税局负责税收法律法规的编制和复核，就双边税收协定与

---

① 数据来源：孟加拉国《关税法》（2014 年），税法体系来自孟加拉国国税局，网址：https://online.ibfd.org/kbase/#topic=doc&url=/collections/gtha/html/gtha_bd_chaphead.html&WT.z。

海外政府机构进行协商，参与内阁经济财政制度以及税收管理的审议。孟加拉国国税局负责征收所有税收，主要税种包括增值税、关税、消费税以及所得税。国税局下辖所得税部门、海关部门、增值税及消费税部门三个主要征收部门。所得税部门负责征收所得税及旅游税。海关部门负责征收进口关税及补充关税等；此外，海关部门代税务部门征收进口预提所得税。增值税及消费税部门负责征收增值税和消费税。

（二）税务查账追溯期

孟加拉国的企业所得税税务查账追溯期为六年，若未按时足额缴纳按照预估方式应预缴的税款，税务机关还会就少于应缴纳税款金额75%的部分征收利息。若预缴税款金额超过当年的应纳税额，纳税人可以申请退税。只有获得税务部门的退税批准后，企业才能够实际申请退税或将多缴纳的税款在以后年度用于抵扣应纳税额。

（三）税务争议解决机制

孟加拉国财政部所属的国税局要求每个公司或分公司或联络处提交每年的收入报表填报至税务局副局长（DCT），税务机关应审核上报报表以检查收入、税收、退款计算和支持文件。如果需要，税务机关会给纳税人发送关于报表的听证会通知，并根据法规执行所有税收结算。如果纳税人不同意税务局的决定，可以上诉法庭或法院申请解决纠纷。

在收到税务局的评决书45天内，可根据评估后的税务局命令在法庭专员级别提出上诉。如果对第一次上诉不满意，在第一次上诉命令通知后的60天内向上诉法庭再提出上诉。如若适用与高级法院分庭情形，在法庭命令发出后90天内将仲裁庭的任何决定提交高等法院分庭，以解决因该命令而产生的任何法律问题。上诉庭可就高等法院部门在证明书上通过的任何判决提出上诉。

三、主要税种介绍

（一）企业所得税

1. 征税原则

孟加拉国纳税人分为居民企业和非居民企业。孟加拉国居民企业是指按照孟加拉国现行法规注册或成立的，在纳税年度内其实际控制和管理活动均在孟加拉国境内进行的企业。孟加拉国非居民企业是指孟加拉国居民企业以外的企业。

征税范围：①居民企业。应就其来源于孟加拉国境内、境外所得缴纳企业所得税；且境外产生的亏损可用于抵扣境内所得收入。若孟加拉国居民就其取得的境外收入通过官方途径汇入境内，可免征企业所得税。此外，居民企业出口经营所得可减按 50% 缴纳企业所得税。②非居民企业。仅就来源于孟加拉国境内的所得缴纳企业所得税。

根据孟加拉国税法规定，孟加拉国对税法规定范围内的所得类型征收企业所得税，具体包括：销售货物收入；提供劳务或专业服务收入；资本利得收入；财产利得收入；证券利息收入；转让房产收入；其他形式的所得。

2. 税率

在孟加拉国根据企业性质不同适用的所得税率也不同，上市公司适用的所得税率为 25%，非上市公司的税率为 35%，商业银行适用的所得税率为 37.5%，商业银行除外的保险、金融机构无上市公司和非上市公司区分，一律按 40% 的税率征收；对于上市烟草公司、移动电话运营商按 45% 税率征收；对于社会合作社（非农产业及家庭手工业）税率按 15% 征收。在当地注册的外资企业同样适用此税率。

3. 预提所得税

根据《财税法案》（2016 年），纳税人因以下项目支付费用给居民纳税人时，应预提所得税，其税率不超过 10%。若纳税人在支付费用时，尚未完成网上纳税人身份识别号的注册登记，则预提所得税税率将提高 50%。

表1-2-1 居民纳税人适用的预提所得税税率

费用类型	预提所得税税率
履行合约（包括分包合同，任何书面或非书面形式的续约合同或协议等）	不超过 200000 塔卡，税率为 0%； 超过 200000 塔卡但少于 500000 塔卡，税率为 1%； 超过 500000 塔卡但少于 1000000 塔卡，税率为 2%； 超过 1000000 塔卡但少于 2500000 塔卡，税率为 3%； 超过 2500000 塔卡但少于 10000000 塔卡，税率为 4%； 超过 10000000 塔卡但少于 50000000 塔卡，税率为 5%； 超过 50000000 塔卡但少于 100000000 塔卡，税率为 6%； 超过 100000000 塔卡，税率为 7%

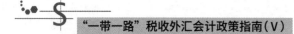

续表

费用类型	预提所得税税率
销售货物，制造、加工或改造以及印刷、包装或装订情形下	不超过2000000塔卡，税率为3%； 超过2000000塔卡、但少于10000000塔卡，税率为4%； 超过10000000塔卡，税率为5%
股息	20%
利息费用（固定存款利息，非银行金融机构存款利息费用，不包括政府养老金等）	10%
其他存款利息费用（不包括养老金、职工福利基金利息费用等）	5%
股权转让	15%
资本利得	10%
租赁费：房产或土地、机器及设备	5%
咨询服务费和专业服务费、技术服务费以及其他服务费（不超过250000塔卡）	不超过250000塔卡，税率为10%； 超过250000塔卡，税率为12%
运输服务，汽车租赁服务费	不超过250000塔卡，税率为3%； 超过250000塔卡，税率为4%
餐饮服务、清洁服务、代理回收服务、组织管理服务、私人安保服务、人力资源服务费	按佣金计算， 不超过250000塔卡，税率为10%； 超过250000塔卡，税率为12%。 按收入计算， 不超过250000塔卡，税率为1.5%； 超过250000塔卡，税率为2%
汽车修理费、私人集装箱及港口服务费、物流代理商佣金以及采购佣金	不超过250000塔卡，税率为6%； 超过250000塔卡，税率为8%

表1-2-2 非居民纳税人所适用的预提所得税税率表

费用类型	预提所得税税率
股息	（1）公司，20%； （2）公司以外的其他个人，30%
利息	20%

费用类型	预提所得税税率
特许权使用费、牌照费或其他无形资产相关费用，专业服务，技术服务，技术知识产权服务或技术支持服务建筑，室内设计或园林设计等	20%
卫星，播报或波频租赁，电台频道租赁	20%
资本利得	15%
租赁费：土地、机器设备	15%
咨询服务、法律服务、管理服务（包括项目管理）、装船前检验服务、佣金	20%
广告制作服务	15%
广告推广费	20%
空运或水运服务	7.5%
制造、加工或改造承包商或分包商	7.5%
供应商	7.5%
保险费	10%
工资或薪酬	30%
石油开采或钻探运营，油气田及输出点之间的运输服务	5.25%
上述未提及的服务费	20%
其他费用	30%

4. 税收优惠

（1）私营电力制造企业。在孟加拉国由于资源匮乏经济落后，基础设施落后以及就业岗位较少。政府给予一些特殊性企业很大的税收优惠政策。对于私立电力制造企业，若企业于 2014 年 6 月 30 日或 2014 年 12 月 31 日以前已初始投产运营，从商业运营第一天起可免征所得税 15 年。若该企业是在 2015 年 1 月 1 日或之后开始商业生产，前五年政府给予按 100% 减免所得税，第六至八年所得税减免税率为 50%，第九至十年所得税减免 25%。在满足一定的条件下，在 2020 年 6 月 30 日以前与孟加拉国电力发展部门签订相关协议，并于 2023 年 6 月以前投产运营的煤电制造企业，可享受以下所得税优惠政策：①自投产运营并取得限定类型的经营所得起 15 年内可免征企业所得税；②外派员工自入境孟加拉国起三年内可享受免征个人所得税；③可免除外债利息；④取得的特许权使用费、专有技术使用费、技术协助费可免征所得税；⑤股权转让所得免征所得税。

（2）特殊区域的建筑物所得。若企业于 2014 年 6 月 30 日以前在不包括市区企业中心、达卡县等在内的其他特殊地区修建满足一定条件的楼房或建筑物，可减免十年所得税。

（3）工业或基础设施工程。在满足一定条件的前提下，工业或基础设施工程企业可减免所得税。若工业或基础设施工程于 2014 年 7 月 1—2019 年 6 月 30 日内修建，企业可继续享有五年或十年的减免税收益优惠政策，对于工业或基础设施工程满足一定的条件前提下在不同的工程地点，可享受一定的减免政策。

（4）信息技术产业。电脑软件开发、国家电信传输网络及信息技术服务的所得可在 2024 年 6 月 30 日以前享受免税优惠政策。在 2011 年 7 月 1 日至 2013 年 6 月 30 日设立的电脑硬件工业企业，按照不同地区法规的要求，该企业有权享受五年或七年的免税收益。

（5）制造企业所得税返还。依据《公司法》（1994 年）注册成立的制造企业，若其注册地址在市区企业中心范围外，且满足以下四个条件之一的，可进行税款返还：①不享有任何税收优惠；②在税收优惠时效内但未享受任何税收优惠；③该企业为非上市企业；④该企业取得了环境理事会的最新资质证书。

若公司运营始于 2014 年 7 月 1 日至 2019 年 6 月 30 日，企业在开始运营后的十年内可享受 20% 的返还税率；若在 2014 年 7 月 1 日至 2019 年 6 月 30 日内企业迁移至上述以外的地区，且在此期间开始运营的企业在地址迁移后的十年内可享受 20% 的返还税率；若已经开始运营的企业在 2019 年 6 月 30 日以前可享有 10% 的返还税率。

（6）政府和社会资本合作项目（PPP 项目）。对特定的政府和社会资本合作项目（PPP 项目）所取得的特定收入可享受免税，比如：国家级高速公路及相关道路服务、立交桥、高架或平路高速公路、跨河桥梁、隧道（内）河口岸、海港、机场、地铁、单轨铁路、铁路、公交车站、停车场、养老机构等在满足特定条件前提下，自上述项目开始开展经营活动后的十年内所取得的收入，可全额免征所得税。在满足特定条件前提下，自上述项目开始运营起十年内，因转让股权或专利而取得的收入，或因提供技术诀窍和相关服务而取得的收入，可全额免征所得税。

（7）私营经济区。由地方企业、孟加拉国非居民企业或境外投资者独资或合资在私营经济区设立的企业，在注册期间可免征资产转让涉及的所得税。

（8）最低应纳税额。对于纳税人在达卡和吉大港城市内最低应纳税额为 5000 塔卡，在其他城市的纳税人最低应纳税额为 4000 塔卡，城市外公司为 3000 塔卡。

5. 所得额的确定

《税法通则》规定，应纳税所得额是指企业每一纳税年度的收入总额，减除不征税收入、免税收入、各项扣除及允许弥补的以前年度亏损后的余额。税前扣除项目主要有以下规定。

（1）海外差旅费的允许限额为账目报表中公开的营业额的 1.25%。

（2）业务招待费：对于首个 100 万塔卡的收入，营业额 4% 以内允许扣除，对于超过 100 万塔卡的收入，营业额 2% 以内允许扣除。

（3）特许权使用费、技术服务费、专有技术费或技术协助费，前三年为报表中公开的净利润的 10%，之后为 8%。

（4）总部或组织内部费用：账目报表中公开的净利润的 10%。

（5）上述限额在相关收入年度是允许的。

（6）允许给员工的最高额外补助（基本工资以外的补助）不应该超过550000 塔卡。

（7）没有任何的形式的捐赠支出是可以减免的。根据 2012 年《总理教育援助法案》（第 15 号法案）的规定建立的任何基金的捐赠，最高可达公司收入的 20% 或者 800 万塔卡，以较低者为准。好几种形式的捐赠比如捐赠给女子学校或者女子中学，或者任何工艺或职业培训机构，在政府教育部的许可下是可行的。

（8）任何高于 5 万塔卡的支付如果不是以银行划线支票或者银行汇款的形式都是不允许的。但是，这一准则不适用于采购原材料的支付或与政府义务有关的支付。

6. 亏损弥补

通常情况下，亏损可以向后结转六年，但不允许向前结转。此外，企业发生的任何亏损均不能用于弥补烟草制造收入，包括香烟、雪茄烟、咀嚼烟草、其他烟草或无烟烟草制造收入。

7. 反避税规则

（1）关联交易。目前孟加拉国没有成文的关联交易原则，也没有资本弱化和受控外公公司方面的规定和限制，法院一贯地遵从实质重于形式的原则。但是为了规范以及确定因关联企业之间（其中一方，或双方均为非居民企业）的跨境交易，包括租赁、有形资产或无形资产的购销等的应税收入，规定企业（包括居民企业和非居民企业）之间发生的关联交易应遵循独立交易原则，且需向孟加拉国税务机关跨境交易说明书进行申报备案。

（2）转让定价。以国际经合组织（OECD）① 反避税规定为蓝本制定的孟加拉国转让定价法规自 2014 年 7 月 1 日起正式生效。

（3）资本弱化。无此项规定。

8. 征管与合规性要求

孟加拉国不可以合并纳税，每个实体需要作为独立的单位进行纳税申报。纳税年度为每年的 7 月 1 日至次年的 6 月 30 日。若纳税人是公司，需在所得收入次年的第七月的 30 日以前完成所得税申报；公司以外的纳税人需在所得收入次年的 11 月 30 日之前完成所得税纳税申报。总收入超过 40 万塔卡的纳税人应以其上一年度评定的应税收入或本年度预缴税款时的预估收入为基础预缴企业所得税。预计收入额将会超过 40 万塔卡的新成立企业也应缴纳预征税。纳税人应在纳税年度的 9 月 15 日、12 月 15 日、3 月 15 日和 6 月 15 日前分四次等额预缴税款；并在财年结束后的 6 个月之内，进行年度纳税申报。

---

① 国际经合组织（OECD）：经济合作与发展组织（Organization for Economic Co-operation and Development），简称经合组织（OECD），是由 36 个市场经济国家组成的政府间国际经济组织，旨在共同应对全球化带来的经济、社会和政府治理等方面的挑战，并把握全球化带来的机遇。详见 OECD 中文官方网站：http://www.oecdchina.org/。

纳税人未按时申报、未付税款、隐匿收入、未保存适当的记录及未能提供要求的材料，均将视情况被处罚款。若未按时足额缴纳按照预估方式应预缴的税款，税务机关还会就少于应缴纳税款金额 75% 的部分征收利息，利息按当年银行机构的平均贷款利率计算。若被检查人员在税务机关发出通知后隐瞒资料或故意提供有关他人的不准确资料，则被检查人员可被判处最高三年监禁，或罚款，或两者兼而有之；对于漏申报或少申报应税收入，在规定的期限内重新提交申报相关纳税年度的所得税以及相应的财务报表及文件；在重新提交申报所得税之前补缴应交未交税金，另外追收 15% 的税收罚款。

9. 其他

孟加拉国的居民企业取得的来源于境外的所得，在境外已缴纳的税款，允许从其应纳税额中抵扣，以避免国际重复征税。可用于抵扣的金额为该应税收入在境外已纳税额和在孟加拉国应纳税额中的较小者。对于外国企业支付给孟加拉国居民的利息、特许权使用费和其他款项，在确定该企业应纳税利润时，应与在同样情况下支付外国居民同样予以扣除。

（二）增值税

1. 征税原则

孟加拉国增值税纳税人分为法定认定和自愿登记两种。如果纳税人年销售额或提供服务金额超过 800 万塔卡，或即使没有超过 800 万塔卡，但从事进出口贸易的，均需进行增值税纳税注册登记。如果纳税人的年销售额或提供服务金额没有超过 800 万塔卡，且未从事进口贸易业务，增值税注册属于自愿行为。

若联营企业被同一母公司所拥有，可共享同一增值税注册信息以便对会计账目及记录进行集中保管。此外，若企业的经营业务包括在两个及其以上不同的地方制造、或提供增值税应税货物及服务、经营进口或出口业务，则亦可共享同一增值税注册信息。

若企业注册地址、业务模式或法人代表（股东除外）等发生变更的情况下，需先付清所有递延增值税，补交关税、消费税等税金，并在变更完成后的 14 日内向当地主管税务机关提交 300 塔卡的非司法文书的申报表。

2. 计税方式

通常情况下，应纳增值税额为应税销售额及出口金额所涉及的增值税之和，减去纳税人所取得的增值税进项税额。若企业年收入超过1千万塔卡，则可享有增值税进项税抵扣权益。

3. 税率

孟加拉国企业营业额在200万塔卡以上的，增值税标准税率为15%；对于年销售额没有超过200万塔卡的不适用增值税，按照营业收入或年销售额征收3%的营业税。对于营业额在200万塔卡以上部分情况也可以适用简易征收，包括：工程施工合同适用5.5%；进口货物再销售适用5%，但是对于适用简易征收的增值税不能进行进项税抵扣。部分奢侈品税率存在区间范围，按照不同种类，增值税税率从10%~500%不等。

4. 增值税免税

孟加拉国免征增值税的商品主要为农产品及其附属品，对提供社会、文化及个人服务的收入免征增值税。家禽、未加工的水果及蔬菜、动物制品及消费商品不属于增值税征收范围。根据《关税法案》（1969年）的规定，特定行业所需的部分进口器械设备也不征收增值税。出口商品或提供服务的增值税适用税率为零。

此外，通过网上销售货物或提供服务取得的收入免征增值税。网上销售货物是指通过电子网络销售及购买任意货物和服务并且线上销售方不拥有任何销售中心。

5. 销项税额

孟加拉国增值税是商品（或服务）在流转过程中产生的增值额作为计税依据征收的一种流转税。其中销项税是指纳税主体提供商品或应税服务征收的增值税额。销售货物的计税基础为销售价格加上销售费用及佣金；提供劳务的计税基础为提供服务所收到的服务费总额；进口货物的增值税计税基础包括产品的海关完税价格及进口环节所需承担的关税，补充关税和进口调节税。

6. 进项税额抵扣

在孟加拉国，针对采购价格超过10万塔卡的货物或商品，企业仅通过在增值税主管税务机关注册认证的银行进行付款，才可享受增值税进项税抵扣权益。另外境内纳税人接受境外服务提供商所提供的增值税应税服务，需就进口服务金额缴纳反向增值税。若反向增值税纳税人交易额超过 1 千万塔卡，才可享有增值税进项税抵扣权益。

7. 征收方式

增值税按进销项相抵后的余额缴纳，纳税主体将其应纳税额通过银行（孟加拉国两大国有银行）汇进政府指定的银行账户。若负净税额小于 50000 塔卡的情况下，结转到下六个纳税期继续抵扣，负净税额超过 50000 塔卡的情况下可以申请退款，退款处理时间在纳税主体提交申请的 3 个月之内。

8. 征管与合规性要求 [①]

增值税按月申报，纳税主体应在本月的 15 日之前就上个月全部纳税信息填表缴费上报，如不按规定上报，根据《增值税法》第八十五条第（二）款第（六）项的规定，可以处 10000 塔卡的罚款，纳税主体会被认定为一个脆弱的机构，其所属的进出口业务活动将面临一定的风险。

9. 增值税附加税

无。

（三）个人所得税

1. 征税原则

孟加拉国居民纳税人包括孟加拉国公民以及外籍孟加拉国居民。满足以下任何一条要求的均视为外籍孟加拉国居民：在某一日历年度的 7 月 1 日到次年 6 月 30 日期间，在孟加拉国工作超过 183 天的外籍员工；在孟加拉国连续工作超过 90 天，且在此前四年内在孟加拉国工作时间总计超过 365 天的外籍员工。孟加拉国居民纳税人从孟加拉国境内和境外取得的所得，需依照孟加拉国《个人所得税法》规定缴纳个人所得税。

孟加拉国非居民纳税人：外籍人士员工在一个自然年度中在孟加拉国停留的时间连续或累计不超过 183 天，则不构成孟加拉国的税收居民。非居民纳税人从孟加拉国境内取得的所得，需依照孟加拉国《个人所得税法》规定缴纳个人所得税。

不论居民纳税人还是非居民纳税人对于个人所得年收入未超过 250000

---

① 数据来源：出自《孟加拉国所得税条例 1984 版 2015 年修订》。

塔卡的免征个人所得税。

2. 申报主体

在孟加拉国个人所得税按个人为单位进行申报纳税，不允许联合申报，参照收入证明表由企业代扣代缴或者委托事务所进行缴纳。纳税人应在纳税年度的次年9月30日前申报个人所得税。

3. 应纳税所得额

孟加拉国居民纳税人从孟加拉国境内和境外取得的所得，需依照孟加拉国《个人所得税法》规定缴纳个人所得税。在年度内获得以下收入的纳税人应缴纳个人所得税：工资，劳动报酬，奖金及类似劳动收入；债券利息及红利收入；农业收入；营业收入（指未成立法人而依靠自己的专业知识独立从事服务、生产、买卖的所得收入）；资产销售收入；其他收入。

4. 扣除与减免

居民纳税人在不同收入的税收上享受一定的免税额。除孟加拉国居民外，非居民的税率为总额的30％。如果个人的工资在15000塔卡或更高，如果不是以银行划线支票或银行汇款的形式支付员工可拒收，该准则同样用于外国员工。房屋租金津贴免除金额范围，为基本工资的50％或者每月25000塔卡，以较低者为准。居民纳税人每年免税30000塔卡的交通补贴费。

5. 税率实行累进税率

居民纳税人个税起征点为25万塔卡每年，各阶段税率如表1-2-3：

表1-2-3　居民纳税人个税所得税税表

单位：塔卡

序号	年收入	税率
1	250000 以下	0%
2	250000 ~ 650000	10%
3	650001 ~ 1150000	15%
4	1150001 ~ 1750000	20%
5	1750001 ~ 4750000	25%
6	4750000 以上部分	30%

数据来源：出自《孟加拉国所得税条例1984版2015年修订》。

6. 征管与合规性要求

总收入超过 40 万塔卡的纳税人应以其上一年度评定的应税收入或本年度预缴税款时的预估收入为基础预缴个人所得税。纳税人应在纳税年度的 9 月 15 日、12 月 15 日、3 月 15 日和 6 月 15 日前预缴税款。若未按时足额缴纳按照预估方式应缴的税款，税务机关将就少缴的税款金额从财政年度 4 月 1 日起开始计征利息。

（四）关税

1. 关税体系和构成

孟加拉国海关隶属于国税局。海关管理相关的主要法律制度为《海关法》（1969 年）。进口关税税率基本在 0%~25%。按 2008—2009 财年税则，基本关税分为 4 大类，资本机械关税为 3%，基础材料关税为 7%，半成品关税 12%，成品关税 25%。

2. 主要进口商品的税率情况

表1-2-4 主要进口商品关税税率表

单位：塔卡

孟加拉国主要商品进口关税商品名称	关税税率
鲜活动物、烟酒饮料、木材及木质工艺品、珠宝及贵金属、医疗器械	3%
蔬菜、食用油、化工产品、纸张、矿产、纺织品	7%
橡胶、橡胶产品、皮革及制品、陶瓷及玻璃器皿、机械及配件	12%
皮鞋、人造花、假发、武器弹药、古董、交通工具	25%

数据来源：《孟加拉国关税法》（2014 年）。

3. 关税免税政策

出于鼓励进出口的目的，孟对医药原料、家禽及饮料机械，国防设备、私人发电设备、太阳能设备等产品免收关税。

4. 设备出售、报废及再出口的规定

企业向项目所在地海关监管机构申请鉴定所需出售的车辆、机械和设备，由监管机构鉴定残值后出具书面文件；按残值补缴全额关税并取得结关单后方可出售。如果是在孟加拉国建筑用的临时进口设备，已缴纳关税在建造后，这些设备将转移到国外，那么将不收取任何关税。全额关税进口设备，企业可以自行报废；对于已享受税收优惠登记的设备需要向海关补齐相应关税手续进行报废，同时申请海关监管机构进行销关。

（五）企业须缴纳的其他税种

预提贸易税。除种子、棉花及部分农产品外，孟加拉国几乎对所有进口商品征收贸易税，税率为 1.5%。

印花税。孟加拉国对于订立部分文书征收印花税，包括债务声明、债权、租赁协议及股权转让协议等。印花税通常按照定额或者根据合同金额，按照法规规定的印花税税率征收印花税。从 2014 年起孟加拉国印花税适用税率为 0.07%~4%。

消费税。孟加拉国仅对提供银行服务及航空运输服务征收消费税。对于提供银行服务储蓄卡或信用卡余额未超过 10 万塔卡的以及提供航空运输服务外籍外交舱位，并且在办理值机时出示有效护照时免除消费税。对于银行服务储蓄卡或信用卡余额超过 10 万塔卡的根据余额所在等级不同按年收取税费；提供航空运输服务根据国内航线、国际航线以及区域不同按座次收取税费。

基础设施建设费。除原皮革、棉花、合成纤维及计算机软硬件等产品外，孟加拉国对几乎所有进口品征收基础设施建设费，税率为 2.5%。

附加税。税率 10%~60%，孟加拉国对某些奢侈品和违背习俗的产品如烟、酒、某些化妆品、瓷砖、大引擎汽车、空调、冰箱和电视等进口产品另行征收附加税。孟加拉国 2003 财年预算中，其比率和档次由 2.5%~270% 共 31 档调整为 10%、20%、30%、50%、60% 共 5 档。但对于烟、酒及二驱三轮车仍然维持极高的附加税，如对烟、酒的附加税高达 350%，比原来最高档次 270% 还要高出甚多。

第三节　外汇政策

一、基本情况

孟加拉国外汇业务主管部门为孟加拉国商务部下属对外贸易协定局，孟加拉国货币为塔卡。1994 年 3 月 24 日，孟加拉国政府宣布塔卡为经常项目下可自由兑换货币，但对资本项目仍然实行严格的外汇管制。目前，塔卡对美元汇率：1塔卡 BDT 兑换 0.01194 美元 USD，目前，人民币与塔卡不能直接兑换。但在孟加拉国的私人兑换点，人民币可兑换成当地货币。

孟加拉国有关外汇管理的法律主要是《1947年外汇管理法》。该法律规定，在孟加拉国注册的外国企业可以在孟加拉国银行开设外汇账户，用于进出口结算、利润汇回、外国人红利发放、技术转让费或专利费支付等。根据孟央行规定，外国机构和个人在孟金融机构可开设可兑换和不可兑换两种账户，需兑换为本地货币的外汇只能存入可兑换账户内，且该账户不得与本人或他人的不可兑换账户相互支付。企业日常汇出外汇需逐笔申报，但无需缴纳特别税金。由于孟银行效率低下，部分企业面临在孟经营收入无法及时汇出的困难。外国人携带外币等额现金需控制在5000美元以内，其中美元现金不得超过2000美元，其他货币等值不得超过3000美元、以上出入境必须申报。

二、居民及非居民企业经常项目外汇管理规定

（一）货物贸易外汇管理

材料采购款汇出需要提供采购材料合同、商业发票、进口许可证、海关评估文件；外币资金汇入只需准备收款信件经银行确认即可。通过银行账户支付外汇工资，需要提供缴纳个人所得税凭单和所得收入证明表。

（二）服务贸易外汇管理

服务贸易视同资本利得（主要指未在孟加拉国注册的经营机构），盈利在汇出时比较麻烦，在签署此类服务贸易合同中需要明确为双币种合同或合同中明确富余资金可以汇回国内的条款，在孟加拉国中央银行的审核下可以汇出。

（三）跨境债权债务外汇规定

在购汇时，银行接到申请后将派员工到企业参观，了解企业财政状况、市场前景及企业的实际购汇需求，随后银行将对借款企业进行资格预审，重点考察企业的现金抵押，资产抵押及其他公司或个人担保等情况，对授信额度及借款风险进行综合评估。

（四）外币现钞相关管理规定

由银行内部管理需要自主出具相关管理办法。比如银行在取款额度超过 500 万塔卡，需要出具用款申请及护照证件。

三、居民企业和非居民企业资本项目外汇管理

孟加拉国公民，外国人与法人企业均可不必先征求孟加拉国中央银行的同意，便可通过法定银行或经销商进行货币的有关交易，包括：

（1）在孟加拉国投资运营的外国公司将利润汇回投资者本国。

（2）向非孟加拉国公民发行在孟加拉国设立企业的股票。

（3）向非孟加拉国公民分发在孟加拉国设立企业的红利。

（4）非孟加拉国公民 / 企业通过证券交易所购买股票和有价证券方式进行的证券资产投资。

（5）非孟加拉国公民通过证券交易所进行证券资产投资所获红利汇回本国。

（6）符合投资局规定或经投资局同意，为私人投资的工业企业签署的卖方信贷和其他外国贷款合同开具信用证。

（7）为偿付上述贷款所汇出的本金和利息。

（8）符合投资局规定对外汇出的技术转让费和专利费。

（9）投资局认证的雇佣合同内所列明的工作和奖金金额范围内，汇出存款。

（10）根据银行惯例为在孟加拉国外国企业延长定期贷款期限。

（11）按照正常的主顾关系和银行惯例延长对外国控制或运营企业发放的运营资金贷款期限。

（12）在孟加拉国的外国投资企业从国外主体或其他渠道获取短期外汇现款，无须支付利息。

四、个人外汇管理规定

在孟加拉国对个人外汇有一定的管理制度，外国账户持有人可以从授权的外汇交易银行的个人外币账户中提取所需的金额，最多为 5000 美元。

第四节　会计政策

一、会计管理体制

（一）财税监管机构情况

孟加拉国特许会计师委员会是孟加拉国会计准则修订及管理机构。在孟加拉国注册的企业如果有经济业务发生，均需按照国际会计准则要求建立会计制度进行会计核算。对于财务账簿，税务机关、BIDA、股份公司和公司注册处以及孟加拉国银行都有权利进行监管查看。

（二）事务所审计

对于合同额较大或者政府性工程，需要会计师事务所进行审计，并出具报告。

（三）对外报送内容及要求

季度收入和支出账户需要向 BIDA、NBR 和孟加拉国银行提交。每年审计的财务报表：企业经营情况表，资产负债表、利润表需要向股份公司和公司注册处、税务局等政府机构提交。

二、财务会计准则基本情况

（一）适用的当地准则名称与财务报告编制基础

孟加拉国遵循国际财务报告准则 / 国际会计准则以及国际会计准则理事会在编制和提交财务报表时所作的解释。收入、支出和其他会计政策的确认应符合国际财务报告准则 / 国际会计准则的规定。

（二）会计准则适用范围

在孟加拉国注册的外资企业均需要按照国际会计准则进行会计核算并编制报表。实际操作中，根据不同类型收入的管辖权作出具体规定和税收分配进行管理，旨在使大中型企业不断地完善。

三、会计制度基本规范

（一）会计年度

孟加拉国的纳税年度为每年的 7 月 1 日至次年的 6 月 30 日。孟加拉国对外资企业的会计年度没有硬性规定，允许企业自行确定会计年度。

（二）记账本位币

会计核算需选择货币作为会计核算的计量单位，用货币形式来反映企业的生产经营活动的全过程，从而全面反映企业的财务状况和经营成果。在孟加拉国可以根据国际财务报告准则选择记账本位币，但税务机关只接受当地币（BDT）的财务报表

（三）记账基础和计量属性

企业均采用国际会计准则来进行核算，企业以权责发生制（部分以收付实现制）为记账基础，以复式记账法为记账方法。

四、主要会计要素核算要求及重点关注的会计核算

（一）现金及现金等价物

现金，包括库存现金和活期存款。现金等价物，是指随时能转变为已知金额的现金的短期投资，其流动性高，价值变动的风险小。

现金流量不包括现金或现金等价物的组成项目之间的变动，因为这些内部组成部分是企业现金管理的一部分，而不属于经营、投资和融资业务。现金管理包括将多余现金投资于现金等价物。

（二）应收款项

应收款项泛指企业拥有的将来获取现款、商品或劳动的权利。它是企业在日常生产经营过程中发生的各种债权，是企业重要的流动资产。主要包括：应收账款、应收票据、预付款项、应收股利、应收利息、其他应收款等。期末计量时对超期不能按时收回的应收账款计提坏账准备。

（三）存货

存货是指：在正常经营过程为销售而持有的资产；为这种销售而处在生产过程中的资产；在生产或提供劳务过程中需要消耗的以材料和物料形式存在的资产。

存货包括为再售目的而购入和持有的货物，例如包括由零售商购入并且为了再售而持有的商品，以及为了再售而持有的土地和其他不动产等。此外，存货还包括企业已经生产完毕的制成品、正在生产的在制品和在生产过程中等待使用的材料和物料等。期末需要对存货进行价值评估，对低于账面的存货计提跌价准备，计入当期损失。

（四）长期股权投资

国际财务报告准则中没有单独的长期股权投资准则，对于长期股权投资的会计处理是通过《国际财务报告准则第 27 号——合并财务报表和单独财务报表》（以下简称 IAS27）、《国际财务报告准则第 28 号——对联营企业的投资》（以下简称 IAS28）、《国际财务报告准则第 31 号——合营中的权益》（以下简称 IAS31）这三个准则来规范的。

（五）固定资产

固定资产是指不动产、厂房和设备等符合下列条件的有形资产：①企业为了在生产或供应商品或劳务时使用，出租给其他人，或为了管理的目的而持有。②预期能在不止一个期间内使用。国际会计准则规定固定资产初始计量将不动产、厂房和设备项目的成本细化，由购买价格（包括进口税和不能退回的购买税）以及任何使资产达到预期工作状态的可直接归属的成本所组成。在计算购买价格时，应减去任何有关的商品折扣和回扣。

在孟加拉国一般采用余额递减法计提折旧，机械和设备的折旧率一般是 20%；进口软件是 10%；孟加拉国国产软件折旧率 –50%；电脑设备 –30%。

（六）无形资产

无形资产，指为用于商品或劳务的生产或供应、出租给其他单位、或管理目的而持有的、没有实物形态的可辨认非货币资产。

无形资产的定义要求无形资产是可辨认的，以便与商誉清楚地区分开来。企业购买合并中产生的商誉代表了购买者预期商誉将产生未来经济利益而进行的支付。未来经济利益可能产生于购入的可辨认资产之间的协同作用，也可能产生于那些单项看不符合在财务报表上确认的资格，但购买者在作购买支付时准备为之进行支付的资产。

（七）职工薪酬

职工薪酬的核算遵循国际会计准则。与职工薪酬准则有所关联的国际会计准则主要是《国际会计准则19号——雇员福利》和《国际会计准则第26号——退休福利计划的会计和报告》。这些准则对各种雇员薪酬福利以及雇员退休后的长期福利和辞退福利作了规范，要求企业将为获得雇员服务而预期支付的短期雇员福利的非折现金额确认为负债和费用。

（八）收入

收入的核算遵循国际会计准则。

2018年当年或之后开始年度，《国际财务报告准则第15号——客户合约收益》生效，则遵循新颁布的准则。在履行了合同中的履约义务，即在客户取得相关商品或服务的控制权时确认收入。对于在某一时段内履行的履约义务，在该段时间内按照履约进度确认收入，并按照一定方法确定履约进度。履约进度不能合理确定时，已经发生的成本预计能够得到补偿的，按照已经发生的成本金额确认收入，直到履约进度能够合理确定为止。

（九）政府补助

《国际会计准则第20号——政府补助会计和对政府援助的揭示》中政府援助，是指政府为了专门对符合一定标准的某个企业或一系列企业提供经济利益而采取的行为。

补助不包括那些无法合理作价的政府援助以及不能与正常交易分清的与政府之间的交易。与资产有关的补助，其基本条件是：有资格取得补助的企业必须购买、建造或以其他方式购置长期资产。还可能有附加的条件，如限制资产的类型或位置，或者购买或持有这些资产的期间。与收益有关的补助，是指除了与资产有关的补助以外的其他政府补助。

（十）借款费用

《国际会计准则第23号——借款费用》中定义借款费用是指企业发生的与借入资金有关的利息和其他费用。借款费用可以包括：银行透支、短期借款和长期借款的利息；与借款有关的折价或溢价的摊销；安排借款所发生的附加费用的摊销；按照《国际会计准则第17号——租赁会计》确认的与融资租赁有关的财务费用；作为利息费用调整的外币借款产生的汇兑差额部分。对于购置固定资产时产生的借款费用在符合一定条件下可以予以资本化。

（十一）外币业务

《国际会计准则第 21 号——外汇汇率变动的影响》中外币交易是指以外币计价或要求以外币结算的一种交易，包括企业在下列情况下产生的交易：买入或卖出以外币计价的商品或劳务；借入或借出以外币为收付金额的款项；成为尚未履行的外币交易合同的一方；购置或处理以外币计价的资产，或者产生或结算以外币计价的债务。外币交易在初次确认时，应按交易日报告货币和外币之间的汇率将外币金额换算成报告货币予以记录。交易日的汇率通常是指即期汇率。为了便于核算，常常使用接近交易日的汇率。

（十二）所得税

《国际会计准则第 12 号——所得税会计》准则适用于财务报表中对所得税的会计处理，包括对一个会计期内有关所得税支出或减免金额的确定以及这项金额在财务报表中的列示。

本期税款费用或税款减免，是指在损益表中借记或贷记的税款金额，不包括与本期损益表未涉及的那些项目有关的以及分配到那些项目中的税款金额。

应税所得（应税亏损），是指根据税务当局制定的法规确定的、据以确定应付（应退）税款准备的本期损益额。

本章资料来源：

◎《2018 年度税务手册》

◎《孟加拉国财务准则》（2018 年）

◎《孟加拉国所得税条例》（2015 年修订）

第二章 秘鲁税收外汇会计政策

第一节　投资环境基本情况

一、国家简介

秘鲁位于南美洲西部，国土面积 128.52 万平方公里。北邻厄瓜多尔、哥伦比亚，东接巴西，南接智利，东南与玻利维亚接壤，西濒太平洋，海岸线长 2254 公里。根据秘鲁国家统计和信息学研究所（INEI）的数据，2017 年进行的人口普查结果为全国人口 3123.73 万，首都利马，人口近948.54 万，主要民族包括印欧混血种人、印第安人、白人。其中华人，以及华裔占其总人口比例近 10%。官方语言为西班牙语。英语使用较普遍。货币：索尔（当前汇率，1 美元兑换 3.272 索尔），汇率基本稳定。

国家分为三级政府：中央政府、大区政府和市级政府。在共同的税收体系下，各级政府分别承担不同的公共服务内容。

中央政府：由行政、立法、司法和宪法机构组成。

大区政府：宪法规定，大区政府是管辖所属行政省份的。秘鲁有 24 个大区省份，但有 26 个大区政府（利马地区有两个大区政府，分别为利马省和卡亚俄经济特区大区政府）。

市级政府：宪法规定市级政府管辖省市地区、人口中心城市。主要包括一些市区政府，市区联合政府等。秘鲁国内 24 个省份共计 195 个市级政府，管辖 1634 个区域。

二、经济情况

秘鲁国家先后参与的国际性和地区性经济组织为：

（1）拉丁美洲一体化协会（ALADI）：是拉丁美洲发展中国家组成的区域性经济合作组织。1981 年 3 月成立。建设宗旨为促进和协调成员国相互间的贸易，扩大出口市场和经济合作，在双边和多边合作的基础上，实现地区经济一体化，最终建立拉美共同市场。基本职能是为拉美小地区一体化组织和拉美国家双边协定提供保护，为双边和多边贸易提供方便和咨询。

（2）国际货币基金组织（FMI）：是根据1944年7月在布雷顿森林会议签订的《国际货币基金组织协定》，于1945年12月27日在华盛顿成立的。与世界银行同时成立、并列为世界两大金融机构，其职责是监察货币汇率和各国贸易情况，提供技术和资金协助，确保全球金融制度运作正常。

（3）拉丁美洲货币研究中心（CEMLA）。

（4）拉丁美洲和加勒比经济委员会（CEPAL）：成立于1948年，当时称拉丁美洲经济委员会，1984年改为现名。拉美经委会是联合国经社理事会下属五个区域性分支机构之一，其主要职能是促进拉美和加勒比国家经济与社会的发展，推动本地区各国之间的经济合作。

（5）拉丁美洲储备基金（FLAR）。

（6）24国集团（G24）：24国集团是亚、非、拉发展中国家为在国际货币制度改革中协调立场、增强团结而结成的国际性组织。根据77国集团1971年11月利马会议决定于1972年1月成立。其宗旨是：对抗发达国家组成的10国集团对国际货币事务的控制与垄断，保证发展中国家的具体利益及经济状况在国际货币制度改革过程中得到维护。要求发达国家取消贸易保护主义，增加从发展中国家的进口。开放资本市场，降低利率；扩大对发展中国家的官方援助；增加世界银行及区域性开发银行的资本；重新安排发展中国家的债务等。

全国共分为24个大区和1个直属区（卡亚俄），矿业资源丰富，是世界12大矿产国之一。

秘鲁全国可依地形分为三个经济地理区，分布规则，边界清晰，特征明显：

西部沿海地区（Costa）：沙漠区、工业区，前三大城市都集中在沿海地区，人口稠密，超过半数人口集中在沿海地带，经济相对发达，只要灌溉允许，为可耕地，物产丰富。

中部山区（Sierra）：矿产主要集中在贯穿该国南北的安第斯山麓，秘鲁的黄金产量居世界第六位，铜产量居第五位，锌产量居第三位，银、锡产量居第二位，铅产量居第四位。该山区为中国矿企主要生产经营区域。

东部林区（Selva）：森林覆盖率超 58%，亚马孙热带雨林，年降雨量超过 2000 毫米，人口稀疏，经济欠发达，以自然生态保护和旅游业为主。

2017 年人均 GDP 为 6571.93 美元，2019 年净国际储备为 619.70 亿美元，2018 年经济增长率为 3.9%。[①]

三、外国投资相关法律

法律法规较为健全，《秘鲁宪法》（1993 年）载有体现基本原则的规则，以确保建立有利于私人投资，特别是外国投资的法律框架。一项基本原则是平等对待本国和外国投资。处理私人投资的主要规则是：第 662 号法令，其中批准了外国投资的法律稳定制度；第 757 号法令，其中批准了促进私人投资增长的框架法；以及经第 162-92-EF 号法令批准的对私人投资担保制度的监管。

秘鲁工程承包市场实施资格准入，实际的技术贸易壁垒，申请资格和承包额度认定以及年审过程繁杂，多数中资建筑企业受困于此。

与此同时，由于技术水平发展滞后，秘鲁本国企业缺乏国际竞争力，3000 万美元以上的工程项目基本上为外国承包商所控制。目前在秘鲁的外国承包公司主要为：巴西、美国、中国、西班牙、阿根廷、智利、韩国等国企业，涉足的项目包括：石油开采、道路桥梁、化工、建筑、道路、桥梁、房地产、港湾、水利、电力、电信等行业。资金来源于中央政府的项目一般采用招投标方式进行，最低价竞标方式，可资格预审和资格后审。

《劳动法》规定，除建筑工人执行周薪外，其余所有职工都要签订劳动合同。政府为了解决国内就业问题，明确当地劳工和外国劳工的用工比例及外国劳工薪酬占总薪酬的比例上限。外国员工不得超过员工总数的 20%，外国劳工薪酬不得超过总薪酬的 30%。

秘鲁政府的《出入境管理办法》规定，外国人入境分为旅游者入境，短期入境和长期居住三种情况。旅游者取得签证即可出入境；但短期入境和长期居住必须经移民局审批同意后方可生效。秘鲁政府规定，外国入境者必须取得居住证方可在秘鲁工作，居住证在取得后可一年一延。不

---

① 数据来源：拉丁美洲和加勒比经济委员会报告。

能按期办理完有关手续的，也要按照有关规定持有正在办理许可手续的证据。

第二节　税收政策

一、税法体系

当两个或两个以上国家认为它们拥有对某一收入征税的权利时，就会出现双重或多重征税。在这种情况下，同一收益可由不止一个国家征税。

各国为应对和解决双重国际征税案件缔结协定或协定来规范这种情况。这些公约不仅考虑了它们将用来避免双重征税的规则，而且还考虑了税务部门之间的合作机制，以发现逃税案件。

通过使用这些公约，签署国放弃对某些利润征税，并同意只有一个国家征收税款，或在任何情况下，共同征收税收，即两个国家提出部分主体要支付的税款总额。

目前签署的避免双重征税的协定：与智利的协定，自 2004 年 1 月 1 日起适用；与加拿大签订西班牙文协定，自 2004 年 1 月 1 日起适用；与加拿大签订英文协议，自 2004 年 1 月 1 日起适用；与安第斯共同体的协定，自 2005 年 1 月 1 日起适用；与巴西的协议，自 2010 年 1 月 1 日起适用；与墨西哥合众国的协议，自 2015 年 1 月 1 日起生效；与大韩民国的协定，自 2015 年 1 月 1 日起适用；与瑞士联邦的协议，自 2015 年 1 月 1 日起适用；与葡萄牙共和国的协议，自 2015 年 1 月 1 日起适用。

秘鲁现政府是在 1993 年《宪法》的基础上建立起来的权力机构。根据《宪法》第 43 条规定，秘鲁共和国是一个民主、独立的主权国家。国家主权是不可分割的。中央政府是唯一合法代表，各级政府按照所赋权力，实行联合自治。

税收制度，按照《国会第771号法令》①（1994年1月）执行，被称为制度框架法，即国税。

秘鲁国家海关与税务总局是最高税务管理部门，有专门的规章制度。国家海关与税务总局的管理领导机构由海关与税务管理监督总部以及其下属的指导委员会组成；下设四个"副监督部"根据其职能不同，各自有相应的分支部门。详细描述如下：

（1）海关与税务管理监督总部，部长拥有最高行政权限，是国家海关与税务总局预算的领导者，并且代表国家海关与税务总局的官方陈述。

（2）指导委员会是高级管理部门，其职责包含：批准成果监督管理报告、国家海关与税务总局财务报表、年度报告以及其他由法律授予的职能。

（3）战略发展副监督部，负责对以下相关事项的发展战略进行监督：促进税务（包含关税）遵从，加强税收意识以及风险防范；避免与税务相关的违规与非法行为；保护对外贸易，同时对计算机系统及解决方案的发展与实现进行监督与管理；对于国家海关与税务总局职能范围内的规章标准及解决方案的草案进行编写。

（4）运营副监督部所负责的事项包括：对征收过程运行的控制，对债务收取的控制，审计，税收返还，诉讼以及对纳税者的国家层面的服务（包含争议性和非争议性处理），与履行纳税义务相关联的，同时对其组织以及依附于组织的下属单位的监督管理。

（5）关税副监督部负责对关税管理的运营过程进行管控与监督，涉及审计、征收、关税征收、关税收入，包含对违法行为以及违反关税条例的行为进行预防、检查以及控制。另外也包含与关税服务用户支持相关的运作流程，对外贸易经营者的授权以及关税的分类；同时对其组织以及依附于组织的下属单位的监督管理。

（6）行政与财务副监督部，其职责为通过对人力资源管理的行政机制、收购和承包、仓储、预算、会计、国有资产以及国库进行开发与执行，以实现对其组织以及依附于组织的下属单位进行监督管理。同时也负责国家

---

① 《国会第771号法令》，1993年颁布。

海关与税务总局的基础设施的维护与管理的行政系统内部服务，它被认为具有国家海关与税务总局行政管理的最高职权。

二、税收征管

（一）征管情况介绍

根据第《24829 号法令》[①]，通过《第 501 号法令》[②] 和《第 29816 号法令》[③]，批准成立国家税收管理监督局，隶属于经济和财政部，具有合法地位，拥有自己的资产并享有相应的功能、技术、经济、财务、预算和行政自主权。《第 27658 号法令》第 13 条，增加了海关的国家监管职能，承担了法律规定的职权和权力。SUNAT 总部设在利马，且能够在国土上的任何地方建立分支机构。

（二）税务查账追溯期

因纳税人、扣缴义务人计算错误等失误，未缴或者少缴税款的，根据不同情况，税务机关可以在相应追征期内追征税款、滞纳金。

正式提交年度决算报表的，税务机关在四年内可以追征税款、滞纳金；未提交年度决算报表的，税务机关在六年内可以追征税款、滞纳金。

根据秘鲁国家海关与税务总局 S.53–2010 决议。滞纳金根据税收债务，按照每月 1.20% 计算。

（三）税务争议解决机制

为了解决所有的税务纠纷，必须经历《税法》所规定的阶段，在某些情况下，纠纷通过双方协商解决，不需要通过上级税务行政机关和司法机关。在无法通过协商解决的情况下，将进入下一阶段。

秘鲁税务纠纷机制有以下两种方式。

1. 向税务机关上诉

税务法庭是具备行政诉讼能力，负责最终行政解决税务、一般和地方事项索赔的最终机构，处理一般税收和地方税收复审事宜，同时也处理社

---

① 《第 24829 号法令》，1988 年由秘鲁国家经济部颁布。
② 《第 501 号法令》，1988 年由秘鲁国家经济部颁布。
③ 《第 29816 号法令》，2011 年颁布由秘鲁国家经济部颁布。

会保障贡献金和关税复审事宜，包括与卫生和国家警察缴款有关的索偿要求，以及就税务事项提出的上诉。

税务机关与争议当事人针对某项问题认识、理解的不同导致的税务纠纷事项，可向税务法庭申请裁决。通过聘请专业税务律师、提交相关文件，等待最终裁决，裁决结果最多不超过 18 个月。

2. 司法程序

行政诉讼旨在使司法部门对公共机构行为进行法律控制，从而有效维护被管理人的权利和利益。出于该目的，税务法庭的决议可能会因行政诉讼程序而受到质疑，该诉讼必须在作出决议通知后 3 个月内提交至司法机关。

三、主要税种介绍

（一）企业所得税

1. 征税原则

企业所得税法引入居民企业概念。企业所得税是在全国范围内按年度征收的税种，其征收对象包含所有应被认定为秘鲁居民企业的公司以及其他法律实体取得的来源于秘鲁本国以及国外的应税收入。

根据《所得税法》，秘鲁将公司注册地作为判断法人居民身份的衡量标准。因此任何在秘鲁注册的公司都会被认定为秘鲁居民企业，从而对其全球范围内的收入征收所得税。

被认定为居民纳税人的企业、有限责任公司、进行独立会计核算的合资公司都需依照规定缴纳企业所得税。

国外公司的分支和常设机构被认定为居民纳税人时仅针对来源于秘鲁境内的收入缴纳所得税。

预缴所得税是秘鲁税务局为加强企业所得税收缴力度而实行的预缴措施。具体计算方法是根据《所得税法》第 85 条规定，获得第三类收入的纳税人将按照所得税的形式支付最终与纳税期相对应的所得税。根据税法要求，每月分期支付将根据以下方式之一确定：

在以前年度不存在累计亏损的情况下，根据相应于前一个纳税年度的所得税额除以当年的总净收入得出的系数，以确定预缴所得税系数；

对于那些在当年开始活动，或者在上一年没有获得盈利情况的企业，根据当月获得的净收入的 1.5% 支付预缴所得税。或者在上一年度企业出现盈利，但是按照上述计算方法得出的系数小于 1.5%，同样按照 1.5% 按月进行支付（2012 年 8 月前为 2%）。预缴所得税按月缴纳，每个税务年度结束时按照 29.50% 税率核定实际所得税金额，若实际金额高于预缴所得税金额应补缴差额，若实际金额低于预缴所得税金额可申请退还（须经税务局审计）或作为预缴用于下一年度。在提交经过税务局确认并显示亏损的财务报告后，可以向当地税务局申请返还预缴所得税。值得注意的是，税务局会对提出返还申请的企业进行审查。一般情况下，会计师事务所不建议申请返还。

2. 税率

向公司征收的税款归于第三类所得税，第三类所得税是每年确定的所得税，是征收自然人和法人从事经营活动所得的收入。通常这些是由资本和劳动力投资的共同参与产生的。2019 年度执行的居民企业适用的企业所得税的法定税率是 29.5%。

企业所得税税率增加：法律实体需对如下费用额外支付 4.1% 的税费：该费用是为了间接处置无法由税务机关进行后续税务控制的收入，例如，没有相关文件证明支付目的地以及支付原因的费用。

缴纳第三类所得税的纳税人的税率如表 2-2-1：

表2-2-1　缴纳第三类所得税的纳税人的税率表

年度	税率
2014 年度及其以前年度	30%
2015—2016 年度	28%
2017 年度及其以后	29.5%

数据来源：《中国居民赴秘鲁国别投资税收指南》。

3. 税收优惠

企业所得税的优惠政策以产业政策导向为主，区域发展导向为辅。产业政策导向的优惠政策旨在将投资引入到国家鼓励和扶持的产业部门和项目中去。

《所得税法》第 18 条和第 19 条规定了优惠豁免条例。第 18 条规定了不征收所得税的人，包括国家公共部门的实体，非营利实体以及农民和土著人。还提到了不征收所得税的概念，其中包括现行劳动条款规定的补偿金，服务时间补偿金，终身养老金和养老金，个人工作，临时残疾补助，产假和母乳喂养等。

《所得税法》第 19 条中，优惠豁免到 2018 年 12 月 31 日，包括以下内容：社会或宗教机构为实现其在该国的特定目的而确认的收入。富裕基金会和非营利协会的收入，其成立完全包括以下一个或多个目的：慈善，社会援助，教育，文化，科学，艺术，文学，体育，政治，贸易协会等。国际组织或外国政府机构直接或通过供应商或金融中介机构发放的发展贷款的利息。作为总部的国际组织拥有的房地产。在外国政府、官方外国机构和国际组织中，由于官员和雇员在国内行使其职位而获得的报酬。

根据《增值税法》的规定豁免某些商品和服务：活的动物，蔬菜和水果等商品；国内公共客运服务，公共铁路客运和航空运输，出口货物运输服务，从国外引进的服务内容等。

《促进亚马孙投资法》规定在亚马孙地区的某些地区免征增值税。主要包括：纳税人位于亚马孙地区，主要从事农业、养殖业、渔业、旅游业和制造业、加工和初级产品的销售，以及伐木适用 10% 的税率；纳税人位于洛雷托、母亲河等地，主要致力于上述经营生产活动，适用 5% 的税率；亚马孙地区主要发展农业活动或在该区域本土生产或替代加工，产品将免征所得税。

秘鲁政府根据区域不同给予不同的税收优惠政策，税收优惠的内容也不相同。

4. 所得额的确定

《税法通则》[①] 规定，应纳税所得额是指企业每一纳税年度的收入总额，

---

① 《税法通则》：1993 年由秘鲁国家经济部颁布。

减除不征税收入、免税收入、各项扣除及允许弥补的以前年度亏损后的余额。企业应纳税所得额的计算，以权责发生制为原则，属于当期的收入和费用，不论款项是否收付，均作为当期的收入和费用；不属于当期的收入和费用，即使款项已经在当期收付，均不作为当期的收入和费用。《税法通则》规定，对企业发生的捐赠、馈赠，根据企业以前年度盈亏情况，若企业以前年度累计亏损则不能税前扣除；因违法、违规的各种罚款不能税前扣除。

亏损弥补年限。纳税人某一纳税年度发生亏损，准予用以后年度的应纳税所得弥补，一年弥补不足的，可以逐年连续弥补，弥补期最长不得超过四年。

5. 反避税规则

（1）关联交易。企业与关联方之间的收入性和资本性交易均需遵守独立交易原则。

（2）转让定价。关于转让价格，参见《所得税法》第 32 条。

适用范围：转让定价规则应适用于纳税人与其关联方进行的交易，或在低税收或无税收国家或领土上进行的交易，或在这些国家或领土上进行的交易。

关联方：两人或多名个人、公司或实体如果直接或间接参与另一人的行政、控制或资本，则被视为关联方；当同一个人或群体直接或间接参与若干人、公司或实体的指挥、控制或资本时，也被视为关联方。

调整：只有确定在该国的税收低于与适用转让定价规则相对应的税率时，才应调整缔约方所包含的价值。如果在确定该国对与其他有关各方的交易征收更高的税款时作出这种调整，该委员会也可调整商定的价值，即使它没有遵守先前的假设。

可比性分析：与关联公司和零税收国家的交易与独立各方之间的交易可比，将进行可比性分析。

使用的方法：应使用下列国际公认的 5 种转让定价法进行定价确认：可比非受控价格法、再销售价格法、成本加成法、交易净利润法、利润分割法。

预期定价协议：秘鲁国家税务局可与居住在该国的纳税人订立预期定价协议，其中确定适用范围内的不同交易的估值及其所选用的转让定价方法。

报表和其他法定义务：应计收入超过 2300 个纳税单位，纳税人应每年提交当地转移定价报告，超过 20000 个纳税单位的纳税人应提交总报告，属于多国集团的纳税人必须逐国提交报告。

解释来源：将适用经合组织（经济发展合作组织）核准的转让价格准则。

该税法规定，交易必须符合市场价值，即独立方之间的价格。因此，在进行相关或避税工作时，一定要符合《所得税法》，其中第 32 条第 4 款规定：对关联方之间的交易或它们的组成成分，对各个不同国家或地区，参考在相同或类似条件下的可比较交易量。2017 年，税务部门更新了关于价格转让的相关条款，企业应在年度报表申报后规定期限内提交关于转让价格报告，介绍转让定价方式和市场比价情况，主要为了确保转让价格公正性。

6. 征管与合规性要求

企业所得税的缴纳实行"分月预缴、年度清算"的方式。每月预缴企业所得税，在以前年度累计亏损的情况下，根据当月获得净收入的 1.5% 支付预缴所得税；在以前年度不存在累计亏损且在上一年获得应纳税所得额的情况下，根据相应于前一个纳税年度的所得税额除以当年的总净收入得出的系数，以确定预缴所得税系数，在系数小于 1.5%，同样按照 1.5% 按月进行支付。根据企业税号尾数不同，企业所得税汇算清缴截止时间为次年的 4 月 30 日左右。

（二）增值税

1. 征税原则

增值税是对在秘鲁境内从事经济活动过程中产生增值部分征收的税赋，是对生产和分销周期的所有阶段征收的税，旨在由最终消费者承担。征税对象为自然人和法人，在秘鲁的经济活动包括进口、销售货物给第三方或自用、提供服务。征收范围：在秘鲁出售个人财产、提供或使用服务、建筑合同、建筑商首次出售房地产、货物进口等。条例中特别明确，下列活动视为提供服务：出租动产及不动产；转让无形资产；运输；供水供电供气及电信；研究咨询；修理及合约性工作；建筑安装等。

2. 计税方式

在秘鲁无论是自然人还是法人，均可以选择以下四种税制，简化税制、特殊税制、中小企业税制和普通税制。

简化税制：所有从事贸易和提供服务的自然人均可以选择该税制，税收包括增值税和所得税，选择该税制受收入、经营地点数量及面积、雇员数量限制，需要满足固定条件。但是，如果是从事用于最终消费的农牧业、渔业活动以及伐木和野生产品等，则无需满足经营地点数量及面积、雇员数量的条件。

选择此税制的个人无需申报税务报表，无需登记会计账目。每月的纳税日期按照税务局上年底公布的纳税日程，缴纳税款时，可以到税务局指定的银行，告知银行个人税号、纳税金额以及纳税月份即可。

特殊税制：该税制适合小商人或小生产者。业务经营范围除了生产、制造、产品经销之外，还可提供服务。选择该税制除受收入限制外，还受到全年的服务性收入与所占当年总收入的比例限制。但是，专门从事服务的行业，不能选择此税制。

中小企业税制：该税制适用于个人和法律实体。选择此税制受在该国的净收入不超过纳税年度的 1700 个纳税单位的限制。计算所得税时，同样以纳税单位为参考对象，利润超过 15 个纳税单位所得税税率为 29.5%；小于等于 15 个纳税单位所得税税率为 10%。

普通税制：它是一种相对正规的税制，一般来说公司都是选择这种税制。在这种税制下，公司一般需要缴纳两种税：一个是增值税，另一个是企业所得税。

根据《增值税法》，企业采用一般计税，需开具有纳税人识别号的增值税发票。

3. 税率

增值税适用 16% 的税率，市政促进税 IPM 的 2% 的比率被添加到此税率，因此每个纳税交易税率总共应为 18%。

4. 增值税免税

《增值税法》规定豁免某些商品和服务，主要有：活体动物，蔬菜和水果等商品；国内公共客运服务，公共铁路客运和航空运输，出口货物运输服务，从国外引进的服务内容等。

《促进亚马孙投资法》规定在亚马孙地区的某些地区免征增值税。它涉及整个洛雷托、母亲河等地区。

要享受上述优惠，必须满足以下要求：

公司总部注册地址必须位于亚马孙地区；法人必须在亚马孙注册局注册。无论公司最初是在亚马孙的公共注册处注册，还是由于后来的住所变更而进行了注册，该要求都必须满足。

在亚马孙的资产至少达到 70%，包括所有的生产装置，建筑物、机器设备等直接在生成生产中使用，商品，服务或建筑合同；在亚马逊以外的地区没有生产，就服务或建筑合同而言，必须在亚马孙地区内提供服务或执行建筑合同。

5. 销项税额

《增值税法》规定增值税税基为销售货物或提供服务的全部价款。

6. 进项税额抵扣

《增值税法》规定下列增值税进项税可以抵扣：具有纳税人识别号的增值税发票；进口单据；用于自用的申报表等。以下情况不允许抵扣：进口后再出口的商品；虚假发票、虚假海关的申报；取得附属于不允许抵扣的服务。

7. 征收方式

增值税按进销项相抵后的余额缴纳，留抵余额不能申请退税，只能用于以后抵扣销项税额，留抵期限无时间限制。

8. 征管与合规性要求

增值税按月申报，根据企业税号尾数不同，申报纳税文件日期亦有所不同。当年每月纳税时间表的公布通常在上一年度的最后一天公布，与缴纳年度税款有关的日期从当年 3 月开始公布。

根据税法的税收侵权和处罚表，在规定的期限内不缴纳或者少缴纳税款的罚款是未缴税款的 50%，罚款不得低于 UIT（纳税单位）的 5%。

（三）个人所得税

1. 征税原则

自然人的所得税分为：资本收入、工作收入和国外收入。资本收入包括由出售、赎回股份、债券、其他可转让证券所产生净收入。工作收入包括来自独立工作以及接收雇佣工作收入。非秘鲁籍员工若在上一年度累计停留秘鲁少于 183 天，则在本年度须缴纳居民税，缴税金额为基本工资的 30%。

个人收入的税收适用于两个独立种类：一类为资金收入（商品转让，租赁，资金，资本收益）；另一类为工作收入，包括从外国获取的收入。股息同样归类为独立种类中的资金收入。

收入可分为以下种类：

（1）个人财产或房地产的租赁或转租：租赁或转租收入，无论金额大小，均需据此支付个人所得税。即使是免费的，租赁或转租收入也被认为是个人财产的回收以及暂时转让。个人财产或房地产的租赁或转租适用的税率为：月度税收计算：所有财产的租赁均使用 5% 的税率。年度税收计算：总收入通过对在本年度内获得的此类收入进行加总得出。此后，对总金额扣除 20% 后按 6.25% 的税率计算（或对总收入适用 5% 的有效税率计算）。月度支付额可从年度所得税中扣除。

（2）股息、股权与资本收入：房地产销售，对于纳税人前两次的房地产销售，其产生的收入需按 5% 的税率纳税。第三次销售由于被视为经常性营业，适用税率为 30%；可供出售证券销售：分为股权销售收入、共同基金或投资中的股权赎回的收入、股息收入，分别适用不同税率。

（3）独立雇员的工作收入：在未建立雇佣关系情况下，发挥专业技能所获得的个人收入。当开票金额超过 1500 索尔时，服务使用方将代扣 8% 作为所得税。

（4）雇员在非独立工作（劳务合同）中获得的收入。

2. 申报主体

纳税人是在该国居住的自然人，以个人为单位进行申报，由所在企业代扣代缴，并于每月 20 日前申报缴纳。

3. 应纳税所得额

在自然人的税收中，有四种类型的收入：租赁、出售动产、土地自由转让等收入；出售房地产、可转让证券等收入；独立工作；作为雇员进行工作，如工资、津贴、补偿现金或实物，一般而言，所有个人服务的报酬。

4. 扣除与减免

雇员在非独立工作（劳务合同）中获得的收入需要考虑企业计算并代扣代缴其个人所得税。未达到个人所得税起征点免征个人所得税。预计全年收入达到 7 个 UIT（税收单元）应交个人所得税，是秘鲁用于确定国家法律规定的税收、违法、罚款或任何其他税收方面的参考值，以确定立法者认为合适的税基、扣除、影响限制和税收的其他方面。它也可用于实施制裁，确定会计义务，在纳税人登记处登记以及其他正式义务。考虑到宏观经济假设，其价值将由最高法令确定超出 7 个 UIT（纳税单位）部分实行累进税率。税收单元，是税收规则中考虑的参考值。2018 年 UIT（纳税单位）为 S/4150。

个人所得税通过特殊程序计算。根据该程序，需以年收入计算月度代缴金额。程序如下：

收入需按年计算，并考虑到在按年计算终止时点之前获得的收入，以及该时期获得收入的规划（包括适用的奖金）。从总和中可以至少扣除 7 个纳税单位的非课税金额。

净收入确定后，将根据对应的税率纳税。

5. 税率实行累进税率

表2-2-2　个人所得税税率表

工作应纳税收入	税率
小于等于 5 个纳税单位	8%
大于 5 个小于等于 20 个纳税单位	14%

续表

工作应纳税收入	税率
大于 20 个小于等于 35 个纳税单位	17%
大于 35 个小于等于 55 个纳税单位	20%
大于等于 45 个纳税单位	30%

数据来源：《所得税法》第 53 条。

6. 征管与合规性要求

个人所得税按月申报，截止日期为每月 20 日。根据税法的税收侵权和处罚表，在规定的期限内已申报但未缴纳或者少缴纳税款的罚款是未缴税款的 50%；未申报除未缴税款的 50% 外，需额外缴纳 10% 纳税单位。

（四）关税

1. 关税体系和构成

从价法 CIF：对进口商品征税，其税基是 CIF 进口价值的百分比（目前为 0%、6% 和 11%），即进口价值（成本、保险和运费）。

可变关税：根据进口申报编号之日生效的海关参考价格表，对某些商品（如黄玉米、大米、糖和牛奶）的进口征税。

2. 税率

海关关税针对与外部国家之间的商品或服务的进出口，实行落地申报。关税税率根据不同商品类型分为 0%、4%、6% 及 11% 四类税率。

3. 关税免税

为支撑某个行业或者是招商引资的需要，税务局会针对某种商品出具的免税条款，免税范围和优惠范围根据免税条款确定。

4. 设备出售、报废及再出口的规定

企业出售的车辆、机械和设备，由资产评估机构鉴定残值后出具书面文件；车辆、设备的出口无需缴纳关税。

（五）企业须缴纳的其他税种

不动产收益税，税基为房租收益。税率：29.5%。

地产物产税。税基为房地产的出租收入总额减去 20% 免征额，税率：29.5%。

其他多样税。在商品流动环节由购买方代扣代缴。税基为含税总额，税率为3%~12%。

特别消费税。是一种间接税，与增值税不同，它只对某些商品征税（这是一种特定税），其目的之一是阻止消费在个人、社会和环境秩序中产生负面影响的产品，例如：酒精饮料、香烟和燃料。

主要针对奢侈品如烟、酒、首饰、旅行车辆等征收最高至50%的消费税。

金融交易税。征收对象为通过属于国内金融体系的公司所进行的全部交易。金融交易税对以本币或外币发生的交易额进行征税。金融交易税率为0.005%。

车辆财产税。是一种按年计征的税种，征税对象通常为汽车、货车、旅行车。无论是本地制造或进口的车辆，从车辆第一次登记产权时开征，期限不满三年的都需征收车辆财产税。车辆财产税适用税率为1%，但在第一年，应交税金不应低于公税单位的1.5%。车辆财产税的支付时间为每年1月。

临时净资产税。是向纳税人取得的公司所得征税的一种税法机制，是一种以负担能力来对净资产征税的"房产自主税"，且它不直接与收入相关，因此，税务损失或者是否取得应税收入对确定纳税义务影响甚微。

纳税主体：自每年1月1日起，应征本税种的纳税人是《所得税法》一般规定下企业收入的产生者，包括亚马孙制度、土地制度、边缘区制度，另外，还包括子公司、代理机构和其他全国私人公司设置的常设机构、社会团体和在国外注册的任何自然实体。

纳税额的确定：计税依据取决于公司净资产价值的基础，由列于一般性财务报表上一年12月31日为止对应的支出，扣除《所得税法》确认的相应折旧和摊销得出。

税率：临时净资产税依照以下累进税率来决定：净资产不超过1000000索尔，税率为0%；净资产超过1000000索尔，税率为0.5%。

申报和支付：需缴纳临时净资产税的纳税人必须通过特定申报表单来申报税。在申报表中，纳税人可以选择缴纳临时净资产税以1个月或以9

个月分期等额缴纳。

（六）社会保险金

1. 征税原则

应缴纳的社会保险金的计算基础为月度员工薪酬，缴纳比例约 22.00%
（员工承担 13%，企业承担缴纳 9%），其中养老保险约为 13%，医疗保险约
为 9%，社会养老保险缴纳日期为每月前 5 个工作日内，国家养老保险以及
医疗保险以每月申报增值税等税费日期为准进行申报缴纳。

2. 外国人缴纳社保规定

外国人在秘鲁工作需要缴纳社会保险金，中方人员在秘鲁缴纳的社保
金在离开秘鲁时可申请退还，手续较为复杂繁琐，整体流程约需要 6 个月
至 1 年的时间。该流程需要：在国内开具连续缴纳 183 天社保的缴费证明，
并进行公证认证；出具可接受美元的收款账户；在秘鲁注销居留证，并申
请永久出境等手续。

第三节　外汇政策

一、基本情况

货币政策是经济政策的一部分，制定货币政策是中央储备银行（BCR）
的责任，BCR 是一个独立于中央政府的自治实体。近年来使用的货币政策
类型是以推动经济活动为目的的政策。

二、居民及非居民企业经常项目外汇管理规定

秘鲁外汇政策较为宽松，流入和流出国外的资金流量没有限制。

秘鲁货币市场：在有组织的市场之外的大公司之间进行的业务，与其
他国家一样，它由市场现货和衍生品组成。

秘鲁外债：由公共债务（国家承包）和私人债务（公司和个人承包的

债务）组成。对其他国家的外债通常是通过国际货币基金组织或世界银行等机构提供的。

三、居民企业和非居民企业资本项目外汇管理

秘鲁外汇政策较为宽松，流入和流出国外的资金流量没有限制。

四、个人外汇管理规定

根据规定：任何通过国际机场、港口或边境管制站进出该国的人员，如果携带现金或等价物，金额超过 1 万美元或其等值货币或其他外币，则需申报海关；禁止任何个人携带现金超过 3 万美元或其等值的国家货币或其他外币，必须通过银行保险监管局合法授权的公司进行此类操作。

按照秘鲁国家税务批准的格式填写申报文件，格式必须具有宣誓书的性质，并且至少包含以下信息：声明人的身份、官方身份证件的类型和编号、国籍、声明人的姓名地址、居住国、国内住所、申报金额、货币种类、所有人、现金货币的来源地或发放给持有人的可转让金融工具类型。

声明中遗漏或伪造申报金额的，将受到秘鲁国家税务相当于未申报价值 30％的制裁；如果声明书是正确的，但超过 3 万美元，秘鲁国家税务则扣除所述金额的超出部分。

第四节　会计政策

一、会计管理体制

（一）财税监管机构情况

在秘鲁注册的企业如果有经济业务发生，均需建立会计制度进行会计核算。税务局为财政部下设机构，各企业需要按照统一格式上报会计和税务资料。

（二）事务所审计

目前，必须提交审计的公司为由证券和市场监督会监督的企业，包括银行、养恤基金机构、保险公司及其他证券股票市场投资的公司。

（三）对外报送内容及要求

会计报告中主要包含以下内容：①企业基本信息，行业分类、经营范围、股东情况、公司地址、银行账户信息、税务登记号等。②企业经营情况表，资产负债表、利润表。③披露信息，费用类、资产类、历年营业额、权益变动。④关联交易中，采购定价相关的证明材料及交易申明。

在秘鲁，按照《公司法》第 223 条规定，财务报表按照 PCGA 会计准则提交。会计法则是根据国家会计管理制度制定的，这个制度是综合了公共政策、公共和私营部门适用的会计程序等形成的。

上报时间要求：会计报告须按公历年度编制，于次年的 4 月 30 日前完成。

二、财务会计准则基本情况

（一）适用的当地准则名称与财务报告编制基础

秘鲁采用国际财务报告准则。1994 年 4 月 18 日，监管会计委员会通过第 005-94-EF / 93.01 号决议正式确定了国际会计准则的适用情况，规定财务报表必须符合相关标准。

（二）会计准则适用范围

所有在秘鲁注册企业均需要按照会计准则进行会计核算并编制报表。

三、会计制度基本规范

（一）会计年度

企业的会计年度与日历年度一致，即从本年的 1 月 1 日—12 月 31 日；对于上半年新成立的公司，当年会计年度可以小于 12 个月；下半年成立的公司，当年会计年度可以大于 12 个月。

（二）记账本位币

在会计核算中，应使用其所在国家的货币，以使业务更加同质化。在秘鲁，官方货币是索尔。

（三）记账基础和计量属性

企业日常会计核算及编制会计报表，应当采用权责发生制。企业应当采用历史成本的计价原则，资产价值一般以历史发生价值入账。

四、主要会计要素核算要求及重点关注的会计核算

（一）现金及现金等价物

现金及现金等价物包括现金和金融机构的资金。财务报表中，会单独显示银行账户上的现金。如果资产类科目余额是负数，则将其重新分类，以便在相应的债务项目中列报。

（二）应收款项

应收账款初始按公允价值确认。当有证据表明应收账款出现减值时，该科目的金额将通过估值减少，以便在财务报表中列报。在财务报表日期中，等待收取的外币应收账款将以适用于该日交易的汇率表示。

（三）存货

存货是指公司拥有的商品和服务，其目的是销售。它包括运往生产过程的货物、销售的货物、制成品、自然资源和生物产品等。

在秘鲁，根据《所得税法》第62条，纳税人、公司、由于其开展的活动，必须实行库存记录，以收购或生产成本计价库存，可统一采用以下任何方法：先进先出法、加权平均法、个别计价法等。

企业应根据存货的性质和使用特点选择适合的方法进行存货的出库核算。确定存货的期末库存可以通过永续盘点和实地盘点两种方式进行。

（四）长期股权投资

1. 股份的直接销售

《所得税法》将注册地或成立地位于秘鲁境内实体的股份让渡所获得的资本收入归类为来源于秘鲁境内的收入。此外，根据《所得税法》规定，"让渡"包含了所有资产的有偿转让。

当转让秘鲁公司发行股份时，在该交易产生资本收入的情况下需缴纳

所得税。根据《所得税法》规定，非居民法人实体在处置股份的过程中，如果产生了资本收入，且该收入符合来源于秘鲁境内的标准，则需缴纳所得税。该资本收入需缴纳的所得税率为 30%（当股份在秘鲁证券交易所交易且由秘鲁公共证券登记部登记在案时，适用税率为 5%）。上述资本收入由股份转让价值减去购买成本得出。根据《所得税法》的规定，转让价值不可低于股份的市场公允价值。如果交易价格低于股份市场公允价值，出于纳税目的，税务主管部门将调整价格并对所有未付税项进行评估。

根据《所得税法》规定，在证券交易所上市股份的市场公允价值应为该交易所的议定价格。如果股份未在证券交易所上市，那么交易赋值将成为市场公允价值。然而，这种情况下，交易价值不应低于股份的股权价值。股份的股权价值通过将股权根据法人实体发行的股份数量分配计算得出。

需要注意的是，如果交易由关联方达成，股份的市场公允价值应根据秘鲁转让定价法规确定。在成本端，卖方需向税务主管部门申请股份成本的证明。如果该证明申请时间早于转让时间，其效力将仅持续 45 天，不论税基价值是否维持不变。如果税基价值发生改变，买卖双方必须在转让发生 30 天之内与税务主管部门沟通。请注意，从税务主管部门获得对应的成本证明对于计算税基至关重要。如果未获得该证明，将按照转让的市场价值缴纳 30% 的所得税。

最后，值得注意的是，一方面，当买方为秘鲁实体时，其将有义务根据税务主管部门确立的月度缴纳规则向税务主管部门代缴所得税。另一方面，如果买方为非居民实体，所得税需由非居民卖方在转让发生的下 1 个月的最初 12 天之内直接缴纳。

2. 股份的间接销售

在满足以下条件时，以直接或间接方式持有秘鲁公司股份的非居民公司发行的股份让渡产生的资本收入，被认为是来源于秘鲁境内的收入：

（1）在让渡发生之前的 12 个月内，该非居民实体以直接或间接方式持有的秘鲁公司股份的市场价值或参与权益不少于该非居民实体股本资金的所有股份或参与权益的 50%，且上述股份需在对应的 12 个月的期限内，占该非居民实体股本资金的 10% 或以上。

（2）该非居民实体位于避税港或低税率的司法管辖权内，若有充分证据证明上一条所描述的情况不存在，则此条例外。以外，法律包含反避税措施，在该非居民实体（通过直接或间接方式）由于增资（由资本认购、信用贷款资产化或重组产生）而发行新股或参与权益，且其赋值低于市场价值时，视为出现秘鲁法人实体股份或参与权益间接让渡的情况。在这种情况下，该非居民实体视为在增资后已让渡其股份或参与权益。该处理方式仅在上述情况至少出现一个的情形下适用。

为确定上述情况下的税率，需考虑以下规定：

（1）需确定该非居民实体持有参与权益占到居民法人实体股本资金的比率。如果前者通过中间实体持有后者股份，参与权益比率需根据法规规定，通过将各法人实体持有股本资金比率相乘或相加得出。

（2）参与权益比率确定后，需与居民法人实体的所有股份或参与权益的市场价值相乘。需要注意的是，根据《所得税法》规定，市场价值由以下方式确定：

① 如果股份在证券交易市场上市，市场价值为转让发生前 12 个月内记录的最高价值。如果股份在多个证券交易市场上市，市场价值为所有价值的最大值。

② 如果股份未在证券交易市场上市，市场价值则为股份的股本价值。股份的股本价值通过将股本根据法人实体发行的股份数量分配计算得出。股本价值的确定需考虑到转让发生前的年度审计后余额。当不存在审计后余额时，市场价值由对应估值确定。

（3）得到的结果需根据该非居民实体的所有股份或参与权益的市场价值进行分配。为确定市场价值，上述规则同样适用。得到的结果需乘以 100，此时即能判断其是否不低于 50%。如果根据该程序判断得出，该非居民法人实体的股份未达到最少占市场价值 50% 的要求，那么将不会视为间接让渡。

另外，将被让渡的非居民法人实体的股份或参与权益的市场价值与测试中应用的用以确定是否存在应缴纳所得税的间接让渡所确定的比率相乘，其结果视为来源于秘鲁境内的收入的金额。在这种逻辑下，当出现关联方交易时，市场价值需在应用转让定价规则之后确定。

在成本端，非居民法人实体股份的税基需由境外根据相关司法管辖权发行的文件或秘鲁税务主管部门要求的其他文件支持，同时，仅需考虑将应用于确定是否存在间接让渡的测试所得出的比率，应用到该非居民法人实体股份的全部税基中。在这种情况下，还需要税务主管部门发布的成本证明。

值得注意的是，在该非居民卖方被视为居民公司的直接或间接关联方时，该居民法人实体需对资本收入适用的所得税合并承担或分别承担义务。所以，当在交易前 12 个月内满足以下其中一种情况时，视为存在直接或间接的关联关系：

（1）该非居民实体直接持有或通过第三方间接持有秘鲁实体超过 10% 的参与权益。

（2）该非居民实体与秘鲁实体拥有相同的股东，且该股东持有双方股份均超过 10%。

（3）该非居民实体与秘鲁实体拥有一个或多个共同的主管、经理、行政官或其他拥有关于融资、商业或运营决策权的经理人。

（4）该非居民实体与秘鲁实体拥有合并财务报表。

（5）该非居民实体对秘鲁实体行政经理人的决策能够产生影响，反之亦然。

最后，值得注意的是，当买方为秘鲁实体时，其将有义务根据税务主管部门确立的月度缴纳规则向税务主管部门代缴所得税。如果买方为非居民实体，所得税需由非居民卖方在转让发生的下个月的最初 12 天之内直接缴纳。

（五）固定资产

固定资产初始计量以历史成本计量确认，企业应在其预计使用期限内对固定资产计提折旧。在秘鲁，确定固定资产标准为 1/4 个 UIT（纳税单位）。

固定资产的折旧年限如表2-4-1：

表2-4-1　固定资产折旧年限表

类别	年折旧率
农牧业、渔业	25%
陆路运输车辆（铁路除外）	20%

续表

类别	年折旧率
采矿，石油和建筑活动使用的机器和设备；家具，设备和办公设备除外	20%
电子处理设备	25%
按1.1.91条例购买的机器和设备	10%
其他固定资产	10%

数据来源：《所得税法》第22（a）条（b）项规定。

（六）无形资产

《所得税法》允许无形资产摊销，因此认为无形资产是有期限的。无形资产指版权、版权密钥的计算机程序（软件）等。就无形资产的摊销而言，被定义为可使用年限内可摊销金额的系统分配。出于税收监管的目的，它确定了核心技术、品牌、专利、制造程序。对无形资产的摊销，可一次性完成或在十年内摊销。

（七）职工薪酬

职工薪酬，核算所有支付给职工的各类报酬。包括以下人员的薪酬费用：行政管理人员，普通员工，临时性雇佣员工，提供服务的企业合伙人。薪酬范围：现行劳工条款提供的福利，服务时间补偿（CTS）解雇金，起因于个人工作的年金和养老金，如退休、残疾，对临时残疾、产假和母乳喂养的补贴，企业年终分红等。

（八）收入

收入是指自然人或企业在销售商品、提供劳务及转让资产使用权等日常活动中形成的经济利益的总流入。日常经营活动中取得收入确认标准：当期经营活动中形成的、能基本确定金额且很可能有流入企业的经济利益，企业必须确认为当期收入。

对于房建和工程建筑企业，企业收入可以采用工程账单法或者建造合同法确认。

2018年当年或之后开始年度，《国际财务报告准则第15号——客户合约收益》生效，则遵循新颁布的准则。在履行了合同中的履约义务，即在客户取得相关商品或服务的控制权时，确认收入。对于在某一时段内履行的履约义务，在该段时间内按照履约进度确认收入，并按照一定方法确定履约进度。履约进度不能合理确定时，已经发生的成本预计能够得到补偿的，按照已经发生的成本金额确认收入，直到履约进度能够合理确定为止。

（九）政府补助

政府补助包括三类：投资性补助、经营性补助和平衡性补贴。

投资性补助类似于中国《企业会计准则第 16 号——政府补助》中与资产相关的政府补助，是企业取得的为了购置、建造长期资产或为了提供长期服务而取得的补助。

经营性补助收入，核算方法类似中国《企业会计准则第 16 号——政府补助》中与收益相关的政府补助。经营性补助是由政府、公共机构或第三方为了弥补企业产品的售价或其经营费用而给予的补助，既不是捐赠也不是投资性补助。

平衡性补贴是政府对企业特别事项的补贴，相当于营业外收入，在期末结转到本年利润。

在秘鲁，各部委（例如文化部、环境部等）整合其管辖范围内需要申请的政府补助内容，在每年 8 月 30 日前提交至国会，国会通过评估和审核发布下一年度政府补助预算；对于其他企业，国家或政府机构发布需要筹建项目等事项，各企业通过投标方式取得该项目后，在施工过程中逐步申请政府补贴。

（十）借款费用

借款费用是指企业因借款而发生的利息及其相关成本。借款费用包括借款利息、因外币借款而发生的汇兑差额等。

借款费用一般应进行费用化，在支付时直接计入损益，确认为当期的成本费用；但是，如果借款费用是为购置或建设固定资产发生的，满足相应条件的借款费用，应进行资本化，计入该资产的成本中。

（十一）外币业务

根据《所得税法》第 61 条第 a 款：外币交易将按交易日生效的汇率进行核算。同样，以本国货币表示外币交易所产生的汇兑差额将被视为当年的损益。资产负债表日，外币货币性项目采用资产负债表日的即期汇率折算为外币所产生的折算差额，计入当期损益。

《税法》第 87 条第 4 款第 2 款规定，账簿和记录必须以西班牙语进行，并以本国货币表示。在这方面，《所得税法》第 61 条规定，为确定所得税的目的，外币交易应按交易当日有效的汇率计算。它补充了上述条款的最后一段，即汇率差异将使用相应的市场汇率来确定。

（十二）所得税

企业所得税是对秘鲁境内的企业或其他法人按每年实现的所得征收的税种，纳入国家预算。本期税前会计利润按照《税法》的规定调整为应纳税所得额，与现行税率的乘积就是当期在利润表中列示的所得税费用。

第三章 缅甸税收外汇会计政策

第一节　投资环境基本情况

一、国家简介

缅甸联邦共和国的国土面积约为 676578 平方公里，人口约为 5390 万（截至 2015 年），共有 135 个民族，主要有缅族、克伦族等，缅族约占总人口的 65%。各少数民族均有自己的语言。全国 85% 以上的人信奉佛教，约 8% 的人信奉伊斯兰教。缅甸首都内比都（Naypyitaw），位于缅甸中部山区西侧，距离仰光以北 400 公里。仰光为缅甸最大城市，原首都。货币为缅币（Kyat），1 美元约合 1520 缅币。

缅甸自然条件优越，资源丰富。矿产资源主要有石油、天然气、锡、钨等，宝石和玉石在世界上享有盛誉。水利资源丰富，但由于缺少水利设施，尚未得到充分利用。

二、经济情况

2017 年度缅甸国内生产总值约 670 亿美元，居世界第 71 位，人均国内生产总值为 1272 美元，居世界第 150 位，属于低收入国家。缅甸经济目前最具有生产力的行业是开采行业，尤其是石油、天然气等。外资企业在缅甸石油和天然气领域具有大量投资。其他领域，如制造业、旅游业等，只占经济总量的小部分，主要由国家控制。缅甸风景优美，名胜古迹多，旅游服务业也是该国主要经济行业。

三、外国投资相关法律

《新公司法》。2017 年缅甸政府更新和梳理其法律框架体系，并于 2018 年 8 月 1 日正式实施《新公司法》，该新法推出使缅甸公司法律框架更加现代化并与国际最佳实践相匹配。

《投资法》及《投资实施细则》。主要包括 2016 年缅甸《投资法》及

2017 年发布的缅甸《投资实施细则》。2016 年缅甸《投资法》取代了 2012 年的缅甸《外商投资企业法》及 2013 年缅甸《居民投资法》。

根据缅甸《投资法》的有关规定，授权的投资活动分为两类：对参与限制投资领域，应获取缅甸投资委员会出具的投资许可证，按照投资额、地域、行业和社会影响等因素分为五大类；对其他非限制性投资领域，需要获取缅甸投资委员会支持函。除了投资许可外，缅甸投资委员会给外国投资者另外一种选择，签发支持函。例如，执行长期土地租赁或享受税收减免。

《经济特区法》。在缅甸经济特区内开展经营活动，可以享受到很多优惠。如外商计划在缅甸经济特区设立经营机构，需要获得特别经济区许可证。《经济特区法》将特区划分为两类：免税区及鼓励区。在经济特区内设立的企业，除了享受长期的税收优惠外，还有机会租赁长达 75 年的土地使用权。

有关出入境签证的规定。缅甸允许中国大陆居民以落地签方式入境，签证收费依据不同的入境目的及停留的时间而有所不同，主要分为单次和多次商务签证。在签证申请延期时，企业应向政府归口管理部门提交延期申请，申请内容包括：延期人员名单、延期时间、延期目的等信息，待归口管理部门批准后，申请企业持该批文向缅甸移民局办理签证延期手续。办理签证延期申请可分为两种情况：首次办理延期以及非首次办理延期。

第二节　税收政策

一、税法体系

缅甸纳税实行属地税制，主要的税收法律法规有《所得税法》《商业税法》以及《公民法》。缅甸国内的税目主要分为 4 个大类，共约 15 个不同的税目，分别为：①生产及消费类，消费税、进口许可证费、彩票税、运输税、商业税及印花税；②收入及所有权类，所得税和利润税；

③海关类，关税；④国有资产使用类，土地税、水资源税、灌溉税、林业、矿业、橡胶及渔业产品附加税。

截至 2017 年末，与缅甸签署避免双重征税协定的国家包括：英国、新加坡和马来西亚等九个国家，不包括中国。已签署税收优惠的国家所在的企业，不能自动获取税收优惠的权利，应在所得税纳税期间届满前，向经营机构所在地税务机关提出免税或减税的申请，经审批后才能减免。

二、税收征管

（一）征管情况介绍

缅甸税收征管由 5 个政府部门下设的 6 个直属局负责管理，其中缅甸税务局管理 89% 以上的政府各项税收。其中：财政部所属海关负责关税、许可费的征收；财政部所属税务局负责所得、利润税和商业税等 5 类税种的征收；铁道部所属公路局负责运输税的征收；林业部所属林业局负责橡胶税、林业产品税的征收；畜牧水产部所属渔业局负责渔业税的征收；内政部下属管理总局负责矿产税、土地税等 4 类税种征收。

自 2015—2016 财年，税务局采用了自动分析税务系统（SAS）鼓励纳税人自愿纳税及促进缅甸税务征管系统与现代税务征管实践相结合。

为实施该系统，税务局专门设立了针对大企业纳税人的"大型纳税人管理办公室"。SAS 税务系统系统将分阶段实施，在 SAS 税务系统管理下，纳税人应分析计算其应付税款，并以必要、真实、相关的财务数据填写纳税申报表，最终取代当前的 OAS 征管系统。为配合新 SAS 税务系统系统的实施，税务总局对原征税机构进行了重组，将中型纳税人机构拆分为中型纳税人管理办公室 1（MTO1）、中型纳税人管理办公室 2（MTO2）、中型纳税人管理办公室 3（MTO3）三类。MTO1 同时采用新 SAS 系统[1] 及 OAS 系统管理大中型企业的纳税人，MTO2 及 MTO3 办公室继续采用 OAS 系统管理中小型企业纳税人。

（二）税务查账追溯期

如怀疑纳税人存在隐瞒或欺诈行为，税务局有权依据缅甸审计规定，

---

① The report Myanmar 2018，牛津商业集团出版。

对纳税人开展稽查，该稽查追溯和覆盖范围没有时间限制。如果纳税人没有进行企业所得税申报，将会被处以应纳税所得额 10% 的罚款。如果发现纳税人隐瞒收入或相关事项，该纳税人应在规定期限内主动申报，并将接受少缴税款的一倍金额的罚款。如果没有在规定期限申报或没有完全申报，除补缴税款和处以罚款外，还可能被起诉并处以 3~10 年监禁；如果纳税人没有进行个人所得税申报，将会被处以应税所得 10% 的罚款。若纳税人故意不对应税收入进行申报，将被处以罚款甚至被起诉。

（三）税务争议解决机制

如果应纳税额超过 30000 缅甸币（约 23 美元），纳税人有权向（州或邦）地区大型纳税人办公室或中型纳税人办公室提起首轮上诉。上诉材料应自全额缴纳应付税款之日或非全额缴纳但已履行税务机关规定的要求之日后，且不能超过税务机关发出行政指令之日起 30 日内提交。第二轮上诉在收到首轮上诉结果之日起 60 日内，且应缴税款超过 10 万缅甸币（约 76 美元）。可向最高法院提起最终上诉，但仅限于对法律条款的解释。

三、主要税种介绍

（一）企业所得税

1. 征税原则

依据《所得税法》的规定，对缅甸按照《公司法》成立的公司，或是在境外成立但在缅甸登记的外国企业分支机构，应当依法申报并缴纳企业所得税。企业所得税将公司分成两种类型：一类为居民企业，另一类为非居民企业。若企业符合缅甸《公司法》或其他缅甸法律，且对企业事务的控制、管理及决策均在缅甸境内执行，则该企业为居民企业，居民企业就其全球所得缴纳企业所得税。非居民企业仅就来源于缅甸所得缴纳企业所得税，一般外国企业的分支机构通常被视为非居民企业。

2. 税率

居民企业及非居民企业经营所得适用税率均为 25%。在仰光交易所的上市公司，公司所得税率适用 20%。对于资本利得一般行业企业按照 10% 征收，石油石化类企业按照 40%~50% 累进税率进行征收。

外币收入涉及汇率的问题。除资本利得外，所有外币形式的收入，如果纳税人为居民企业，则需就其取得的外币形式的收入按照取得收入当天的官方汇率换算成缅币计算并缴纳相应税款，如果纳税人为非居民企业，则无需兑换，直接用该种外币计算并缴纳相应税款。

3. 税收优惠

所得税税率优惠由经营所在地决定。伴随着 2014 年《经济特区法》的颁布，缅甸政府先后成立了三个经济特区：迪洛瓦经济特区、土瓦经济特区及皎漂经济特区。该法律将经济特区分为两大类：（1）免税区；（2）鼓励区（面向国内市场并提供支持服务）。在以上特区中设立的企业将根据具体政策享受税收优惠政策。

对于中小企业而言，如在前三个连续财年内获得的营业净利润不超过 1000 万缅币，则无须缴纳企业所得税。如所得超过上述金额，按超过部分金额计算并缴纳企业所得税。

出售、交换或转让一项或多项资产，在一年内此类交易的总价值不超过 1000 万缅甸币。

4. 所得额的确定（包含亏损弥补规定）

企业经营收入均应纳入征税范围，与经营收入相关的支出可全部扣除。不能直接从经营所得中扣除的支出包括：购买固定资产支出、支付给个人的非经营支出、不能从经营业务中补偿的支出、不是因获取经营收入而发生的支出以及支付给联营企业的付款。

在购买固定资产的当年，不论该资产是否全年使用，均可按整年扣除折旧。在固定资产处置当年，不论是否使用，均不能扣除折旧。

亏损结转。资本性资产的损失和法人联合体的损失份额除外的其他损失都可以从当年的其他收入中抵扣。在一年之内无法全部抵扣的损失可以结转至未来三年进行抵扣。资本性资产的损失和法人联合体的损失份额不得抵扣收入，也不得进行结转。

5. 反避税规则

缅甸暂无关联交易、转移定价、资本弱化等方面的规定。

6. 征管与合规性要求

纳税年度从当年 4 月 1 日到次年 3 月 31 日。公司不允许采用其他财年计算方式。纳税人应当预计全年经营所得，并于每季末结束后 10 天内分期预缴，缴纳时间分别自 6 月 30 日、9 月 30 日、12 月 31 日及次年 3 月 31 日开始计算，年度所得税申报应在次年 6 月 30 日前完成。多预缴税款可在次年的所得税汇算清缴时予以扣除，超额税收部分可以根据规定予以退税，退税一般用来抵扣当年的应纳税款。

纳税人若有隐瞒收入等情况，需要在规定时间内公布，否则处以少缴税款 50% 的罚款。若未在规定时间内披露或是披露不完全，则除补缴税款和罚款外，可能会被起诉并判决，处以监禁等。

（二）商业税

1. 征税原则

缅甸不征收增值税。依据《商业税法》，缅甸政府对境内交易及进口的商品和服务的营业额超过 5000 万缅币的企业征收商业税。商业税为流转税，只对《商业税法》中的特定交易征收。

2. 税率

商业税的税率需根据商品的种类而定，对大多数服务行业而言（如建筑及设备安装服务，物流服务、咨询服务等），商业税税率为 5%；对于房地产开发企业，如果对缅甸境内开发的建筑物进行销售，则对其所得的销售收入征收 3% 的商业税。对不同类型的经营活动，商业税税率规定如表 3-2-1：

表3-2-1　商业税税率表

经营活动种类	商业税税率
进口	5%
本地生产加工	5%
贸易	5%
出口	0%（原油 5%，电力 8%）
在缅甸境内提供服务	5%
国内航空运输	3%
房地产（租赁）	5%
房地产（销售）	3%

3. 商业税免税

除了商业税免税清单中列明的免税商品及服务外，其他的商品销售及服务均应缴纳商业税。免税商品及服务主要内容包括：生活必需的食品及药品、与婴幼儿有关的商品的服务、农产品、医疗设备、国防部采购的各类物资等。

4. 销项税额

如果在合同中标明不含税价格，销项税依据不含税收入 × 课税对象税率计算，如果收入含税，销项税依据收入 /（1+ 商业税税率）× 商业税税率计算。

5. 进项税额抵扣

只有获取海关代征的商业税凭证，或是商品销售方、劳务提供方开具的销项税凭证，才能依法抵扣销项税。

6. 征收方式

依照税务局最新通告的要求，主要内容如下：企业应在正式营业前 1 个月完成税务登记；正常营业企业每月收到的款项，其商业税须按月在次月 10 日前缴纳，此外须按季度向税务局申报本季纳税情况（在季度结束之后的 30 日内完成），在申报过程中需完整填写由税务局规定格式的《商业税季度申报表》，同时将已缴纳商业税的税票复印件作为附件一并提交；即使申报季度内无营业收入，仍需要按规定向税务局提交《商业税季度申报表》；对于未依照要求缴税或提交《商业税季度申报表》的企业，将依照《商业税法》规定进行处罚。

（三）个人所得税

1. 征收原则

缅甸公民及居民纳税人在缅甸境内外获取的收入应被视为应税收入；非缅甸居民纳税人仅就其源自缅甸的收入征收个人所得税。缅甸居民界定原则：外籍人员在一个纳税年度内如果在缅甸境内居住超过 183 天，应视为缅甸居民；在缅甸投资委员会（Myanmar Investment Commission，MIC）批准项目中任职的外国公民应被视为缅甸居民，无论其在缅甸居住的时间。

2. 申报主体

发放工资的企业或发生应税行为的个人。

3. 免税和可抵扣费用的规定

（1）如果财年内薪资收入未超过 480 万缅甸币，无须缴纳个人所得税。

（2）居民纳税人可享受的基本减免额度为薪资收入的 20%，但不能超过 1000 万缅甸币。

（3）除基本减免额度外，其他减免额度的规定如下：①与父母共同生活（每一人），可减免薪资 100 万缅甸币 / 年；②如果有配偶，可减免 100 万缅甸币 / 年；③如果有儿女且未满 18 岁，每人可减免 50 万缅甸币 / 年；④个人缴纳的社保费，可从应税收入中扣减；⑤人寿保险费，可从个税应税收入中扣减。

（4）财年内薪资收入虽在 480 万缅甸币以上，但将所有减免额度扣除后，剩余额度没有超过 200 万缅甸币的，无须缴纳个税。

（5）缅甸公民和外籍缅甸居民均可享受以上个税减免政策。

（6）社会保险费的比例为：雇主须支付雇员当月薪资的 3%（不超过 9000 缅甸币），雇员须支付其当月薪资的 2%（不超过 6000 缅甸币），共 5%，由雇主按月进行缴纳。

4. 个人所得税税率。采用累进税率，具体情况如表3-2-2：

表3-2-2　个人所得税税率表

序号	年应纳税总额（缅甸币）		区间额度（缅甸币）	税率	应纳税额	累计总额
	自	到				
1	1	2000000	2000000	0%	0	0
2	2000001	5000000	3000000	5%	1500000	1500000
3	5000001	10000000	5000000	10%	5000000	6500000
4	10000001	20000000	10000000	15%	1500000	8000000
5	20000001	30000000	10000000	20%	2000000	10000000
6	30000001	3000 万以上		25%		

5. 征管与合规性要求

雇主应在发放员工薪酬时扣除员工应缴个税，并在扣缴次月 7 日内向税务局完成缴税并提交相关说明。在实操中，根据税务局官员的说明，个税可按月度或季度缴纳。雇主应在每个纳税年度结束后的 3 个月内提供年度薪资发放说明，完成个税的年度汇算清缴工作。

6. 其他免征情形

依据《所得税法》，其他免征个人所得税的主要内容包括：一个财年内，依据《Narcotic Drugs and Psychotropic Substances Law》法律，一次或累计收到的现金奖励不超过 1000 万缅甸币，免征个人所得税；在一个财年内，因收缴非法物业而获得现金奖励，一次或累计奖励不超过 1000 万缅甸币，免征个人所得税；国家颁发的荣誉及奖章等奖励，免征个人所得税；国外居民获取的外币工资收入，免征个人所得税；获取的 Aungbar-lay Union Lottery 彩票奖励，免征个人所得税；公务员退休后获取的养老金，免征个人所得税；因搜寻古董而获取的国家奖金，免征个人所得税[1]。

（四）关税

1. 关税体系和构成

目前实施的缅甸《关税法》生效日期是 2017 年 10 月 1 日。该《关税法》是基于 2017 年世界海关组织统一体系及 2017 年东南亚盟国统一关税命名规则修订的。在进口时，由海关征收及代征的税种包括：关税、特别货物进口税及商业税。

2. 税率

依据 2017 年版的关税统一体系的编号规则，将进口商品分为十几大类，依据自上而下的编号方法，各类商品被分为 4 层：类（Section）、章（Charpter）、标题（Heading）及次标题（Subheading）。在每个次标题末级明细中，均有对该进口商品的标准及征税税率有详细的描述。在进口时是否征收特别货物税，由专门的《特别货物税法》规定。在进口商品时，上述三类税的计算公式如下。

---

[1] 引用 2018 年《联邦税法》第 7 章第 31 条的有关规定。

（1）关税：海关认定价 × 适用税率。

（2）特别进口税：（海关认定价 + 关税）× 特别进口税。

（3）商业税：（海关认定价 + 关税 + 特别货物税）× 5%。

3. 关税免税

海关定期颁布关税统一编码簿，对免税类目进行约定。除此之外，缅甸官方规定在两类地区设立关税，可免除或减征关税。一类地区为国家设立的免税区，一类地区为鼓励类地区或认定为鼓励类地区。凡在鼓励类地区设立公司，从生产之日起，前五年免征关税，第六年至第十年，减半征收关税。

4. 设备出售、报废或再出口的规定

缅甸暂无相关明确规定。

（五）企业须缴纳的其他税种

1. 资本利得税

在缅甸，通过销售、交换及转移资产所获得的收益应缴纳所得税。资产不仅包含土地、房屋、车辆，也包括股票、债券及契约等。如果销售、交换及转移资产的价值低于 1000 万缅币，则免缴资本利得税。居民企业应对资本收益缴纳 10% 的资本利得税（通过租赁行为获得的收入应缴纳 10% 的资本利得税，原油及天然气行业除外）。资本利得税应在处置或出租资产之日后 1 个月内完成申报及缴税工作。

2. 预提税

涉及预提税交易范围如下：

（1）股息——居民或非居民企业获得的股息不需要纳税。

（2）权利金——居民企业税率为 10%，非居民企业为 15%。

（3）利息——向居民企业支付的利息无须扣缴预提税。向非居民企业支付的利息须扣缴 15% 的预提税，但向缅甸外资银行分行支付的利息无须扣缴预提税。

（4）本地采购货物（不包括进口货物）——居民企业税率为 2%，非居民企业为 2.5%。

（5）服务——居民企业税率为 2%，非居民企业为 2.5%。

（6）租赁——居民企业税率为 2%，非居民企业为 2.5%。

申报及缴税（Filing and Payment）——在预提行为发生后 7 日内应完成缴税工作，付款方应承担预提税扣缴义务，并向税务局提供款项明细内容。

3. 印花税

计税原则。依据《缅甸印花税法案》（Myanmar Stamp Act），缅甸政府对不同类型的、需要加盖印花的契约文书征收印花税。

税率（Rate）。对于应纳税的并以外币计价的合约，应将合约价值按缅甸央行发布的当日汇率转换为缅币之后计税。印花税的税率取决于契约文书的种类（详情参照《印花税法》），对于三年以内租期的不动产租赁，适用印花税税率为 0.5%。对于三年以上租期的不动产租赁，适用印花税税率为 2%。对于动产及不动产的转让，适用印花税税率为 2%（如果转让不动产位于仰光、曼德勒、内比都地区，则应缴额外 2% 的印花税）。

申报及缴税。在合约正式签订生效后的 1 个月内应完成申报及缴税工作，否则将面临 10 倍的罚款。

（六）社会保障金

1. 缴纳原则

《社会保障法》要求，凡是雇员人数达到或是超过了 5 人时，雇主及雇员应按雇员工资（含各类福利所得）的 3%、2% 分别计算各自承担的社会保障费。如果雇员当月工资超过 30 万缅甸币时，以 30 万缅甸币为上限计算各自应承担的社会保障费。所以，雇主每月最大承担的费用为 9000 缅甸币 / 人，雇员每月承担 6000 缅甸币 / 人。

2. 外国人缴纳社保规定

针对非缅籍人员，应区分对待是否承担社会保障费。如果外国居民在一个纳税年度内，在缅甸居住时间达到或超过 183 天时，视同缅籍人员，应按上述规定执行。

第三节　外汇政策

一、基本情况

外汇管理由缅甸中央银行及投资公司管理局负责。央行主要负责外汇审批、外汇的进出、稳定外汇汇率、监督金融机构外汇交易是否合规。近年来，缅甸央行不断加强对私人银行的监管力度，确保金融环境稳定及金融机构业务符合当前的法律法规。缅甸央行每日收集金融机构日报表，并编制日汇总表、周汇总表及月汇总表后上报财政计划部。

近期美元兑缅甸币汇率波动很大。年初美元兑缅甸币汇率为1美元兑换1355缅甸币，上升至1美元兑换1427缅甸币，变动率超过5%。

二、居民及非居民企业经常项目外汇管理规定

（一）货物贸易外汇管理

（1）缅甸外汇提现有严格的金额及次数限制。每个美元账号每周提现2次，每次上限5000美元。该规定同时适用于居民企业及非居民企业。

（2）外汇可在境内自由汇款。

（3）国外汇入资金，如果是流动资金，仅需要向银行发函说明资金用途。如果是汇入投资资本，除需向银行发函说明资金用途外，还需向投资公司管理局（DICA）说明资金用途。

（4）向国外汇出资金，需提交以下资料：资金转移申请；央行申请函，且经过央行批准；买卖合同、发票；发货单或卸货单。

（二）服务贸易外汇管理

服务贸易外汇管理要求与货物贸易外汇管理规定一致。

（三）跨境债权债务外汇规定

（1）未经许可，缅甸居民不能将其物业用于抵偿应付他国居民债务。

（2）未经许可，缅甸居民不能将资金放贷给他国居民。

三、居民和非居民企业资本项目外汇管理规定

依据2016年颁布的缅甸《投资法》及2017年《投资法实施细则》的有关规定，禁止类投资业务，内容主要包括：政府不定期发布与国防及安全有关的产品生产、与邮政或邮票有关的服务、航空业服务、自然森林开采管理业务及放射性金属的研究与开采等。

除禁止投资外，经批准投资人可以依法向DICA申请投资许可证或投资优惠证书，在获得投资许可证后可依法对投资资本以及利润进行汇入汇出。

四、个人外汇管理规定

除央行授权批准外，不允许任何交易机构或个人从事与外汇相关的买卖或借贷业务。

任何外汇机构或个人不能在央行规定的汇率范围外从事外汇交易。

除授权机构外，其他机构或个人应按特定的目的购汇，如果购汇后不能用于该特定目的，购汇人不应延迟将已购外汇出售给有权从事外汇交易买卖的机构。

未经许可，不能将外币或银行票据带入或带出缅甸。随身携带外币的额度不应超过央行当期发布的限额。

未经许可，不能将缅甸有价证券带出境外。

第四节　会计政策

一、会计管理制度

（一）财税监管机构情况

财税监管机构由公司注册所在地的税务机关管理。

（二）事务所审计

如果企业纳入 LTO 管理（大型企业纳税机构）办公室，需要填报 SAS 系统表格，无需编制资产负债表、利润表；如果未纳入 LTO 管理办公室，则需要编制资产负债表、利润表及现金流量表。不论管理部门是否为 LTO 纳税机构，上报资料均需会计师事务所审计。

（三）对外报送内容及要求

上报时间。目前缅甸的财务报表审计仅用于纳税目的，报表审计及完成时间与企业所得税清算时间相同。纳税人应当自上财年结束之日起 3 个月内，提交经审计的财务报表。现财年结束时间是 3 月 31 日，经审计并提交的报表的截止日期为 6 月 30 日。

上报内容。上报报表内容包括：资产负债表、利润表以及现金流量表。对某些大额的资产负债项目，还需提供附表，附表主要包括：应收账款、固定资产、大额负债清单、银行对账单等。有关需要提供附表的具体内容，由审计师或者税务局在报表审计时提出。

二、财务会计准则基本情况

（一）适用的当地准则名称与财务报告编制基础

缅甸会计委员会于 2010 年发布了缅甸会计准则（MAS）及缅甸财务报告准则（MFRS），该准则的内容与 2010 年版国际会计准则及国际财务报告准则内容相同。

（二）会计准则适用范围

该准则建议缅甸境内经营各单位采用，但并未要求强制实施。因缅甸仅发布了会计准则，但未开展对有关准则的教育及培训，所以本地企业几乎不会使用，甚至在缅甸的上市公司也未实施 MAS 或 MFRS 准则。

三、会计制度基本规范

（一）会计年度

缅甸采用财政年度作为纳税年度。在 2018 年 10 月前，财政年度从当年的 4 月 1 日至次年的 3 月 31 日，2018 年 10 月后，财政年度变更为 10 月 1 日至次年的 9 月 30 日。

（二）记账本位币

当地可以采用本国货币（缅甸币）或是美元作为记账本位币。

（三）记账基础和计量属性

虽然缅甸于 2010 年发布了缅甸会计准则（MAS）及缅甸财务报告准则（MFRS），其内容与 2010 年版国际会计准则及国际财务报告准则内容相同，但因缺乏足够的教育资源投入，在实际工作中很少有人使用 MAS 及 MFRS。本地编制的财务报告一般采用收入付实现制，尤其收入确认时点，均在实际收到工程款当期计入收入，不再区分预收账款或是应收账款。从当地会计实务发展来看，缅甸财务报告目的仅限于所得税计算，与 2010 年版国际财务报告准则的核算要求相距甚远。

因缅甸财务报告准则无法发挥其会计核算的作用，缅甸政府推出了 SAS 税务分析制度，希望借助该系统弥补因无法推行 MAS、MFRS，导致税款无法准确计算的缺陷。但在实施 SAS 税务分析制度时，因出现以下问题，导致了 SAS 在应用时也困难重重：①部分关于费用扣除的用词在实践中难以界定，导致税务局与企业在费用是否可以税前扣除存在分歧。比如，不能从企业日常经营业务中补偿的支出，或不是为获取收入而发生的支出。②税务局很少对实践中收入成本确认问题制定具体的操作指引，导致纳税人难以准确计算应缴税款。③税务局不承认本国的 MAS 及 MFRS。虽然 MAS 由缅甸会计委员会发布，但税务机关不承认依据该准则编制的财务报告，仍然采用 OAS 制度对应付所得税进行人为的主观核定，导致了报表利润与 OAS 制度核定利润有可能出现较大差异。④因税务机关档案管理存在不足，没有保存必要的记录，导致所得税会计准则在实践中难以实施。

四、主要会计要素核算要求及重点关注的会计核算

（一）现金及现金等价物

现金及现金等价物主要包含库存现金及银行存款。库存现金是指可以随时用于购买物资、支付有关费用、偿还债务，也可以随时存入银行的货币性资产。银行存款是指公司存入银行或其他金融机构的资金。

（二）应收款项

公司依据经济合同，对外销售商品、提供劳务产生的应收客户的债权，称为应收账款。具体包括应收客户货款及商业税。

（三）存货

存货准则内容主要包括：在正常经营过程中持有待售的资产，在正常经营过程中为销售而处于加工过程中的资产，以及在生产中消耗的材料及物料。存货不包含在建过程中产生的存货，金融工具，在丰收时期与农业有关的生物资产。存货的计量包括以下成本：采购成本（税金、运费及搬运成本）；转换成本（固定、变动生产制作费用）；借款费用在满足特定条件时，可以有条件计入存货成本。存货成本不包含以下内容：非正常浪费、储存成本、与生产无关的管理制作费、销售成本、以外汇采购存货而产生

的汇兑变化、延迟付款购买存货产生的利息费用。

对于可交易存货，准则限定只能使用先进先出或者加权平均成本核算法。对于企业使用且具有类似性质的全部存货应采用相同的存货成本核算法。

期末应采用可变现净值（NRV）考虑是否对存货账面价值进行调整。可变现净值是预计在企业正常经营中的存货售价，扣除完工成本及达到销售条件的必要预计支出后的净值。存货账面价值与可变现净值之间的差异，应当在差异发生时计入当期费用，任何与可变现净值产生的减值转回，应当计入转回发生的当期利润表中。

依据收入准则的确认要求，当存货销售确认收入时，存货持有金额立即确认为一项费用，任何存货减值损失及其他存货损失，也应当在发生当期确认为费用，计入利润表中。

（四）长期股权投资

长期股权投资是指对联营公司和合营公司的投资。在缅甸会计准则下，称为对联营企业与合营企业的投资准则。该准则主要内容包括，如何应用权益法对联营企业及合营企业进行核算，其中包括豁免权益法的情形。准则引用了"重大影响"的概念来定义联营企业，即要求拥有权力参与被投资单位的融资与经营。

重要定义如下：

（1）对合营公司的投资，即公司与其他合营方一同对被投资公司实施共同控制的权益性投资。共同控制是指公司与其他合营方共同进行某项经济活动，并且按照合同约定对该项经济活动共有的控制。

（2）对联营公司的投资，即公司对被投资公司具有重大影响的权益性投资。重大影响是指对一个公司的财务和经营政策有参与决策的权力，但并不能够控制或者与其他方一起共同控制这些政策的制定。投资公司直接或通过子公司间接拥有被投资公司20%以上但低于50%的表决权股份时，一般认为对被投资单位具有重大影响，除非有明确的证据表明该种情况下不能参与被投资公司的生产经营决策，不形成重大影响。

如果投资方对被投资方经营、财务决策具有重大影响时，应采用权益法核算长期股权投资价值。

与国际财务报告准则的相互关系。《国际财务报告准则第9号——金融工具》不适用使用权益法核算的联营公司及合营公司的权益。投资方使用IFRS 9（包括其减值要求）应用于联营公司或合营公司进行投资核算，但不采用权益法。在联营公司或合营企业中拥有潜在投票权的工具按照《国际财务报告准则第9号——金融工具》进行会计处理，除非投资方当时可以获得与联营公司或合营企业的所有者权益相关的回报。

（五）固定资产

固定资产是指使用期限超过一年的房屋、建筑物、机器机械、运输工具以及其他与生产经营有关的设备、器具工具等。

1. 固定资产的确认条件

固定资产同时满足下列条件才能予以确认：该固定资产包含的经济利益很可能流入公司；该固定资产的成本能够可靠计量。

2. 固定资产计量

固定资产按照成本进行初始计量。根据固定资产取得时的成本，分为以下情况具体确定：

（1）公司购置的不需要经过建造过程即可使用的固定资产的入账价值，包括购买价款、相关税费、使固定资产达到预定可使用状态前所发生的可归属于该项资产的场地整理费、运输费、装卸费、安装费和专业人员服务费等。

（2）公司自行建造的固定资产，按建造该项资产达到预定可使用状态前所发生的全部支出作为入账价值。

（3）投资者投入的固定资产成本，应当按照投资合同或协议约定的价值确定。

（六）无形资产

无形资产是指公司拥有或者控制的没有实物形态的可辨认非货币性资产，包括专利权、专利技术、商标权、著作权、土地使用权和特许权等。

无形资产的确认标准。企业可以确认无形资产，当且仅当同时符合以下两个条件：与该无形资产有关的未来经济利益很可能流入企业；无形资产的成本可以可靠地计量。如确认标准不满足，准则要求在该项目发生支出时就应当确认为费用。

无形资产的后续计量可采用两种方法：成本模型和重估模型。企业必须为每一类无形资产选择其后续计量模型。成本模型，初始确认后，无形资产持有金额应按成本减去累计摊销和减值损失的余额计量；重估模型，当无形资产存在活跃公允价值时，以其公允价值减去累计摊销及减值损失的余额计量。在重估模型下，重估增值应当先冲销以前年度累计计入利润表的损失且有剩余时，才能计入到其他综合收益，并反映在股东权益中。

基于使用年限可将无形资产分类为：一是无限寿命无形资产。资产预计会为企业带来的净现金流入期限无法预计。具有无限使用年限的无形资产，使用寿命不确定的无形资产不摊销。应在每个报告期审查其使用寿命，以确定未来是否继续支持对该资产的无限期使用寿命评估。如果不评估，应将无形资产使用期从无限期调整为有限期，并为会计估计变更处理。二是有限寿命的无形资产。对企业提供现金流有确定期限的。对于使用期有限的无形资产，应在无形资产的使用期内，将无形资产成本扣除其余值后，以系统的方法进行摊销，具体的摊销方法包括：摊销方法应反映利益模式；如果无法可靠地确定模式，则采用直线法进行摊销；摊销费用应直接计入当年损益，除非国际财务报告准则要求将其计入另一项资产的成本，摊销期应至少每年审查一次。

（七）职工薪酬

缅甸会计准则要求当员工提供服务后，企业应当确认一项负债，并同时记录员工提供服务过程中消耗的经济资源。

消耗的经济资源包括：工资、休假补贴、分红、医保社保费、非货币资源、退休福利以及终止劳动合同后的补偿等。

（八）收入

收入的定义为企业在正常的经营活动中产生的经济利益的总流入。收入应当以已收到或应收到对价的公允价值来计量。性质和价格相似的产品或服务交换不能确认为产生收入的交易，即非相似项目的交易可视为产生收入的交易。

依据 IASB 框架的定义，仅当收入同时满足以下条件时，才能作为利润表的收入予以确认，具体标准如下：与该收入有关的经济利益很可能流入企业，且金额可以可靠地计量；具体的收入确认标准依据不同的收入类型有所差异。

销售商品的收入确认。当同时满足以下条件时，销售商品的收入才能确认：卖方已将所有权相关的风险及回报转移给买方；卖方没有保留与该所有权有关的继续管理权及已售商品的实际控制权；销售收入可以可靠地计量；与该交易有关的经济利益很可能流入卖方；与该交易有关的已发生或将发生的成本可以可靠地计量。

提供服务的收入确认。收入确认应当依据在资产负债表日，交易完工状态来确认。如果同时满足以下条件，则提供服务的收入才能确认：

收入可以可靠地计量；经济利益很可能流入卖方；在资产负债表日，完工程度可以被可靠地计量；与交易有关的已发生或将发生的成本可以被可靠地计量。如果上述条件不能同时满足，收入应当依据可收回的已发生成本为限予以确认。

利息、特许权使用费收入的确认。如果经济利益很可能流入企业，且金额可以可靠地计量，该收入才能确认。利息收入确认，使用金融工具准则规定的实际利率予以确认；特许权使用费确认，依据相关协议的实质，以权责发生制予以确认；股利收入，当股东有关收款权满足时，予以确认。

（九）政府补助

如果企业能合理保证其满足接受补助的相关条件，并且该补助可以流入企业时，才能予以确认。某个会计期间确认的补助收入应与预计发生的成本相配比。非货币性补助，例如土地及其他资源，通常以公允价值计量，也可以名义金额同时计量获得的资产及收到的补助。即使获得补助的条件与企业经营活动无关，该补助也不能计入权益。

如果收到的补助作为已发生成本的补偿，且该补助与未来的经营支出无关联，在收到补助的当期确认为收入。收到补助时应按以下两种方式之一确认：

（1）将收到的补助递延处理。

（2）抵减相关资产的持有金额。

与补助相关的收益应单独列示，或者抵减有关成本后列示。

（十）借款费用

借款费用直接在本期费用化处理，不能予以资本化。

（十一）外币业务

外汇业务应按交易发生日当天的汇率入账。

外汇业务在资产负债表日的计量。外币货币性项目应按报告日汇率折算。以历史成本计量的非货币性资产，应按交易日当天的汇率计量。以公允价值计量的非货币性资产，以其公允价值确定日的汇率计量。

（十二）所得税

所得税会计与《国际会计准则第 12 号——所得税会计》相同。核算包括以下内容：

（1）应确定资产、负债的所得税计税基础。

（2）计算暂时性差异。在资产负债表里，一项资产或负债的金额与其税基的差异。

（3）应纳税暂时性差异。在确定未来收回资产或清偿负债期间的应纳税所得额时，将产生应税金额的暂时性差异。

（4）可抵扣暂时性差异。在确定未来收回资产或清偿负债期间的应纳税所得额时，将产生可抵减金额的暂时性差异。

（5）递延所得税负债。与应纳税暂时性差异有关的，在未来期间应缴纳的所得税额。

（6）递延所得税资产。与可抵扣暂时性差异有关的，在未来期间应缴纳的所得税额，主要内容包括：可抵扣的暂时性差异；可结转至以后年度的税务经营亏损；可结转至以后的应付税款。

五、其他

虽然官方发布的当地会计准则内容与 IFRS（2010 年版）实质性内容相同，但在缅甸实际操作中却与准则大相径庭。比如，建造合同准则确认收入的方法在当地不适用，采用现金收付实现制确认收入。另外，集团企业不需要编制合并报表，只需要编制汇总报表，即使在仰光交易所的上市公司编制的财务报表，也未按照 IFRS 准则要求执行。

本章资料来源：

◎ 国家税务总局《中国居民赴缅甸投资税收指南》

◎ 缅甸税务政策

◎《缅甸联邦法》（2018 年）

◎ The Government of the Republic of the Union of Myanmar Ministry of Finance and Revenue Minister's office Notification NO.104/2012

◎ The Taxation of the Union Law（2018）

第四章 摩洛哥税收外汇会计政策

第一节　基本情况

一、国家简介

摩洛哥王国（The Kingdom of Morocco，Le Royaume du Maroc）位于非洲西北端。东部、东南接阿尔及利亚，南部为西撒哈拉，西濒大西洋，北隔直布罗陀海峡与西班牙相望，扼地中海入大西洋的门户。海岸线 1700 多公里。面积 45.9 万平方公里（不包括西撒哈拉 26.6 万平方公里）。摩洛哥首都为拉巴特（Rabat），全国划分为 17 个大区，49 个省和 13 个省级市，1547个市镇。人口 3350 万人（2014 年），大多信奉伊斯兰教。其中阿拉伯人约占 80%，柏柏尔人约占 20%。阿拉伯语为国语，通用法语。摩洛哥实行君主立宪制，国王是国家元首、宗教领袖和武装部队最高统帅；首相是"政府首脑"，由议会选举中得票最多的政党任命。

二、经济情况

摩洛哥经济总量在非洲排名第六位，北非排名第三位。磷酸盐出口、旅游业、侨汇是摩洛哥经济的主要支柱。农业有一定基础，但粮食不能自给。渔业资源丰富，产量居非洲首位。工业不发达。纺织服务业是重要产业之一。摩洛哥 1983 年开始实行经济改革，推行企业私有化和贸易自由化，1996 年同欧盟签署联系国协议后，进一步优化经济结构，改善投资环境，加强基础设施建设，2010 年同欧盟建立自由贸易区。2009 年以来，国际金融危机、欧债危机、西亚北非地区形势变化等使摩洛哥经济遇到较大挑战。摩洛哥政府致力于扩大内需，加强基础设施建设，扶持纺织、旅游等传统产业，发展信息、清洁能源等新兴产业，积极吸引外资，经济继续保持增长。

三、外国投资相关法律

摩洛哥法律健全，与投资经营有关的法律法规有《摩洛哥出口免税区法》《投资法》《摩洛哥外国投资兑换制度》《摩洛哥自由价格与竞争法》等，这些法令授予外国企业国民待遇，为外国投资提供了较好的法律环境。

摩洛哥《投资法》规定，对外国投资企业实施国民待遇。对于在出口免税区投资的企业，开业前五年减免所得税，后 20 年减半征收，但 75% 以上的产品必须出口。

摩洛哥法律比较完备，执法严格，但诉讼时间比较长。因此，中资企业应尽量避免进入诉讼程序，主要通过事前的调研和经营过程中的严格规范管理来规避风险。投资前最好通过当地的律师事务所或其他专业机构进行法律和市场环境的调研，以免遭受损失。

外国人来摩洛哥工作，必须先取得职业和技能培训署（ANAPEC）出具的证明（证明该职业为摩洛哥市场所需，且有雇佣外国劳动者的必要），雇主持此证明方可向就业和职业培训部就业局外国人就业处申请外籍工作合同，从而取得雇佣外籍劳动者的许可。

根据摩洛哥相关法律规定，来摩洛哥投资的外国公司或从事承包工程的外国公司，其雇佣本地员工的比例不得低于 70%。外籍人员工作合同统一由拉巴特劳动局审批，且申请职位需要经摩洛哥政府职业介绍所登报招聘，如无本地合适人员应聘，方可批准外籍人员来摩洛哥务工。

根据摩洛哥驻华使馆和摩洛哥劳动局的规定，赴摩洛哥工作必须办理签证，签证分为短期和长期两种。短期签证不需要办理劳动合同，长期签证则必须先在摩洛哥劳动局申请办理劳动合同，摩洛哥驻华使馆见到劳动合同后才有可能签发签证。短期签证上会注明"不能延期、不能办理居住证、不能申办劳动合同"等字样。因此，持有短期签证来摩洛哥人员不能在当地办理居住证和劳动合同，并且必须在短期签证有效期之内返回中国。而持长期签证来摩洛哥人员在到达摩洛哥 3 个月之内要尽快办理当地居住证，如果 3 个月之内还未办理当地居住证，一旦被发现则有被遣返的可能。

四、其他

摩洛哥政府成立摩洛哥投资发展署（Moroccan Investment Development Agency，简称 MIDA），专注于吸引外资，对投资者提供引导，并致力于与国内外各方协调与合作，为投资者实现更大范围的推广，从而实现投资计划。

摩洛哥拥有超过100项外国投资保护协议以避免双重征税，在保护投资者方面，有51个避免双重征税的协定以及62个投资保护协定。在改革法律方面，摩洛哥创立了国家商业管理委员会，以便更方便地获取信息和进行法律改革。此外，摩洛哥还为投资者提供了财务及税收方面的优惠，例如促进投资基金（IFP），其中包括了土地扶持、外部基础设施和培训等方面。哈桑二世基金和社会发展基金（FHII）则为某些工业部门的投资项目提供建造建筑物和购置新设备等方面的帮助。在投资担保方面，摩洛哥承认了一些与投资担保相关的国际公约，包括设立以下机构的协议：国际解决投资争端中心（ICSID）、多边投资担保机构（MIGA）及泛阿拉伯投资担保公司组织。

第二节　税收政策

一、税收体系

税法实行属地和属人相结合的原则。为适应经济快速和可持续发展的需要，从1986年开始，摩洛哥开始了税务制度的重要改革，税收体制正逐步趋于合理化和现代化。摩洛哥的税赋包括增值税、公司税、所得税、营业税、不动产收益税、注册税、公证税、印花税、关税、进口附加税和国内消费税、城市税、市政税等。每年3月完成上一年财报，并进行纳税申报。实际缴税按照季度进行，年底前交完。

摩洛哥与欧盟、美洲（美国）、非洲、亚洲（中国、韩国）及阿拉伯地区共约51个国家签订了保障投资及避免双重征税条约。我国政府和摩洛哥王国政府关于对所得避免双重征税和防止偷漏税的协定，已于2002年8月27日在拉巴特正式签署。

二、征收管理

在线税务服务由摩洛哥税务总局（Directorate-General for Taxation）开发，旨在使用户能够用电子方式填写纳税申请表。

自 2017 年 1 月起，公司无论营业额多少，均必须在线报税和纳税。网站为：https://www.tax.gov.ma/wps/portal/DGI/Teleservices。

三、主要税种介绍

（一）公司税

1. 征税原则

公司税纳税人包括资本公司、合伙公司、合作社、营利性公共机构和法人等。由自然人组成的无限责任公司、两合公司和隐名合伙公司可选择缴纳公司税或所得税。

摩洛哥公司税实行属地征收制度。居民公司所获得的国外来源的业务收入无须在摩洛哥纳税，前提是要说明此类收入是由在摩洛哥境外进行业务经营的企业获得的，例如，是由外国分支机构、独立代表处或"完整的商业周期"在海外开展业务获得的。

非居民公司是指那些未在摩洛哥登记注册的公司，或其管理机构设在摩洛哥境外的公司。这些公司只对其所获得的摩洛哥来源的业务收入在摩洛哥缴纳公司税。根据摩洛哥缔结的任何避免双重征税协定，下列非居民公司所获得收入均被视为摩洛哥来源收入：通过在摩洛哥境内的常设机构在摩洛哥境内开展业务活动所获得的收入；通过在摩洛哥境内进行的"完整的商业周期"所获得的收入；通过位于摩洛哥境内的动产或不动产所获得的收入。

2. 税率

2008 年 1 月 1 日起，公司税的税率降为公司利润的 30%，金融机构的税率为 37%。此外，还规定了最低缴纳额（免税营业额的 0.5%），即不论公司经营效益如何，必须最低缴纳一定金额的公司税。但对于新成立的公司，最初 36 个月内如果经营亏损，可以免缴该最低额。对于外国承包公司在当地承揽项目，可以选择包税制，即按免税营业额的 8% 缴纳公司税，其他的税，例如源头税可以不交。

对于未在摩洛哥境内设立注册办事处的公司，应根据其指定的特许权使用费，技术援助支付款，技术、科学或其他同类信息支付款，为获得某些设备的使用权所付费用，贷款利息，从摩洛哥进行货物或人员运送所支付的报酬，以及佣金和费用的总额纳税。此税款应由收款人根据应付总额按 10% 的税率从源头扣缴。此税款为最终税。

对于外国公司在摩洛哥境内所设的分支机构或其他常设机构提供服务或开展工作，可免于受到外国总公司的干预，而该分支机构或常设机构则将按照同样的方式同摩洛哥公司一样纳税。

从事工程、建造或装配工程，或涉及工业或技术安装工程的非居民公司可以选择根据合同价款按 8%（不包括增值税）的税率纳税，而非按照 35% 的通常公司税率纳税。此项税款即为最终税，并将帮助外国公司免除其股票收入和同类收入的纳税义务，以及税率为 10% 的预提税。

所有的股息都应在源头按 10% 的税率缴纳预提税。

3. 所得额的确定

公司应根据其贸易收支差额纳税。在进行业务的过程中所发生的营业费用通常是允许扣除的，另有明确规定者除外。不允许扣除的开支包括罚款、罚金、未全额支付股票所产生的股东贷款利息，以及超过官方年度利率的股东贷款利息等。

公司派发的股息应缴纳企业税，且股息费用必须纳入接收公司的营业利润，但在计算应纳税所得时允许全额扣除。

4. 税收优惠

一些公司可享受免征公司税的税收优惠，即非牟利协会和同类组织、养牛公司等。从事棉花、糖和其他农作物等某些农业活动的公司，以及私营教学机构可享受 50% 的减免税优惠。

公司入市向公众发行股票和通过转让股票而入市，减税额度为 25%；增股至少 2% 的上市公司减税额度为 50%。自 2001 年 1 月 1 日起，在出口自由港区设立经营业务的公司可享受以下公司税优惠：开展贸易的最初五年免征公司税；免税期之后的 20 年按 8.75% 的特惠税率征收公司税。

5. 反避税规则

（1）转让定价。摩洛哥没有正式的转让定价法规，但关联方之间的交易应符合公平交易原则。税务局使用两种转让定价方法：可比非受控价格法和基于可获得信息的直接估价法。

（2）资本弱化。没有正式的资本弱化法规，但股东借款的利息扣除须满足一些条件和受到一定的限制。股东出资已到位、利率不超过官方的年利率且债资比不超过 1∶1 时，利息可以扣除。

6. 征管与合规性要求

公司应默认以日历年为基准进行纳税评估，但可以选择一个不同的会计年度结束期。可根据总公司或公司的主营业务地址决定合适的税务机关。

申报要求所得税税务报表必须在相应会计期间结束后的 3 个月内申报。企业须根据上一年度缴纳的税款按四等分预缴公司税。实际应缴税款则在会计期间结束后的 3 个月内进行调整。

选择适用 8% 默认税率（参见上文的"税率"）缴纳公司税的外国公司须在次年的 4 月 1 日之前提交关于其营业额的声明。

对逾期未申报、漏报或误报的，按以下规定处以滞纳金及罚款：逾期申报按欠缴税款的 15% 处以罚款；逾期缴纳按欠缴税款的 10% 处以罚款；逾期的第 1 个月按欠缴税款的 5% 处以滞纳金，之后每月加 0.5% 的滞纳金。

（二）增值税

1. 征税原则

摩洛哥境内所有工业、贸易、手工业、自由职业活动及进口货物均需缴纳增值税。增值税率有 7%、10%、14% 和 20% 四档，正常税率为 20%，其余为降低的增值税税率，适用于某些特定商品和服务。

2. 税率

增值税的标准税率为 20%。以下列举一些较低税率：除基本食品外的能源和其他消费品，税率为 7%；金融和银行交易、用作酒店的建筑物出租、饮料和食品销售，税率为 10%；房地产交易和运输，税率为 14%。

3. 增值税的免除和征收

（1）出口企业免除与出口有关的产品及服务方面的以及在海关办理了临时进口手续的商品或物品的增值税；产品出口企业在当年营业额范围内可免除在摩洛哥境内的商品、原料、包装及其服务所需的临时采购的增值税；因出口业务需要采购物资时已经发生的增值税可以退税。

（2）所有企业固定资产账户内的装备、设备和仪器可 100% 免税和减税，在进行上述采购时已经照章缴税的企业可要求退还增值税。

（3）自 2017 年 1 月起，对于在免税区内部或不同免税区之间进行的交易、向免税区内企业的供货，以及免税区内企业的补贴将不再征收增值税并允许进项税额抵扣。

4. 征收方式

摩洛哥增值税为价外税，价税分离。对于含税项目，增值税进项税额可以按月抵扣销项税额。如果出现销项余额则应向税务机关申报纳税；如果出现进项余额则可以留待以后继续抵扣。当地工程款征收增值税，预付款也要征收增值税。

5. 征管与合规性要求

所有应缴纳增值税的人必须在开展业务经营后 30 日内提交其存在的声明，以便进行增值税登记。

增值税必须按月申报。企业每年 1 月的增值税报税必须在 2 月 28 日前提交。

（三）个人所得税

1. 征税原则

居民纳税人就其全球所得纳税；非居民纳税人仅就来源于摩洛哥的所得纳税。

以下个人为税收意义上的摩洛哥居民：习惯性居住在摩洛哥的个人；一年内在摩洛哥连续或累计停留至少 183 天的个人；职业活动或经济利益中心位于摩洛哥的个人。

2. 申报主体

征税对象为自然人、共有财产的拥有成员、由自然人组成的不缴纳公司税的无限责任公司、简单两合公司和隐名合伙协会，以及完全由自然人组成的事实公司。每个人必须单独申报。

3. 应纳税所得额

个人须就下列收入纳税：业务收入；个体经营者所实现的利润；就业所得；财产收入；股息和利息；资本收益——变卖财产所获得的资本收益应视作个人收入的一部分，并予以征税。

4. 扣除与减免

在计算应纳税所得时允许各种扣除和个人减免。

摩洛哥的个人所得税优惠主要是减税基，规定下列收入不计入应税收入范围：

（1）来自文学、艺术、科学等的版权收入。

（2）不超过一公顷的耕地、林地收入。

（3）与雇佣者相关的收入，如家庭津贴和福利收入；由于家庭成员多而获得的额外的社会保险和年金；由于工伤事故而支付的年金或者临时支付；被解雇人员由于法院判决或者仲裁而从雇主处获得的支付等。

（4）与土地等不动产相关的收入，如符合条件的租金收入、居住满八年的住宅转让收入；在一个会计年度内不超过60000迪拉姆的不动产转让收入；对转让不超过100平方米、价格不超过20万迪拉姆、居住不少于四年的主要住房实现的收入等。

（5）经营收入，在自由贸易区经营的企业，前五年免征所得税，此后20年减按80%缴纳所得税。

（6）住房储蓄计划、教育储蓄计划的利息所得免征个人所得税。

5. 税率

个人所得税执行累进税制，税率如表4-2-1：

表4-2-1　摩洛哥个人所得税税率表

单位：迪拉姆

档次（年收入）	税率	扣除
0~30000	0%	0
30001~50000	10%	3000
50001~60000	20%	8000
60001~80000	30%	14000
80001~18000	34%	17200
180000 以上	38%	24400

6. 征管与合规性要求

个人所得税的评估应参照公历年进行。年度所得税必须在次年的 3 月 31 日前进行申报。

对逾期未申报的，误报或漏报的，按以下规定处以滞纳金或罚款：逾期缴纳，按欠缴税款的 10% 处以罚款；逾期的第 1 个月按欠缴税款的 5% 处以滞纳金，之后每个月加 0.5% 的滞纳金。

（四）关税

1. 关税制度

政府为促进对外贸易，特别是出口贸易，实施一整套海关经济制度，除降低关税、简化通关手续、对某些进口商品实行估价制度等外，对商品的仓储、加工、使用和流转实行保税、免税和退税制度。

关税水平总体而言相对较高，摩洛哥对本国不能生产又有益于企业革新的工业设备实行低关税，对可能对其本国产业形成竞争的商品，例如塑料制品、纺织品、皮革、鞋类等实行较高的关税税率。关税详细资料请查询摩洛哥海关网站 www.douane.gov.ma。

2. 税率

表4-2-2　摩洛哥主要商品进口关税

商品名称	关税税率	商品名称	关税税率
矿石、矿砂	10%	纺织品、服装	25%~40%
塑料、橡胶制品	2.5%~40%	鞋	40%
粮食	2.5%~172%	汽车	17.5%~40%

续表

商品名称	关税税率	商品名称	关税税率
茶叶	40%	机电设备	2.5%~40%
白糖	25%	玩具	10%

数据来源：中华人民共和国驻摩洛哥王国大使馆经济商务参赞处网站。

3. 关税免税

摩洛哥关税减免主要针对以下三个方面的产品：摩洛哥不能生产的工业设备，用于卡萨市以外的工厂、农业用设备；进口加工后用于再出口的产品；按国际协议规定的优惠国家的产品，如马格利布国家间，阿拉伯国家间的协议。此外还有一些其他关税减免，如投资额达到或超过2亿迪拉姆的企业，与政府签署协议，自项目开始实施起三年内，进口项目所需设备物料及其配件时，免缴关税。

（五）企业须缴纳的其他税种

1. 注册税

公司创立和增资时，按注册资金的0.5%缴纳，不足1000迪拉姆的按照1000迪拉姆收取。购置土地按买价的5%征税，如果土地用于平整后分块出售用于工业或商业用房项目，其注册税为2.5%；如确保土地用于36个月内建成的工业或商业项目，则税率为0%；购买已建成工商业用房，税率为25%。

2. 城市税

个人出租房屋租金收入按所得税申报，企业出租自有房屋的租金收入须缴纳城市税，税率为租赁价的13.5%。

3. 印花税

在摩洛哥申请注册公司、产权转移、资格或权利认证、申请获得行政许可等均须按规定缴纳印花税。征税率因活动类别不同而有所区别。

（六）社会保险金

各用人单位必须在国家社会基金管理处（社会保险金管理处，CNSS）进行雇员登记。

表4-2-3 社会保障税贡献率

福利	雇主的贡献率	雇员的贡献率
家庭津贴	6.5%	0%
短期社会福利	8.6%	4.29%
职业训练	1.6%	0%
强制性疾病保险	3%	2%

数据来源：中华人民共和国驻摩洛哥王国大使馆经济商务参赞处网站

社会保障税的计税基础如下：

（1）以薪金总额为基准。

（2）以月薪总额最高6000迪拉姆为基准。

（3）只有在雇主尚未给员工签订私人保险时适用。

只有在计算关于短期利益的应付贡献时，才适用上限6000迪拉姆这一条件。

第三节 外汇政策

一、基本情况

摩洛哥货币为摩洛哥迪拉姆。摩洛哥属外汇管制国家，外汇管理部门为外汇管理局（Office des Changes）。摩洛哥国民，不管是自然人还是法人，也不管是当地居民还是海外侨民，均不能建立个人外汇账户，也不能持有任何外汇现金，其商品或服务出口所得外汇，或携带入境的外汇均须出售给摩洛哥中央银行，个人保留部分外汇留成份额，以可兑换迪拉姆账户形式或外汇额度形式存于银行；进口商品或服务，或支付其他国际杂费，由摩洛哥企业或个人向银行申购外汇；摩洛哥国民个人出国旅游，包括出差、留学、就医等，均可享受外汇额度并可直接向银行申购外汇。外国人，包括个人和企业，可建立外汇账户或可兑换迪拉姆账户，但外汇账户中的外汇入账后即自动兑换成可兑换迪拉姆，提取外汇时，外国个人或企业需向摩洛哥银行购买外汇。

二、个人外汇管理规定

根据摩洛哥出入境和外汇管理相关规定，外国人出入境不得携带超过2000迪拉姆的现金。入境时，当携带的外汇（现金、旅行支票等各种形式）价值达到或超过10万迪拉姆，必须向摩洛哥海关申报；外汇价值低于10万迪拉姆时，也可申报。该申报单有效期为6个月，需保存好。出境时，携带的外汇价值达到或超过10万迪拉姆时，需要向海关出示其来源的文件，主要是入境时填报的外汇申报单；外汇价值低于10万迪拉姆时，仅在有走私或欺诈嫌疑情况下须证明来源。

1996年4月1日，摩洛哥建立"外汇买卖市场"，但只有银行可进行外汇自由买卖，其他机构或个人均不得直接从事外汇买卖。

三、特殊规定

摩洛哥属外汇管制国家，在摩洛哥投资的外国企业不受外汇管制的限制。外国自然人或法人，以及在国外定居的摩洛哥人，在摩洛哥投资所取得的收益、分红、利息等收入，在缴纳现行法律规定的税赋后可自由汇出，不受数额及时间的限制。

第四节　会计政策

一、会计管理体制

（一）财税监管机构情况

摩洛哥税务总局为财政部下设机构，根据公司性质将公司税的征税对象分为资本公司、合伙公司、合作社、营利性公共机构和法人等。公司税的税率为公司利润的30%，金融机构的税率为37%。税务局统一对上述企业进行监管，并根据企业经营透明及合规度将企业分为A、B两类。

（二）事务所审计

根据摩洛哥《公司法》要求，所有摩洛哥上市企业，银行和金融企业和年营业额超过 5000 万迪拉姆（约 550 万美元）的企业需要由审计机构进行审定。

（三）对外报送内容及要求

对外报送内容主要有：当期期末财务状况表；当期综合收益表；当期权益变动表；当期现金流量表；附注，包括重大会计政策概述和其他说明性信息；主体追溯采用会计政策、追溯重述或重分类其财务报表项目时最早可比期间的期初财务状况表。

二、财务会计准则基本情况

（一）适用的当地准则名称与财务报告编制基础

摩洛哥会计准则由摩洛哥国家会计师委员会制定，该委员会于 1993 年 1 月颁布了摩洛哥通用会计准则（Morocco GAAP）作为摩洛哥注册企业建立会计制度和进行会计核算的依据。自 2007 年起，摩洛哥国家会计师委员会允许摩洛哥境内企业选择使用国际会计准则（IFRS）或者摩洛哥通用会计准则。目前，多数上市企业采用了国际会计准则编制财务报表。

（二）会计准则适用范围

所有在摩洛哥注册企业均需要按照会计准则进行会计核算并编制报表。实际操作中，主要分为：上市公司、银行和金融机构及其他企业。上市公司会计政策同时受到摩洛哥证券委员的监管，银行和金融机构同时受到摩洛哥中央银行的监管。

三、会计制度基本规范

（一）记账本位币

《国际会计准则第 21 号——外汇汇率变动的影响》规定记账本位币指主体经营所处的主要经济环境中的货币。摩洛哥记账本位币为摩洛哥迪拉姆。

（二）记账基础和计量属性

国际财务报告准则中财务报告的概念框架规定会计确认计量原则以权

责发生制为基础。同时也提出了历史成本、现行成本、可变现净值、现值四种计量属性。

四、主要会计要素核算要求及重点关注的会计核算

（一）现金及现金等价物

《国际会计准则第7号——现金流量表》规定现金包括库存现金和活期存款。现金等价物是指期限短、流动性强、易于转换成已知金额的现金、并且价值变动风险很小的投资。外币交易的现金流量应当折算成主体的功能货币，所使用的折算汇率（指功能货币和外币之间的兑换率）为发生现金流动当日的汇率。

（二）应收款项

《国际会计准则第39号——金融工具：确认和计量》规定应收账款是指活跃于市场的，无报价且具有固定或可决定的付款金额的非衍生金融资产。同时规定了坏账准备、折扣、减值等的会计处理。

（三）存货

《国际会计准则第2号——存货》规定存货是指日常活动中持有以备出售的产成品或商品，处在生产过程中的在产品，在生产过程或提供劳务过程中耗用的材料或物料等资产。

存货应以成本和可变现净值孰低者计量。存货成本应当包括所有的采购成本、加工成本以及使存货达到目前位置和状态而发生的其他成本。

存货的成本应当采用先进先出法或加权平均成本法计算。主体对于具有相似性质和用途的存货，可以采用不同的成本计算方法。但是，对于通常不能相互替代的存货项目，以及为特定计划生产和单独存放的活物或提供劳务的成本，应采用个别认定其单独成本来计算。

存货出售时，这些存货的账面金额应在确认相关收入的当期确认为费用。存货减记至可变现净值形成的减记额和所有的存货损失都应在减记或损失发生当期确认为费用。因可变现净值增加而使减记的存货转回的金额，应在转回当期冲减已确认为费用的存货金额。

（四）固定资产

《国际会计准则第16号——不动产、厂房和设备》规定固定资产是指

符合下列条件的有形资产：企业为了在生产或供应商品或劳务时使用、出租给其他人，或为了管理的目的而持有，并且预期能在不止一个的期间内使用。

固定资产的初始计量应按其成本进行计量。

固定资产的后续计量。主体应选择成本模式或重估价模式作为会计政策，并将其运用于整个固定资产：选择成本模式确认资产的，固定资产的账面价值应当为其成本和扣除累计折旧和累计减值损失后的余额；选择重估价模式确认资产的，如果不动产、厂房和设备项目的公允价值能够可靠计量，则其账面价值应当为重估金额，即该资产在重估日的公允价值减去后续发生的累计折旧和累计减值损失后的余额。

固定资产的折旧指在资产的使用寿命内系统地分摊其应折旧金额。应折旧金额，指资产的成本或者其他替代成本的金额减去残值后的余额。

固定资产的残值，指如果资产的预期使用寿命已满并处于使用寿命终了时的预期状态，主体目前从该资产的处置中获得的扣除预计处置费用后的估计金额。

（五）无形资产

《国际会计准则第 38 号——无形资产》规定无形资产是指不具备物理实质的可辨认非货币性资产。将一个项目确认为一项无形资产，要求主体证实该资产预期未来经济利益很有可能流入企业，且资产的成本能可靠计量。

无形资产应当以初始成本计量。主体应当选择成本模式或重估价模式作为其会计政策。如果一项无形资产采用重估价模式进行会计处理，则与其同级别的全部其他资产也应当采用相同的模式进行会计处理，除非这些资产不存在活跃市场。成本模式：初始确认之后，无形资产应当按成本减去累计摊销和累计减值损失后的金额计量。重估价模式：初始确认之后，无形资产应当以重估价值计量，即以重估日的公允价值减去后续的累计摊销和后续的累计减值损失。在本准则的重估价中，公允价值应当参考活跃市场确定。重估价应当按照上述原则执行，以使报告期末资产的账面价值与其公允价值不存在重大不一致。

使用寿命确定的无形资产摊销按直线法、余额递减法、生产量法在年限内摊销。使用寿命不确定的无形资产不得摊销，但有迹象显示该无形资产可能减损的情况下，应每年将无形资产的可收回金额与账面金额比较，以确定该无形资产是否减值。

无形资产一般无残值。

（六）雇员福利

《国际会计准则第 19 号——员工福利》规定雇员福利指主体为换取雇员提供的服务而给予的各种形式的报酬。包含短期雇员福利、离职后福利、其他长期雇员福利、辞退福利、权益计酬福利。

（七）收入

《国际会计准则第 18 号——收入》规定收入指主体在正常经营活动中形成的、导致本期内权益增加的经济利益的总流入，但不包括与权益参与者出资有关的权益增加。收入包含：商品销售收入、提供劳务收入、利息收入、特许使用费收入和股利收入。收入应当按其收到或应收对价的公允价值来计量。

《国际会计准则第 11 号——建筑合同》规定建造合同指为建造一项或数项在设计、技术，以及功能或最终目的或用途等方面密切相关或相互依存的资产而特别订立的合同。

建造合同收入包含合同商定的初始收入金额以及合同变更，索偿以及奖励性支付。合同收入应以收到或应收对价的公允价值计量。

建造合同成本包含与特定合同直接相关的费用，一般可直接归属于合同业务并能分配于该合同的费用以及根据合同条款可特别向客户收取的其他费用。

如果建造合同的结果能够可靠估计，则与其相关的合同收入和合同成本应根据合同已完工程度在报告期末分别确认为收入和费用。如果建造合同的结果不能可靠估计，则只有在发生的合同成本将来很可能得到补偿的情况下才能确认收入并且合同成本应当在其发生的当期确认为费用。如果合同总成本很可能超过合同总收入，则预计的损失应立即确认为费用。

（八）政府补助

《国际会计准则第 20 号——政府初助会计和对政府援助的揭示》规定政府补助指政府通过向主体转移资源，以换取主体在过去或未来按照某种条件进行有关经营活动的援助。这种援助不包括那些无法合理作价的政府援助，也不包括与主体正常交易无法区分的、与政府间的交易。与资产相关的政府补助，包括按公允价值计价的非货币性补助，都应当在财务状况表中列报，或者将补助作为递延收益，或者在确定资产账面金额时将补助扣除。与收益相关的政府补助，指与资产相关的政府补助之外的其他政府补助。与收益相关的政府补助在综合收益表内有时作为贷项列示，不论是单列或者在诸如"其他收益"的总标题下列示。此外，也可以在报告有关费用时扣除。同时以下事项应给予披露：对政府补助所采用的会计政策，包括财务报表中的列报方法；财务报表中所确认的政府补助的性质和范围；对主体从中直接受益的其他形式的政府援助的说明；在政府援助已经确认的情况下，附加的尚未履行的条件及其他或有事项。

（九）借款费用

《国际会计准则第 23 号——借款费用》规定借款费用是指主体承担的、与借入资金相关的利息和其他费用。其范围为可直接归属于符合条件资产的购置、建造或生产的借款费用构成资产成本。其他借款费用确认为费用。主体应当将可直接归属于必须经过较长时间才能达到其可使用或可销售状态的资产购置、建造或生产的借款费用资本化计入资产的成本。主体应当将其他借款费用在应承担期间确认为费用。

（十）外币业务

《国际会计准则第 21 号——外汇汇率变动的影响》规定记账本位币指主体经营所处的主要经济环境中的货币。主体经营所处的主要经济环境通常是其主要产生和支出现金的环境。外币指主体功能货币以外的货币。即期汇率，指立即交付的汇率。外币交易应在初始确认时以功能货币计量，按交易发生日功能货币和外币之间的即期汇率进行折算。由于结算货币性项目或折算货币性项目时采用不同于当期初始确认时所采用的汇率或折算前期财务报表所用的汇率而产生的汇兑差额，应在其形成的当期计入损益。

（十一）所得税

《国际会计准则第 12 号——所得税会计》规定当期和以前期间的当期所得税，如果未支付，则应确认为一项负债。如果当期和以前期间已支付的金额超过上述期间应付的金额，则超过的部分应确认为一项资产。当期和以前期间形成的当期所得税负债（资产），应按报告期末已执行的或实质上已执行的税率（和税法）计算的预期应付税务部门（从税务部门返还）的金额计量。递延所得税资产和负债，以报告期末已执行的或实质上已执行的税率（和税法）为基础，按预期实现该资产或清偿该负债的期间的税率计量。

本章资料来源：

◎ 中华人民共和国摩洛哥王国大使馆经济商务参赞处

◎《摩洛哥经商须知》（2015 年）

◎《国际会计准则第 1 号—财务报表列报》

第五章 莫桑比克税收外汇会计政策

第一节　投资环境基本情况

一、国家简介

莫桑比克位于非洲东南部，南邻南非、斯威士兰，西接津巴布韦、赞比亚、马拉维，北接坦桑尼亚，东濒印度洋，隔莫桑比克海峡与马达加斯加岛相望。莫桑比克属东 2 时区，比北京时间晚 6 小时。国土面积 79.94 万平方公里，海岸线长 2630 公里。人口约 2642 万人（2016 年统计）。首都马普托。莫桑比克全年平均气温为 19.4℃，分干湿两季，干季比较短，为每年 4~8 月；湿季很长，为每年 9 月至次年 5 月。莫桑比克资源丰富，其中钽矿储量居世界之首，煤储量超过 300 亿吨，钛储量 600 多万吨，但大部分矿藏尚未开采。天然气储量巨大，目前居世界第三位。莫桑比克官方语言为葡萄牙语。货币为梅蒂卡尔，货币符号 MZN。莫桑比克法律体系包含法律、行政法规、地方法律法规三个层次，由宪法和宪法的相关法律、民法、行政法、经济法、社会法、刑法、诉讼和非诉讼程序七个法律部门组成。

二、经济情况

莫桑比克 2016 年 GDP 为 136 亿美元，人均 GDP 为 510 美元，自 2015 年爆发信贷危机受到国际货币基金组织制裁以来，GDP 增长率由 2015 年的 6.3% 下降到 2016 年 3.3%，通货膨胀率由 2015 年的 3.6% 增长到 2016 年 19.9%。经过莫桑比克政府两年多的努力，目前经济已逐渐趋于平稳[1]。

莫桑比克参与的国际性和地区性经济组织主要有全球贸易协定组织（WTO）、南部非洲发展共同体（SADC）、非洲联盟（UA）、伊斯兰国家组织（OIC）以及英联邦（Commonwealth）。

---

① 数据来源：世界银行。

三、外国投资法律

莫桑比克投资主管部门为经济和财政部下单独设立的外国投资促进中心（CPI）[①]。莫桑比克最新的外国投资法律法规是 2008 年颁布的《投资法》和 2009 年颁布的《税收优惠条例》。

根据莫桑比克《商业法》规定，任何要在当地从事商业活动的人员，不管其国籍如何，必须选择《商业法》规定的适合其业务的机构，机构形式包括代表处和公司（法人）两种形式，其中最常见的公司形式有有限责任公司（LDA 公司）和股份有限公司（SA 公司）。

莫桑比克《劳动法》基本原则为禁止任何因性别、种族、宗教、是否患有 AIDS 或携带 HIV 而对劳动者有任何形式的歧视行为，保护劳动者的尊严。国外公民要在莫桑比克工作，必须有劳动部颁发的劳动许可，根据劳动许可向移民局办理工作签证、居住证等。雇佣的外国公民须是与提高莫桑比克工人专业技能、改行及培训方面有关的，或者专业素质是本国工人不具备的以及该种工人在莫桑比克数目不足。雇佣的外国公民比例原则上不超过公司员工总数的 10%。

莫桑比克《环境保护法》相当全面，各行各业都有相关规定。投资者在莫桑比克投资前须向莫桑比克土地、环境和农村发展部提交项目简介或者投资项目对环境影响的评估报告。莫桑比克政府对可能造成环境污染的投资项目实行环境保护特别许可制度，并收取约 14.3 万 ~143 万美元的环境污染费，对违反《环境保护法》的企业将处以 28.6 万 ~286 万美元的罚款。

四、其他

南部非洲发展共同体（Southern African Development Community，SADC）其前身是 1980 年成立的南部非洲发展协调会议。1992 年 8 月 17 日，南部非洲发展协调会议成员国首脑在纳米比亚首都温得和克举行会议，签署了有关建立南部非洲发展共同体（简称南共体）的条约、宣言和议定书，决

[①] 外国投资促进中心（CPI）：2004 年成立。

定改南部非洲发展协调会议为南部非洲发展共同体，朝着地区经济一体化方向发展。成员包括纳米比亚、博茨瓦纳、津巴布韦、莱索托、马拉维、莫桑比克、安哥拉、斯威士兰、坦桑尼亚、赞比亚、南非、毛里求斯、刚果（金）、塞舌尔和马达加斯加 15 个国家，面积 926 万平方公里，约占非洲的 28%。

目前成员国之间 80% 的出口产品实行免税。其他 20% 的产品不能免税，属于对个别成员国是敏感的或者容易损害当地经济的部分产品。15 个成员国中，安哥拉和刚果（金）不执行该协议。

另外，莫桑比克政府为促进经济多元化，鼓励外来投资，在《投资法》和《税收优惠条例》中规定，给予外部投资企业在土地、税收、关税等方面的优惠。

第二节 税收政策

一、税法体系

莫桑比克的税收制度分为国家级税收和自治级税收两种。国家级税收制度包括直接税和间接税两种。莫桑比克税收体系以 2002 年修订发布的《莫桑比克税收基本法》，政府各年颁布的税收条例，与部分国家签署的《双边税收协定》为主，由流转税类、所得税类、财产和行为税类、资源税类以及特定目的税类五类构成了目前的税法体系。居民企业与非居民企业都必须依法纳税，缴纳税种基本相同。

莫桑比克目前签订涉及税收的条约主要有《南部非洲发展共同体商贸协约》《非洲增长与机会法案》《非武器商品计划》以及《科托努协议》。莫桑比克与部分国家和地区（南非、博茨瓦纳、葡萄牙、意大利、毛里求斯、阿拉伯联合酋长国、印度、越南、中国澳门）签署了《双边税收协定》，对部分税收（主要有关税、预提税等）给予了优惠。

二、税收征管

（一）征管情况介绍

莫桑比克实行国家税和地方税，国家税收和地方税收的立法权、征收权、管理权分别集中于中央、地方，分别由经济和财政部、地方各财政厅管辖。主要的税法由经济和财政部制定，报议会审议通过，由总统颁布。经济和财政部下设税务总局，该局被授权解释并执行税法及实施条例。缴税申报按照国家税和地方税分别进行，国家税统一在经济和财政部下属税务局全国各分点进行申报，地方税在各级政府财政厅税务处进行申报。

（二）税务查账追溯期

因税务机关的责任，致使纳税人、扣缴义务人未缴或者少缴税款的，税务机关在五年内可以要求纳税人、扣缴义务人补缴税款，但是不得加收滞纳金。

因纳税人、扣缴义务人计算错误等失误，未缴或者少缴税款的，税务机关在五年内可以追征税款、滞纳金；有特殊情况的，追征期可以延长到八年。

对偷税、抗税、骗税的，税务机关追征其未缴或者少缴的税款、滞纳金或者所骗取的税款，不受前款规定期限的限制。

（三）税务争议解决机制

莫桑比克设有专门的税务纠纷解决部门，如果出现纠纷，涉事方可通过协商解决，协商不了的通过诉讼解决。实际操作过程中，企业处于弱势一方，很难在税务纠纷中取得公平待遇。

莫桑比克税务纠纷解决机制有以下三个方式。

1. 协商解决

税务机关与争议当事人通过协商解决问题，不需要通过司法机关。协商解决可以减少争议双方的矛盾，缩短争议解决的时间，减少争议解决的环节。但协商解决争议在所有解决方式中法律效力最低，不确定因素较多，同时会涉及咨询费用。这种解决方式是目前使用最多的一种解决方式，也是成本耗费最低的一种解决方式。

2. 诉讼解决

这种解决方式是最具有法律效力、最公平的一种，但诉讼成本较高。企业可以聘请专业机构进行税务诉讼事项，同时提供相应的诉讼材料，通过法院进行税务诉讼，但时间周期较长，诉讼费用较高。

3. 其他方式

由于政府层面协调不到位导致的税务纠纷事项，在处理税务纠纷过程中，可以通过政府部门之间的沟通机制来解决。比如莫桑比克政府利用外部资金签订的合同条款中免除的税费范围，税务机构不认可问题，企业可以通过政府部门之间的沟通机制来推动解决税务纠纷问题。

三、主要税种介绍

（一）企业所得税

1. 征税原则

居民企业就全球所得缴纳企业所得税，非居民企业就境内所得缴纳企业所得税。

2. 税率

所得税税率均为 32%（农业和畜牧业领域税率为 10%）。股息、利息、租金、特许权使用费和其他非积极性的收入如销售或转让房屋、建筑物、土地使用权和转让公司股权的所得无特殊优惠政策。若无特别规定外国公司的分公司和代表处的所得税比照莫桑比克居民企业计算和缴纳企业所得税。

此外，所得税中的预提税（withholding tax）税率标准为 20%，此税适用于未在当地注册而有实质性经济业务的企业，按不含税的营业收入为税基进行结算，由接受服务企业代扣代缴。同时包括支付给居民纳税人、非居民纳税人的股息、利息、特许权使用费需缴纳 20% 的预提税。

税收协定可以适用更低的优惠税率的除外，如股票在马普托证券交易所上市、支付的电信服务费、国际运输服务费以及电信设备的组安装费税率为 10%，支付给在莫桑比克注册的金融机构的利息适用零税率。

3. 税收优惠

企业所得税的优惠政策以产业政策导向为主，区域发展导向为辅。产业政策导向的优惠政策旨在将投资引入到国家鼓励和扶持的产业部门和项目中去。根据莫桑比克 2009 年颁布的《税收优惠条例》规定，投资于快速发展地区，工业免税区，投资于农业、采矿、石油、旅游业和工业以及服务项目的公司可获得税收优惠，税收优惠根据所处地区、雇员的数量和产品是否出口而有所差异，如对于不同地区的投资至少享受 5%~15% 的投资额税收优惠，并通过所得税进行抵免，具体如表5-2-1：

表5-2-1　企业所得税税收优惠地区表

五个会计年度内的税收减免	地区
5%	楠普拉省、马尼卡省、马普托省、马普托市
10%	加扎省、索法拉省、太特省、赞比西亚省
15%	尼亚萨省、德尔加杜角省、伊扬巴内省

数据来源：《莫桑比克税收优惠条例》。

其中对公共用途的基础设施投资企业的所得税有明确规定：

（1）投资的第1~5年，企业所得税减免80%。

（2）投资的第6~10年，企业所得税减免60%。

（3）投资的第11~15年，企业所得税减免25%。

（4）以后年度正常纳税。

4. 所得额的确定

每一纳税年度的收入总额，减除不征税收入、免税收入、各项扣除及允许弥补的以前年度亏损后的余额。企业应纳税所得额的计算，以权责发生制为原则，属于当期的收入和费用，不论款项是否收付，均作为当期的收入和费用；不属于当期的收入和费用，即使款项已经在当期收付，均不作为当期的收入和费用，政府部门另有规定的除外。对企业发生的捐赠、馈赠以及赞助等对象为营利组织的，该支出不能税前扣除，但对非营利组织的捐赠、馈赠和赞助等不超过上一年度利润总额5%的部分可以税前扣除；接待、娱乐观光等支出不能税前扣除；因违法、违规的各种罚款不能税前扣除；小型汽车、客车的燃油费只有50%可以在税前扣除。

如果企业在某一财政年度评估出的税项亏损（如有）一般可从其后五个财政年度中的一个或多个财政年度的应税利润中扣除。但是也存在下述例外及特别的情况：

（1）对于采用间接法（会计档案不全、未进行会计核算或财务报告失实等情况的企业采用预估利润的办法，具体由税务局进行）为基础进行利润评估的年度，以往的税项亏损不得扣除，即使该年度仍处于法定扣减期限（五年）以内，但不影响同一期间内以前未扣除的亏损。

（2）如果税务部门对应纳税人申报的税项亏损做了修改，那么之前抵扣的亏损也要做相应的修正。

（3）因受益于部分豁免或优惠税率政策的业务而导致的税项亏损不得从其他业务的应征税利润中扣除。

（4）当经营活动发生重大变化，以往评估的税项亏损不再适用。

（5）在财政透明计划内出现的公司税项亏损只能从该公司的应税利润中扣除，例如不是股东所致的税务亏损。

5. 反避税规则

（1）关联交易。企业与关联方之间的收入性和资本性交易均需遵守独立交易原则。目前莫桑比克在当地形成产业链企业并不多，税务机关对关联企业的关注度并不高。

（2）转让定价。莫桑比克规定转让定价，可采用可比非受控价格法、再销售价格法、成本加成法、交易净利润法和利润分割法等，根据交易的具体情况和行业性质决定，但必须保证合理。如有成熟市场的产品关联交易，一般采用可比非受控价格法，制造业（无成熟市场，并有准确的成本核算）一般要采用成本加成法。

（3）资本弱化。企业支付给关联方的利息支出可以税前扣除，但需要提供相关的关联企业之间的资金贷款协议和资金往来证明。

6. 征管与合规性要求

（1）《莫桑比克税收基本法》[①]的《企业所得税法》第64、69条以及政府2008年9号法令中第30、36条规定企业所得税的缴纳执行"分次预缴、年后清缴"的方式。公司必须在5月、7月、9月分三次申报和预缴所得税（prepayment tax），预缴税款总额为上一年企业所得税额的80%。年度纳税申报表和税款余额必须在5月31日前上缴。

（2）企业如果逾期申报、未申报以及逃税将被处以罚款及罚息。对未按期申报、未申报及逃税，将按照缴纳税款的居民存款利息（根据央行公布的存款利率计算）处以罚息，根据具体情况还将处以最高不超过50000

---

① 《莫桑比克税收基本法》：由莫桑比克经济和财政部于2009年颁布。

万梅蒂卡尔（约 833 万美元）的罚款，触犯刑法的，视情节将对相关人员处以 2~8 年有期徒刑。

（二）增值税

1. 征税原则

根据《莫桑比克税收基本法》的《增值税法》规定，增值税是指在莫桑比克境内从事经济活动过程中产生增值部分征收的税赋（简称 IVA）。征税对象为自然人和法人。在莫桑比克的经济活动包括进口、销售货物给第三方或自用、提供服务。

2. 计税方式

根据《增值税法》，小规模纳税人（营业额不超过 250 万梅蒂卡）适用简易征收，其他企业适用一般计税，根据纳税识别号开具增值税发票。

3. 税率

增值税税率分为 17%、10.62%、6.8% 和 0% 四个税率，也称为标准税率、减免税率和零税率。提供商品和服务以及进口商品均需缴纳增值税，税率为 17%；水、能源、电力等领域增值税税率为 10.62%；政府公共基础设施建设领域增值税税率为 6.8%；农业（如大米、鱼、肉、农业机械、蔬菜、禽等）、医疗（如药品）、银行、教育、慈善服务免交增值税。另外，出口商品和服务也适用零税率。政府特别优惠或豁免的除外。

4. 增值税免税

对于投资项目、经援项目和政府批准的免税项目在项目实施的前五年内可享受进口物资（当地无法生产的工程材料和工程设备及其配件）增值税免税。除此之外初级农产品、服务于儿童及残障人士的收入等情况也可免征增值税。

5. 销项税额

税基为销售货物或提供服务的全部价款，税基不包括其他税款。符合下列条件的内容不包括在税基内：开具在原发票上的现金折扣；与原销售金额一致的销货退回。

6. 进项税额抵扣

当地税法规定凡是用于生产所发生的增值税均可抵扣，但生产用石油产品按照增值税的 50% 进行抵扣。以下情况不允许抵扣：住宿、餐饮、观看演出；进口再运回原出口国；非生产用石油产品。

7. 征收方式

按进销项相抵后的余额缴纳或退回，留抵余额可持续抵扣（无期限规定）。

8. 征管与合规性要求

（1）增值税按月申报，截止日期为每月 15 日之前。

（2）逾期申报、未申报以及逃税将被处以的 3000 万 ~2 亿梅蒂卡尔（约 50 万 ~333 万美元）的处罚。

9. 增值税附加税

无。

（三）个人所得税

1. 征税原则

个人所得税由居民或非居民但有固定住所的个人（居住时间超过 180 天）缴纳。居民按照其全部收入为基数进行计算并缴纳，非居民按照在莫桑比克境内所得为基数计算并缴纳。

2. 申报主体

以个人为单位进行申报，申报的时候参照家庭情况，由所在单位代扣代缴。

3. 应纳税所得额

包括因工作所得收入、企业及专业行为所得收入、资本利得、不动产所得收入以及其他所得收入。

4. 扣除与减免

未达到个人所得税起征点免征个人所得税。个人收入分类计算确定。抚恤金及伤残补助免征个人所得税。

5. 累进税率

2013 年 9 月 23 日莫桑比克共和国发布公告，修订了《个人所得税法》，从 2014 年 1 月 1 日起，取消了根据已婚和单身划分和计算个人所得税的情况，实行超额累进税制，个税免征额调整为 20250 梅蒂卡尔。具体标准及计算方法如表5-2-2：

表5-2-2　个人所得税标准表（第65-A条）

单位：梅蒂卡尔

月薪酬区间	月薪酬对应区间的固定保留税额（根据孩子个数的不同）					系数
	0个	1个	2个	3个	4个及以上	
20249.99 及以下	—	—	—	—	—	—
20250~20749.99	0	—	—	—	—	0.10
20750~20999.99	50	0	—	—	—	0.10
21000~21249.99	75	25	0	—	—	0.10
21250~21749.99	100	50	25	0	—	0.10
21750~ 22249.99	150	100	75	50	0	0.10
22250~32749.99	200	150	125	100	50	0.15
32750~60749.99	1775	1725	1700	1675	1625	0.20
60750~144749.99	7375	7325	7300	7275	7225	0.25
144750 及以上	28375	28325	28300	27275	28225	0.32

数据来源：《莫桑比克劳动法》。

针对月薪酬超过 20250 梅蒂卡尔的员工，全月应纳个人所得税税额 =（月薪酬 – 月薪酬区间下限金额）× 系数 + 保留税额。

6. 征管与合规性要求

（1）个人所得税按月申报，截止日期为每月 20 日之前。

（2）非莫桑比克纳税居民应由雇主或收入支付者代扣代缴其收入 20% 的个人所得税。

（3）对于有合理原因，对个人所得税逾期申报、未申报的，根据税务局的通知，补足税款，根据相关情节，缴纳 0 – 所欠税款 × 时间 × 央行公布的居民贷款利率（不超过 7 万梅蒂卡尔）。对于无故或违法不缴纳的，根据情节的严重程度，处以相关罚款或刑事处罚。

（四）关税

1. 关税体系与构成

根据《莫桑比克税收基本法》中《关税法》《增值税法》以及《消费税法》规定莫桑比克进口物资的关税由基本税、消费税和进口环节增值税三部分构成。

2. 税率

具体规定为缴纳 CIF 价 × 基础税率的基本税，需缴纳 [（CIF+ 基本税）× 消费税率] 的消费税，需缴纳 [（CIF+ 基本税 + 消费税）× 进口环节增值税税率] 的进口环节增值税。缴纳税收后，清关时可取得代表合法进口的唯一证明文件 DU（Unico Document）。莫桑比克关税税率如表 5-2-3：

表5-2-3　关税税率表

序号	种类		基础税率	消费税	增值税	合计
	大类	小类				
1	工程设备	推土机	5.00%	0.00%	17.00%	22.85%
2		挖掘机	5.00%	0.00%	17.00%	22.85%
3		装载机	5.00%	0.00%	17.00%	22.85%
4		平地机	5.00%	0.00%	17.00%	22.85%
5		压路机	5.00%	0.00%	17.00%	22.85%
6		自卸车	5.00%	0.00%	17.00%	22.85%
7		洒水车	5.00%	0.00%	17.00%	22.85%
8		加油车 / 运油车	5.00%	0.00%	17.00%	22.85%
9	工程指挥车	皮卡车	5.00%	30.00%	17.00%	59.71%
10		吉普车	20.00%	35.00%	17.00%	89.54%
11	配件	车辆配件	7.50%	0.00%	17.00%	25.78%
12		设备配件	5.00%	0.00%	17.00%	22.85%
13	物资	钢筋	7.50%	0.00%	17.00%	25.78%
14		沥青	7.50%	0.00%	17.00%	25.78%
18		低值易耗品	7.50%	0.00%	17.00%	25.78%
17		劳保用品	20.00%	0.00%	17.00%	40.40%

续表

序号	种类		基础税率	消费税	增值税	合计
	大类	小类				
15	办公生活用品	办公设备	7.50%	0.00%	17.00%	25.78%
16		家具	20.00%	0.00%	17.00%	40.40%
19		生活物资	20.00%	0.00%	17.00%	40.40%

数据来源：莫桑比克《关税法》。

其中南非共同体国家从 2016 年开始的贸易享受零基础税率待遇；其他国别进口货物需按照海关征收管理办法缴纳关税。

3. 关税免税

关税免税是针对免税项目进行的。免税项目主要有投资于改善莫桑比克生活状况或促进当地经济发展的项目、经援项目以及经政府批准的个别项目，但免税范围为建设该项目所进口物资、机械设备，主要包括钢筋、沥青、工程车辆、机械设备等。生活物资、非工程用车辆（包含皮卡车、轿车、吉普车等）不在免税范畴。单位捐赠的用于救援的物资免征一切税费。

4. 设备出售、报废和再出口的规定

设备出售按照出售价格缴纳 17% 的增值税。如果销售价格明显偏低，检查部门可能要求提交第三方评估机构的估价报告，最终按照估价缴纳增值税。设备再出售到其他国家或返回原出口国不需要再补税。进口设备报废时，无需向海关报备，无需纳税，按当地会计准则转入固定资产清理，确认残值收入。

海关对于进出口物资涉及转让定价方面，只给出了独立交易原则，其他方面无特殊规定。由于目前莫桑比克进出口量比较小，关联企业之间的进出口业务更少，海关对此基本不关注。

（五）企业须缴纳的其他税种

市政税，根据《莫桑比克税收基本法》规定，在莫桑比克注册登记的所有公司或驻外机构每年均需缴纳市政税。根据房屋不同性能和特点，按其办公室（不包括住房）面积并按每平方米不同收费标准缴纳年度市政税。所在城市的每个雇员每年需缴纳 150 梅蒂卡尔的市政税。

不动产税，市政当局每年对企业拥有所有权的不动产按其价值征收最高 0.4%（居住用房）和 0.7%（办公用房）的不动产税。

赠品与遗产税，受益人或接受人需缴纳遗产税或捐赠税。税率取决于金额以及捐赠人和接受人之间的亲属关系，范围为 1%~30%。

印花税，根据《税收基本法》中《印花税法》规定所有的官方文件、书籍和合同都应该缴纳印花税。印花税的税率根据所收之物的价值或要贴印花的文件种类的不同而变化。

另外，银行为企业担保时（如银行保函、信用证）将按担保额收取一定比例的印花税。担保期限超过一年时，按担保额和 2% 的年税率一次性收取；担保期限低于一年时，按担保额和 0.2% 的月税率分月收取。

特殊消费税，莫桑比克对部分国内生产的消费品或进口的消费品征收特别消费税。消费品的特别消费税税率为 20%。

博彩特殊税，博彩特殊税包括在支付博彩人赢得的奖金之后经营博彩所得的毛利部分。此税根据特许经营合同内规定的特许经营期长短而有不同的固定税率，具体如下：

（1）11~15 年的特许经营期的税率为 20%。

（2）16~20 年的特许经营期的税率为 25%。

（3）21~25 年的特许经营期的税率为 30%。

（4）26~30 年的特许经营期的税率为 35%。

国家重建税，国家重建税代表了每个居民为公共资源损耗所负担的税负，按照特定税率根据年龄、职业、工种及健康状况等对所有居民及非居民（居住时间超过 180 天）进行征收。国家重建税每年由经济和财政部依据各省政府的申报来制定。

机动车税，机动车税根据排量、使用年限以及承载能力每年征收不超过 4400 梅蒂卡尔的税款。

采矿税，在采矿特许权下，根据不同性质的矿产进行征收，具体钻石产品为 10%，宝石和半宝石产品为 6%，贵金属产品为 5%，其他矿产品为 3%；在采矿证或采矿许可下，缴纳特许权使用费，具体为宝石半宝石为 8%，装饰用石材为 6%，建筑用石材为 4%，其他矿产品 3%。

财产出租税，按照城市房屋出租收入的 14% 收取。

（六）社会保障金

1. 征税原则

莫桑比克政府规定，雇员及其雇佣单位必须在国家社会保险系统中注册登记，雇员的社保基金缴纳比例为雇员工资的 7%，其中 4% 由雇佣单位承担，3% 由雇员个人支付。每月的社保基金须在次月的 10 日或之前申报和支付，具体为登录国家社会保险系统录入上月社保明细，打印回执后到银行缴费。社保计算基数为员工工资，不含发放的交通补贴、因通胀而发予的物价补贴以及医疗补贴。

2. 外国人缴纳社保规定

外籍员工如能证明其已在自己国家为在莫桑比克的收入所得缴纳了社保，公司及本人可不再在莫桑比克缴纳。

第三节　外汇政策

一、基本情况

莫桑比克外汇管理单位为莫桑比克银行（中央银行），莫桑比克货币官方名称为梅蒂卡尔，代码 MZN。2015—2016 年，受莫桑比克经济下滑以及政府信贷危机影响，梅蒂卡尔持续贬值，从 2015 年初美元对梅蒂卡尔汇率 1 : 45 一度贬值到 2016 年 6 月的 1 : 80，通过政府不断的努力，以及政府信贷危机的缓解，目前已经稳定在 1 : 60 左右。[①]

莫桑比克的商业银行较多，能够提供的服务比较全面。影响力较大的有 BCI 银行、BIM 银行以及标准银行。随着中国在国际上贸易往来的影响与日俱增，很多当地银行都有中国元素存在，如标准银行、法兴银行有中国员工担任客户经理，极大地提高了部分业务的效率。

---

① 数据来源：莫桑比克中央银行。

关于外汇汇入及汇出的政策具体如下：

汇入政策。莫桑比克对外汇汇入无限制。2016 年 8 月之前，从境外汇美元到莫桑比克时，需在资金到账后 90 天之内到莫桑比克中央银行按专门的格式进行登记，取得回执，证明合法入境。2015 年 8 月之后已取消该规定，无需登记。

汇出政策。莫桑比克实行外汇管制，常规业务下，美元不能自由汇出境外。向境外汇出资金一般为投资资本金和企业净利润。汇款前，需向央行提交投资证明材料和近期的财务报告、完税证明，居民企业（SA、LDA 公司）需缴纳汇款额 20% 的预提税（withholding tax），但非居民企业（如莫桑比克办事处）无需缴纳该税。

对于对外直接投资产生的利润或者股息收入的转移，由利益相关方向商业银行提交下列文件来完成：①当事方的身份识别文件；②在莫桑比克银行备案的投资证明文件；③由独立会计师签发的声明，确定因对外直接投资和与企业活动有关的交易产生的利润；④法人机构主管机关的同意证明；⑤完税证明。

二、居民及非居民企业经常项目外汇管理规定

（一）货物贸易外汇管理

莫桑比克外汇业务需莫桑比克中央银行的许可，材料采购款汇出需要提供采购材料合同、海关资料等凭证；外币资金汇入目前无政策方面的限制。从莫桑比克向国内汇外汇工资时，需要向银行提交以下三份材料：

（1）工资转账申请信（包括员工收款账户详细信息）。

（2）员工与公司签订的经莫桑比克劳动部盖章的劳动合同。

（3）从税务局取得的员工个人收入完税证明。

申请汇款的工资金额不得超过员工当时已完税的工资总收入。

（二）服务贸易外汇管理

服务贸易视同资本利得（主要指未在莫桑比克注册的经营机构），盈利汇出需要提供财务报表、利润分配决议等支持性文件，报财政部及央行审批同意后方可汇出。

（三）跨境债权债务外汇规定

在购汇时需要提供：双方签署的借款协议，还款时间表，收款证明材料；如果提前还款，需借款人书面同意。

（四）外币现钞相关管理规定

外币现钞在当地不流通，只有出境时企业可向银行提出正当理由和书面材料即可提取。如公司员工境外出差、旅行需要提取美元现金，写一份提现申请和护照复印件即可。

三、居民企业和非居民企业资本项目外汇管理

目前涉及资本项下的外汇在投资条款中明确可以自由汇出，汇款时，银行根据外汇管理局要求提供投资合同和相关证明文件办理支付。2017年12月，莫桑比克发布了重新修订的外汇政策，以保证莫桑比克外汇资金存量。

莫桑比克大型企业主要为外资控股企业，莫桑比克跨境对外投资比例较少。涉及在莫桑比克企业对外投资，需要有投资项目的可行性研究报告、签订的投资协议，明确被投资企业的股权比率、公司成立决议或增资决议、公司业务性质、纳税情况资质证明等文件。对于所有的对外投资，需报莫桑比克经济和财政部审批同意后，方可购汇对外投资。

外汇账户开立需由企业向央行申请批复同意后，银行予以开立，一般申请周期为15天。

四、个人外汇管理规定

对于个人外汇管理规定，个人携带外汇出境时，所携带金额原则上不得超过5000美元或等值货币。若超出规定须提供入境携带外汇注册登记证明，否则不予出境；若未超出入境时携带的金额，准予出境。对于跨境出差或旅游时，一个人（护照或当地居住证）可以用当地币在当地商业银行购买5000美元的等值外汇。

第四节　会计政策

一、会计管理制度

（一）财税监管机构情况

在莫桑比克当地注册的企业，需按照《会计法》[①]体系要求建立会计制度。对其发生的经济业务，需按照相应会计制度进行会计核算。税务局为经济和财政部下设机构，税务局根据企业规模大小进行分类，直接对企业进行监管，各企业需要按照统一格式上报会计和税务资料。

（二）事务所审计

企业年营业额或者净资产超过5亿梅蒂卡尔，必须经会计师事务所进行审计。若低于5亿梅蒂卡尔，无具体规定。

（三）对外报送内容及要求

会计报告中主要包含：①企业基本信息：行业分类、经营范围、股东情况、公司地址、银行账户信息、税务登记号等；②企业经营情况表，资产负债表、利润表、现金流量表；③披露信息，费用类、资产类、上一年度营业额、权益变动以及重大会计政策变更。

上报时间要求：会计报告须按公历年度编制。如果会计报告中当年盈利，则应于次年5月31日前完成；如果当年亏损，会计报告于次年6月30日前完成；

二、财务会计准则基本情况

（一）适用的当地准则名称与财务报告编制基础

莫桑比克采用国际会计准则（IFRS）。自2012年开始政府要求大中型企业以及银行业与保险业逐步实行国际会计准则，到2018年已经要求所有

---

① 《会计法》：由莫桑比克经济和财政部于2009年颁布。

企业采用国际会计准则。

企业应当以持续经营为基础，根据实际发生的交易和事项，按照《国际会计准则——基本准则》和其他各项会计准则的规定进行确认和计量，在此基础上编制财务报表。

（二）会计准则适用范围

所有在莫桑比克注册的企业均需按照国际会计准则进行核算并出具财务报告。

三、会计制度基本规范

（一）会计年度

根据莫桑比克经济和财政部规定，莫桑比克会计年度期间是指公历 1 月 1 日至 12 月 31 日。

（二）记账本位币

根据莫桑比克经济和财政部规定，企业会计系统必须采用所在国的官方语言和法定货币进行会计核算。莫桑比克采用梅蒂卡尔作为记账本位币，货币简称 MZN。

（三）记账基础和计量属性

企业以权责发生制为记账基础，以复式记账为记账方法。

企业一般情况下以历史成本计量属性为基础，某些情况下采用重置成本、可变现净值、现值、公允价值计量的，应当保证所确定的会计要素金额能够取得并可靠计量。

四、主要会计要素核算要求及重点关注的会计核算

（一）现金及现金等价物

现金是指库存现金及可随时用于支付的银行存款，现金等价物是指持有的期限短（从购买日 3 个月以内到期）、流动性强、易于转换为已知金额现金及价值变动风险很小的投资。主要涉及资产下的现金、银行存款。

（二）应收款项

应收款项主要包括：应收账款、应收票据、预付款项、应收股利、应收利息、其他应收款等。应收款项科目记录应收账款的初始计量按初始价

值计量确认，期末按照初始计量价值，同时规定了坏账准备、折扣、可回收价值的会计处理。

（三）存货

存货初始计量以历史成本计量确认，包括买价以及必要合理的支出。存货的初始核算：存货的采购成本不包含采购过程中发生的可收回的税金。不同存货的成本构成内容不同，通过采购而取得的存货，其初始成本由使该存货达到可使用状态之前所发生的所有成本构成（采购价格和相关采购费用）；通过进一步加工而取得的存货，其初始成本由采购成本、加工成本、以及使存货达到目前场所和状态所发生的其他成本构成。存货由全部商品、原材料和有关的供应品、半成品、产成品以及在盘点日企业拥有所有权的物资组成。具体分类如下：商品、原材料、其他储备品、在产品、在建工程、产成品、半成品、在途物资、存货减值。

存货出库可以采用先进先出法和平均法（移动平均或加权平均）。企业应根据存货的性质和使用特点选择适合的方法进行存货的出库核算。确定存货的期末库存可以通过永续盘点和实地盘点两种方式进行。

存货期末计量采用初始成本与可变现净值孰低法，若成本高于可变现净值时，应根据存货的可变现净值与账面价值的差额计提存货跌价准备并计入会计科目作为存货的备抵项。

施工企业存货分两种情况：一是在工程账单确认收入方法下，期末采用永续盘点法确认未出库和已领用未办理结算金额；二是在建造合同法确认收入情况下，期末采用永续盘点法确认未出库原材料，并用"工程结算和工程施工"差额确认在建工程。

（四）长期股权投资

长期股权投资是投资企业为了与被投资企业建立长期关系或为了自身的经营和发展而持有的被投资企业权益的投资。

长期股权投资的核算方法有两种：一是成本法；二是权益法。

1. 成本法核算的范围

（1）企业能够对被投资的单位实施控制的长期股权投资。即企业对子公司的长期股权投资。

（2）企业对被投资单位不具有控制、共同控制或重大影响，且在活跃市场中没有报价、公允价值不能可靠计量的长期股权投资。

2. 权益法核算的范围

（1）企业对被投资单位具有共同控制的长期股权投资。即企业对其合营企业的长期股权投资。

（2）企业对被投资单位具有重大影响的长期股权投资。即企业对其联营企业的长期股权投资。

（五）固定资产

固定资产是指用于生产、提供商品或劳务、出租或为了行政管理目的而持有的，预计使用寿命超过一个会计期间的有形资产。

1. 固定资产的确认

一项资产如果要确认为固定资产，首先需要符合固定资产的定义，其次还需要符合固定资产确认的条件，即：与该资产有关的未来经济利益很可能流入企业；该资产的成本能够可靠计量。

2. 固定资产的初始计量

满足固定资产确认条件的有形资产应按其成本进行初始计量。

固定资产的成本包括：①扣除商业折扣和回扣、包括进口关税和不能返还的购货税款在内的购买价格；②将资产运抵指定地点并使其达到能够按照管理层预定的方式进行运转所必需的状态而发生的直接可归属成本，③使用该项目所产生的拆卸、搬运和场地清理义务费用的初始估计金额。

3. 会计政策

企业应选择成本模式或重估价模式作为其会计政策，并将其应用于整个类别的固定资产。

（1）成本模式。确认固定资产以后，固定资产的账面价值应当为其成本扣除累计折旧和减值损失后的余额。

（2）重估价模式。确认固定资产以后，如果其公允价值能够可靠地计量，则其账面价值应当为重估金额，即该资产在重估日的公允价值减去后续发生的累计折旧和减值损失后的余额。重估应当经常进行，以确保其账面价值不至于与报告期末以公允价值确定的该项资产的价值相差太大。

4. 折旧

折旧是在资产的使用寿命内，按照确定的方法对应计折旧额进行系统分摊。应计折旧额是指应当计提折旧的固定资产原价扣除其预计净残值后的金额。

在资产的使用年限内，能使用各种折旧方法将资产的可折旧金额按系统的基础进行分配。这些折旧方法如下：

（1）直线折旧法是指按固定资产的使用年限平均计提折旧的一种方法，适用于资产的残余价值不变的情况。

（2）余额递减法是指按固定资产使用年限计提折旧逐渐递减的一种方法。

（3）生产单位法是指按实际工作量计提固定资产折旧额的一种方法。

企业选择的折旧方法最能反映主体消耗该资产所含未来经济利益预期实现的方式。估计可使用年限，残余价值及折旧方法须于各报告期末审查，评估变动产生的影响按预先计提的基准入账。

5. 有形资产的折旧与摊销

（1）用于建筑和公共工程的资产。

表5-4-1　用于建筑和公共工程的资产折旧表

资产类别	折旧率	预计使用年限	参考
木材：			
木制脚手架	100%	1	Table I, Div 4, C1.1
木模板	100%	1	Table I, Div 4, C1.2
钢材：			
钢脚手架	12.5%	8	Table I, Div 4, C2.1
钢模板	25%	4	Table I, Div 4, C2.2
其他钢材类制品	20%	5	Table I, Div 4, C2.3
运输设备	20%	5	Table I, Div 4, D1
专用于公路建设的车间设备	16.66%	6	Table I, Div 4, D2.9
小型器具	33.33%	3	Table I, Div 4, E

数据来源：《莫桑比克会计法》。

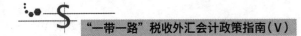

（2）一般资产（不限于以下）。

表5-4-2　一般资产折旧表

资产类别	折旧率	预计使用年限	参考
建筑：			
住宿楼	2%	50	Tab II, Div I, Gr 1, Nr 2.1
行政和商业楼	2%	50	Tab II, Div I, Gr 1, Nr 2.2
工业楼	4%	25	Tab II, Div I, Gr 1, Nr 2.3
用木头、铁皮瓦搭建的临时建筑	10%	10	Tab II, Div I, Gr 1
电脑	33.33%	3	Tab II Div I, Gr 3, Nr 8
其他办公设备	14.28%	7	Tab II, Div I, Gr 3, Nr 8
工具	25%	4	Tab II, Div I, Gr 3, Nr 6
微型汽车	25%	4	Tab II, Div I, Gr 4, Nr 9.2
办公家具	10%	10	Tab II, Div I, Gr 5, Nr 6
开办费	33%	3	Tab II, Div II, 1 &2

数据来源：《莫桑比克会计法》。

6. 终止确认

不动产、厂房和设备项目处于处置状态或预期通过使用或处置不能产生未来经济利益时，其账面价值应当予以终止确认。出售、转让、报废不动产、厂房和设备所产生的利益或亏损，应当将资产的处置所得扣除账面值的差额，计入当期损益。折旧方法，使用年限以及残余价值需要每年进行审查。

（六）无形资产

无形资产，指为用于商品或劳务的生产或供应、出租给其他单位、或管理目的而持有的、没有实物形态的可辨认非货币资产。

1. 无形资产的确认

（1）归属于该资产的未来经济利益很可能流入企业。

（2）该资产的成本可以可靠地计量。

2. 无形资产的初始计量

无形资产的初始计量分为单独获得、企业合并获得、以政府补助形式获得、资产交换获得、内部产生的商誉、内部产生的无形资产等。

3. 初始确认后的计量

初始确认后，无形资产应以重估价作为其账面金额，即其重估日的公允价值减去以后发生的累计摊销和随后发生的累计损失后的余额。为进行重估，公允价值参考活跃的市场予以确定。企业应在会计期末对无形资产进行估值，以使无形资产账面金额不会严重偏离资产负债表日无形资产的公允价值。

4. 摊销

无形资产的应摊销金额应在其使用年限内摊销。无形资产自可利用之日起，其使用年限不超过 20 年（在极少的情况下，如果存在令人信服的证据表明某项无形资产的使用年限超过 20 年的，使用年限可超过 20 年）。摊销应自无形资产可利用之日起开始。

5. 报废和处置

无形资产应在预计未来无经济利益流入时，终止确认（从资产负债表中剔除）。

（1）无形资产的报废或处置形成的损益，应根据处置收入和资产的账面金额之间的差额确定；并在收益表中确认为收益或费用。

（2）从经营中退出并准备处置的无形资产，应在财务报告中进行披露。

（七）职工薪酬

应付职工薪酬科目核算所有支付给职工的各类报酬。包括以下人员的薪酬费用：行政管理人员，普通员工，临时性雇佣员工，职工代表，提供服务的企业合伙人。提供薪酬时企业需要按照当地税法对员工的个税和社会保障金进行代扣代缴。

（八）收入

1. 收入的确认

收入是指企业在正常经营业务中所产生的收益，包括销售收入、服务收费、利息、股利和使用费。

（1）收入应在未来的经济利益很可能流入企业，并且能够可靠地计量时予以确认。

（2）收入仅包括在企业的账户中所收到和应收到的经济利益流入的总额。不包括代第三方收取的销售税、产品和服务税以及增值税，但包括佣金。

2018 年当年或之后开始年度，《国际财务报告准则第 15 号——客户合约收益》生效，则遵循新颁布的准则：在履行了合同中的履约义务，即在客户取得相关商品或服务的控制权时确认收入。对于在某一时段内履行的履约义务，在该段时间内按照履约进度确认收入，并按照一定方法确定履约进度。履约进度不能合理确定时，已经发生的成本预计能够得到补偿的，按照已经发生的成本金额确认收入，直到履约进度能够合理确定为止。

2. 收入的计量

收入应以已收或应收对价的公允价值进行计量，扣除企业允诺的商业折扣和数量折扣。对于基建企业，收入可以按计量金额确认，也可按完工百分比法确认收入。

（九）政府补助

政府补助，是指政府以向一个企业转移资源的方式，来换取企业在过去或未来按照某项条件进行有关经营活动的援助。这种补助不包括那些无法合理作价的政府援助以及不能与正常交易分清的与政府之间的交易。

1. 政府补助的确认

政府补助，包括以公允价值计价的非货币性政府补助，只有同时符合以下两个条件时，才能予以确认。

（1）企业将符合补助所附的条件。

（2）补助已收到或者即将收到。

2. 政府补助的会计处理方法

莫桑比克的政府补助会计处理方法采用收益法。政府补助应按规定在会计期间按期确认为收益，以便将它们与需要弥补的有关费用相配比。

3. 披露

对于政府补助，需要在每个年度的财务报告中对具体情况的详细信息进行披露。

（十）借款费用

借款费用，是指企业发生的与借入资金有关的利息和其他费用。包括：银行透支、短期借款和长期借款的利息，与借款有关的折价或溢价的摊销，安排借款所发生的附加费用的摊销。按照《国际会计准则第 17 号——租赁会计》确认的与融资租赁有关的财务费用，作为利息费用调整的外币借款产生的汇兑差额部分。

借款费用应计入当期损益，符合资本化条件的可予以资本化。在每个年度的财务报告中应披露为借款费用所采用的会计政策，本期将借款费用予以资本化的金额，确定符合资本化条件的借款费用的金额所使用的资本化比率。

（十一）外币业务

外币交易时，应在初始确认时采用交易发生日的即期汇率折算为记账本位币金额，当汇率变化不大时，也可以采用当期平均汇率或者期初汇率核算。

资产负债表日，外币货币性项目采用资产负债表日的即期汇率折算为外币所产生的折算差额，除了为购建或生产符合资本化条件的资产而借入的外币借款产生的汇兑差额按资本化的原则处理外，其他类折算差额直接计入当期损益。以公允价值计量的外币非货币性项目采用公允价值确定日的即期汇率折算所产生的折算差额作为公允价值变动直接计入当期损益。

资产负债表日，以历史成本计量的外币非货币性项目，除涉及计提资产减值外，仍采用交易发生日的即期汇率折算，不改变其记账本位币金额。流动性较强的科目、有合同约定的科目应采用外币核算，包括：买入或者卖出以外币计价的商品或者劳务；借入或者借出外币资金；其他以外币计价或者结算的交易。

所有选用的汇率必须来自莫桑比克央行公布的汇率。

（十二）所得税

所得税采用应付税款法，不区分时间性差异和永久性差异，不确认递延所得税资产和负债，当期所得税费用等于当期应交所得税。本期税前会计利润按照税法的规定调整为应纳税所得额（或由税务局核定的应纳税所

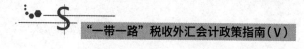

得额），与现行税率的乘积就是当期在利润表中列示的所得税费用。所得税费用核算所得税，分为当期所得税费用和以前年度所得税费用调整，年末余额结转至本年利润。

五、其他

随着会计准则国际趋同化的推进，莫桑比克要求企业均采用国际会计准则，政府部门和公众机构有一套单独的行政法规。

第六章　墨西哥税收外汇会计政策

第一节　投资环境基本情况

一、国家简介

墨西哥合众国（英语：The United States of Mexico，西班牙语：Los Estados Unidos Mexicanos）位于北美洲南部，北邻美国，南接危地马拉和伯利兹，东临墨西哥湾和加勒比海，西南濒太平洋，海岸线总长 11122 公里，其中太平洋海岸 7828 公里，墨西哥湾、加勒比海岸 3294 公里。墨西哥国土面积达 196 万平方公里，人口 1.23 亿（2017 年），印欧混血人和印第安人占总人口的 90% 以上。官方语言为西班牙语，货币为墨西哥比索（MXN）。

二、经济情况

墨西哥自然资源丰富，拥有石油、天然气、煤铅、铜、锰、锡、汞、铀、镭等多种资源，多种矿产品储量和产量居世界前列。墨西哥拥有现代化的工业与农业体系。石化产业、汽车制造业、家电产业、电子产业、电气产业和矿业较发达。2016 年 GDP 约 1.084 万亿美元，2017 年 GDP 总量较 2016 年略有增长，为 1.10 万亿美元，世界排名第 15 位。2016 和 2017 年的人均 GDP 分别为 8807 美元和 89069249.27 美元。[①]

到目前为止，美国是墨西哥在商品贸易方面的主要合作伙伴，美国是墨西哥最大贸易伙伴，2017 年墨西哥对美国出口 3269.6 亿美元，占墨西哥出口总额的 79.9%；美国对墨西哥投资 139 亿美元，占比 46.8%，是墨西哥第一大外资来源地。墨西哥是北美自由贸易区成员，世界最开放的经济体之一，同 46 个国家签署了自贸协定。

---

① 数据来源：https://countryeconomy.com/gdp/mexico?year=2017。

三、外国投资相关法律

墨西哥法律法规较为健全，与投资合作经营有关的法律法规有《公司法》《外国投资法及其条例》《经济竞争法》《工业产权法》《劳工法》《联邦劳动法》《劳动程序法》《社会保险法》《海关法》《对外贸易法》《进出口关税法》《采购、租赁和服务法》《公共工程及其相关服务法》《公司合营企业法》《投资公司法》和《政府采购法》等。

《外国投资法及其条例》对外商投资企业允许控制和经营的行业有明确的规定，对外商投资企业经营建筑承包行业没有限制。对港口运输服务、法律服务公司及部分公共运营行业外商投资比例有股权限制或需要提前取得外资部外资委员会审批。

《公共工程及其相关服务法》就有关工程项目的性质及政府部门在公共工程项目招标中的作用有明确规定，公共基础设施项目招标均由相关主管政府部门进行。外国公司如果希望在墨西哥从事承包工程业务须在经济部及财政部登记注册，成为当地企业后方可进行投标。如果要在国家石油化工及电力等行业投标公共工程项目则须分别经过墨西哥石油公司、联邦电力委员会确认其具备承包商资格。

《劳工法》要求公司 90% 的技术和非技术工人为墨西哥国籍。技术层和专家人士原则上也应该聘用墨西哥籍员工，除非经内政部下属的国家移民局确认墨西哥人无法胜任该工作岗位，才可以临时聘用外国人。外国技术或专业人员所占比重不得超过 10%。如果聘用经理、主管和其他主要管理层人员，则无需占用该比例。设立两年以上的公司才能聘用外国高级管理人员。

四、其他

墨西哥主管外国投资的政府部门或机构有经济部外国投资局、外商投资登记处和外交部经济关系和国际合作副部长办公室、财政与公共信贷部。

墨西哥的公司组织形式包括股份有限公司、有限责任公司、合伙企业、合资企业等。外国投资者在墨西哥设立分支机构，需要得到墨西哥经济部的批准。通常，经济部会调查外国公司母公司情况，核查分支机构章程和细则是否符合墨西哥的公共政策。

墨西哥注册公司的程序通常包括：向墨西哥经济部申请取得公司名称；书面向外资局提出投资申请，经外资局转交外资委审批，其中合资企业需先取得外交部审批；进行公证登记，报工商部批准；向商业财产公共登记处登记；向税务当局进行税务登记；向经济部下属的外商投资登记处进行登记备案；向社保机构登记；向商业信息系统和商会登记等。

第二节　税收政策

一、税法体系

墨西哥现行税收体系分为联邦税和地方税。其中，联邦税的主要税种有：公司所得税、个人所得税、增值税、不动产税、进出口关税、工资薪金税，还包括一些针对矿产资源和特殊商品及服务而课征的税种，例如对酒精饮料、烟草、汽油、电信服务和汽车征收的消费税。地方政府包括州和市两级政府，其有权征收的税种包括不动产税、工资薪金税、不动产交易税、经营资产税等，还包括其他各种产权登记、经营许可证发放等收费。

然而，墨西哥实行的税收体制不是完全意义上的分税制，因为墨西哥政府通过财政转移支付的机制将联邦政府收入的大部分转移到地方使用，即中央掌握收入的绝大部分，而地方则拥有税收收入绝大部分的使用权。

墨西哥税收管理机构为国家税务总局（Servicio de Administración Tributaria，SAT）。国家税务总局的职能是评估和征收联邦税和关税，而各个州或市的财政部门负责征收国家税和地方税。目前联邦和各州市已经签订协议协调税收，同时在行政方面合作达成一致。

二、税收征管

（一）征管情况介绍

墨西哥财政部下属的国家税务总局是联邦政府下署负责财税服务的机

构。墨西哥适用联邦政府、州(市)政府双重税的税收管理制度,不同政府部门的税收征管税种不同。根据《宪法》规定,墨西哥总统有权颁布税务规定对税法的应用进行解释和指引。税务机关有权每年在政府公报上发布一般税务决议,决定相关税种的税基和税率的变动。税务法庭需要遵循墨西哥最高法院或巡回法院对税务问题的案例裁定来解决相关纠纷。

在墨西哥设有常设机构的法人实体单位必须申请注册企业所得税和增值税税号。

(二)税务查账追溯期

纳税人应依法进行纳税申报,税务稽查、执法和纳税评估的法定追溯期为自申报之日起五年。在纳税人未注册税号、未保存会计记录或未申报应纳税额的情况下,法定时效为十年,自申报截止日开始计算。

在纳税人申请行政复议或者发起诉讼、税务局对纳税人会计记录进行稽查或者纳税人擅自改变注册地址的情况下,法定时效会被延长。

(三)不履行纳税义务的处罚

1. 漏报

一旦税务局在税务稽查中发现由于违规操作导致全部或者部分税款漏缴,需要征收漏缴税款 55%~75% 的罚款。如果在最终稽查报告通知日前缴纳税款及附加,需缴纳漏缴税款 20% 的罚款;如果在最终稽查报告通知日后出具日前缴纳税款及附加,需缴纳漏缴税款 30% 的罚款。

根据税法,罚款金额在某些特定情况下可能进一步增加。增加的幅度可能是漏缴税款的 20% 增加到 30%、50% 增加到 75% 或者 60% 增加到 90%。

如果因为计算错误漏缴税款,需缴纳漏缴税款 20%~50% 的罚款,如果在通报计算错误后 15 天内缴纳税款及附加,罚款金额会减少 50%。

未代缴已预提税款将被视为税务欺诈。

2. 伪造

如果纳税人申报高于实际数额的净损失会被征收申报亏损额高出实际亏损额部分 30%~40% 的罚款(如果相关亏损未抵扣则不会处以罚款)。

申报不存在的亏损视为税务欺诈。

3. 税务欺诈

税务欺诈包括因为欺骗或者故意错报造成全部或者部分应缴和预缴税款漏缴。税务欺诈情节会因以下几种情况加重：使用错误文件，未开财务发票，为获取退税向税务局提供错误信息，将错误信息入账。

纳税人参与税务欺诈且欺诈涉及金额不超过 1540350 比索将处以 3 个月至 2 年不等的有期徒刑；如果欺诈涉及金额超过 1540350 比索且低于 2310520 比索将处以 2~5 年不等的有期徒刑；如果欺诈涉及金额超过 2310520 比索将处以 3~9 年不等的有期徒刑。在欺诈涉及金额无法确定的情况下，纳税人将被处以 3 个月至 6 年不等的有期徒刑。如果欺诈罪行情节加重，上述刑罚将加倍执行。如果纳税人立即一次性缴纳未缴税款，上述刑罚将减半执行。

因欺诈而拖欠的税款将自纳税期限截止之日起至实际缴足税款时止被加征滞纳金，适用比率为拖欠月份适用比率的加总，每个月份的适用比率等于联邦国会每年所定比率的 50%。加征滞纳金的期间最长不能超过 5 年。

4. 税务电子邮件系统相关犯罪

为少缴纳税款故意篡改或者损毁税务电子邮件系统中的信息被视为犯罪，在这种情况下，纳税人会被处以 3 个月至 2 年不等的有期徒刑。

（四）税务争议解决机制

墨西哥税务纠纷机制有以下三个方式。

结论性协议。墨西哥保护纳税保权益局是纳税人与税务局中间协调人。当纳税人和税务局在税务审计或检查中持不同意见时，纳税人可以向保护纳税保权益局提供结论性协议，在结论性协议中认可某些责任并提出反对意见。保护纳税保权益局将要求税务局在 20 天内接受或者拒绝纳税人提出的条款，并在收到税务局回复后 20 天内结案并且向双方发出通知。结论性协议的一个好处是所签订的第一个结论性协议可以免除全部罚款。

申请行政复议。纳税人收到税务局、海关等部门出具的税款裁决后，可以在收到裁决生效通知后 30 天内提交行政复议申请。税务局应在 3 个月内对行政复议做出裁决。若在 3 个月内未做出裁决，则视为申请被驳回，当税务局驳回申请时，纳税人可以向联邦法庭提请撤销程序。

诉讼解决。纳税人可以根据《税收征管法》的相关规定向法庭提请申请（撤销程序）。地方陪审团可以作出联邦税务法庭决议，对联邦机关裁决的合法性及税务争议进行裁定。在金额超过联邦区域最低工资标准3500 倍（约 245350 比索）或者金额被财政部视为重大的情况下，可以由巡回法庭作出判决。

三、主要税种介绍

（一）企业所得税

1. 居民企业

（1）征税标准及范围。墨西哥《联邦税法》所规定的墨西哥税收居民企业，是指主要经营管理场所或有效管理场所位于墨西哥的法律实体。

税收协定中，墨西哥通常遵循 OECD 范本所规定的居民企业概念。所以税收协定中的居民企业指根据该国法律，由于其所在地、居住地、管理地、设立地（与墨西哥的税收协定）或其他类似条件而在该国缴税的人。但不包括仅就来源于该国的收入缴税的人。

墨西哥税收居民企业就其全球收入在墨西哥缴纳公司所得税。全球收入包括由该企业设立于墨西哥境外的分公司所取得的收入（无论该分公司是否向其墨西哥总公司分配利润）。全球收入通常不包括由该企业设立于墨西哥境外的子公司所取得的未向其分配的利润，除非该海外子公司构成墨西哥税法规定的受控外国公司或被动外国投资公司并取得特定类型的收入。

（2）税率。居民企业适用的企业所得税的法定税率是 30%，无附加税。资本利得适用相同税率。

（3）税收优惠。自 2017 年起纳税人在墨西哥投资进行研发活动，可获得相当于过去三年相关平均研发费用 30% 的税收抵免，税收抵免需经由墨西哥国家科学技术委员会、墨西哥税务局、墨西哥经济部和总统组成的特别委员会的裁定批准。

根据《所得税法》第 186 条，雇主可就其支付给伤残雇员的工资薪金获得等额税收抵免。此外如果雇主雇佣超过 65 岁或具有精神或身体残疾的雇员，则可就此类雇员工资薪金的 25% 获得税收抵免。

加速折旧。自 2016 年起，收入不超过 1 亿墨西哥比索的纳税人可就其第一次使用地为墨西哥的新置固定资产享受加速折旧优惠。能源、基础设施和交通行业的纳税人不受上述收入门槛的限制。加速折旧和一次性扣除的税收优惠自 2018 年 1 月 1 日起不再执行。

以下行业的纳税人可在条件满足时根据其直接和间接费用的一定比例扣除费用估算额，而不必按照通常规则进行扣除：建筑或停车场开发商、建筑施工方、使用时间共享系统的旅游服务供应商。根据该规定，如果纳税人 90% 以上的收入来自房地产开发，则其可在购买土地的当年将投入土地的所有投资额扣除，但仅限产生房地产开发收入的土地投资额。

研发抵免。自 2017 年起，纳税人如果在墨西哥投资进行研发活动，则可获得等于过去三年相关平均研发费用 30% 的税收抵免，该税收抵免需经由墨西哥国家科学技术委员会、墨西哥税务局、墨西哥经济部和总统组成的特别委员会的裁定批准。该税收抵免可降低纳税人的所得税税负。申请研发抵免的纳税人须在每年 2 月对研发费用的详细信息进行申报，研发抵免的上限为 5000 万比索。

墨西哥的一些州还给予其他研发投资税收优惠，如地方税的税收抵免、现金补助和辅助性费用折扣。

伤残员工补助。根据《所得税法》第 186 条，雇主可就其支付给伤残雇员的工资薪金获得等额税收抵免。此外，第 186 条还规定，如果雇主雇佣超过 65 岁或具有精神或身体残疾的雇员，则可就此类雇员工资薪金的 25% 获得税收抵免。

2017 年税收改革之后，若纳税人雇佣具有运动障碍（长期需要使用假肢、拐杖或轮椅）、听力或语言障碍或失明的人，在满足特定条件的情况下，雇主可就此类雇员工资薪金的 25% 获得额外扣除。

电影及戏剧行业税收优惠。在满足特定条件的前提下，电影行业的投资人可获得一定的税收抵免，用以抵消该税收年度的所得税或资产税。不过，该税收抵免不得超过上一税收年度应纳税额的 10%，电影的制作期和上映期也有相关规定。

另外，个人或团体以商业目的对人类、历史或艺术纪念碑、博物馆或国家人类学与历史研究协会和艺术和文学协会监管的考古遗址和艺术纪念碑拍摄写真或影片的,可获得一定的税收激励。该税收激励豁免了纳税人以商业目的使用此类纪念碑、博物馆或遗址而应支付给政府的费用。

2017年税收改革之后,获得此类税收豁免的纳税人可将豁免额抵免预缴收入税。

在条件满足的情况下,在墨西哥境内投资舞台剧表演的公司可获得与投资额等额的税收抵免。该税收抵免不得超过纳税人上一税收年度应纳税额的10%。2017年税收改革之后,该税收抵免的范围扩大到音乐、视觉艺术和舞蹈表演等领域。

使用电子支付方式的税收优惠。在特定期间(2016年11月18—21日和2017年11月17—20日)向纳税人发放磁卡并代联邦政府向卡片持有人发放借记卡或信用卡使用奖金的金融机构或其他实体可获得一定的税收抵免。此类机构可在发放卡片的数月内获得与纳税人所获奖金等额的税收抵免。该优惠有效期至2017年12月31日。

高水平运动的税收优惠。2017年税收改革引入了一项关于高水平运动项目的税收优惠,即进行高水平运动项目基础设施投资及进行高水平运动项目开发、训练和比赛组织的纳税人可将此类投资项目投资额在税前扣除。税收抵扣额不得超过相应的应纳税额的10%,可以抵免的税额为4亿比索,每个纳税人/项目的抵免额不超过2000万比索。

电子动力设备的税收优惠。2017年新设税收优惠:进行电子动力设备投资的公司可就投资额的30%获得税收抵扣。税收抵扣可减少应纳税所得额,但不得超过相应应纳税额的10%。

小型企业现金制。2017年新设税收优惠:小型企业可选择适用现金制记账法,选择该制度需要符合以下要求:相关企业的股东为个人,且上一税收年度应纳税收入不超过500万比索。选择适用该制度的纳税人可在费用和投资实际支付时将其扣除,同时在确认应纳税收入时不得确认通胀收入或损失。

电动车电池动力设备的税收优惠。2017年新设税收优惠:投资电动车电池动力设备的纳税人可获得投资额30%的税收抵免,以抵消年度所得税应纳税额。该抵免有效期为十年。

碳氢化物开采活动的税收优惠。2016 年 4 月 18 日，政府公报公布关于碳氢化物开采活动的税收激励政策。该政策重新设定了关于石油开采费用和投资额扣除限制。

（4）所得额的确定。应纳税所得额为总收入扣除减除成本、可税前扣除的经营费用、不征税收入、免税收入、各项扣除及允许弥补的以前年度亏损后的余额。企业需要在纳税年度截止时根据通货膨胀情况对收入总额进行调整。

收入和支出的确认通常以权责发生制为原则，属于当期的收入和费用，不论款项是否收付，均作为当期的收入和费用；不属于当期的收入和费用，即使款项已经在当期收付，均不作为当期的收入和费用。

允许税前扣除费用包括生产成本和销售成本、经营费用、员工薪酬及福利费、限额之内的董事报酬、利息费用、实际发生坏账等，根据《所得税法》第 28 条规定的不可抵扣费用，以及准备金、预计负债、股息收入等不可以税前扣除。

股息。由居民实体向居民股东支付的股利是否征税是由该股利是否已经在公司层面缴付所得税决定的，如果该股利已经缴纳了公司所得税，那么股东将获得公司所得税层面的税收减免，因此，支付股利的墨西哥公司需要将其税后利润单独记录在一个特殊的账户（CUFIN 账户）中。如果用于支付股利的利润并非来自 CUFIN 账户，那么该红利的支付需要缴纳公司所得税（最高可达 42.86%），但是可以在未来两年内结转。

墨西哥实体向墨西哥个人税收居民分配的股息也应缴纳 10% 的预提所得税，但如果分配股息的利润产生于 2014 年、2015 年或 2016 年度且该利润进行再投资并于 2017 年或之后年度进行分配，则该预提税税率将根据以下规定加以降低：股息于 2017 年分配，预提税税率为 1%；股息于 2018 年分配，预提税税率为 2%；股息于 2019 年或之后年度分配，预提税税率为 5%。

纳税居民企业向境外控股公司或受控公司支付的利息可能被视为股息分配而不得在税前扣除。纳税居民企业向境外关联企业支付技术服务费需要满足公平交易准则，并提供《所得税法》规定的支持信息和文件方可以进行税前扣除。捐赠支出税前扣除的限额为年度应税利润的 7%。餐饮费的扣除限额为消费额的 8.5%。

资本利得。公司由销售固定资产而获得的资本利得视为公司的正常收入，并按公司所得税税率纳税。从同样交易中产生的损失可以在计算由销售土地、建筑物、股份和其他资本产生的收益时用于抵扣，公司可以使用一个官方的"通胀列表"来调整收购资产的成本。

根据规定，法律实体的资本利得包含在总收入中属于应税收入，但由于资本或资产升值而产生的收入不属于应税收入。资本损失通常可能抵扣应税收入。非居民企业通过在墨西哥的常设机构取得的资本利得，其税务处理与墨西哥居民企业取得的资本利得相同。

资本利得来自：

转让固定资产、土地、有价证券、股权、合伙权益及国家信贷机构发布的普通参与证书；

衍生资本金融交易；

合并和分立（如果重组符合《联邦税法》的相关条件，合并和分立中产生的利得不视为资本利得）；

纳税居民作为股东或合伙人的非纳税居民公司的分立或减资。

墨西哥《联邦税法》规定转让应税资产时确认资本利得。墨西哥税法没有资本利得免税和递延纳税的相关规定。

不可税前扣除的费用包括：

报关费用（除代理机构）。

招待费（除与会议或课程相关的招待费）。

利息。在国家证券登记处及中间商处登记的债券利息在税前不可扣除。贷款方是个人或非营利法律实体的信用工具或债券的利息费用在税前不可扣除。关联方之间支付的利息，其超过市场利率的部分不允许扣除。

股票溢价。公司赎回股票时所支付的溢价在税前不可扣除。

税费。公司支付或代第三方支付的所得税费用在税前不可扣除。

有价证券认购权。与关联方在未认证市场交易金融衍生工具的费用在行权前不可在税前扣除。

公司支付的就业补助金。

由自身过失产生的罚款及补偿金在税前不可扣除。但附加税费可以在税前扣除。

商誉不可在税前扣除，并且可能也无法折旧。

关联方付款。除非关联方在同一或下一个纳税年度从公司取得收入，否则关联方支付的费用不可在税前扣除。

员工责任和赔偿储备的准备金。

因偶然税款而做出的利息及通胀调整。

向控制实体或受控实体所支付的利息、特许权使用费或技术支持费被证明为非实际存在，支付接收方免税或者支付给关联方的价格不符合市场"公允价格"原则的支付额。

亏损不可税前扣除的项目。税收亏损弥补年限为十年，可以抵扣以后年度的应纳税额，但不可以向以前年度结转的项目有：

不符合公平交易的资产转让。

不可折旧或收购成本不可正常扣除的资产转让。

公司合并、减资或清算中纳税人为股东或合伙人。

不符合相关规定的股权或其他有价证券处置。

除金融机构外，不符合公平交易原则的关联方衍生金融产品交易。

（5）资本收益税。从 2014 年起，墨西哥居民通过出售墨西哥公司股票获得的资本收益按 10% 征税，同样，该规则也适用于通过证券交易所转让股票获得的资本收益。

（6）资产收益税。购置者应就从不动产外的其他资产取得的资产收益代扣代缴 20% 的所得税。转让公司股票或证券以外的动产，如果交易价格低于定期根据通货膨胀调整的金额，则转让者免征预提所得税。

2. 非居民企业

（1）征收标准及范围。墨西哥法律对非居民企业的概念没有具体界定。原则上，如果法律实体不满足墨西哥税收居民企业的定义，则被视为墨西哥非居民企业。

根据墨西哥《所得税法》第五章，在墨西哥设有常设机构的墨西哥非居民企业需就可归属于该常设机构的收入以及来源于墨西哥的收入在墨西哥缴纳企业所得税，在墨西哥未设有常设机构的非居民则仅需就来源于墨西哥的收入缴纳墨西哥企业所得税。如果资产和生产活动位于墨西哥，或者销售和合同是在墨西哥进行的，那么这部分收入便被视为来源于墨西哥的收入。

通常采取由墨西哥付款方进行代扣代缴的预提税形式。

墨西哥居民或在墨西哥设有常设机构的非居民向境外关联方提供的服务将被视为其履行地位于墨西哥，从而将举证责任转移至纳税人，即后者必须准备充分的文档以证明相关服务的履行地位于境外。

股权比例超过 10% 的一个或多个股东若在 24 个月之内同时或连续转让其股权，则该股权转让为应税交易。

（2）税率。在墨西哥设有常设机构的非居民企业参照居民企业适用企业所得税税率。在墨西哥未设有常设机构的非居民需就来源于墨西哥的收入缴纳预提税，税率如下：

股息。墨西哥税务机关针对向外国非居民企业和个人的股息分配征收 10% 的预提税，该税属于最终税。双边税收协定（如果适用）可以减少外国居民公司所适用的预提税。

利息。利息预提税的默认税率为 30%，但利息类型不同适用的税率也会不同（通常分为五类，税率为 4.9%~30%）。若将利息支付给低税辖区的关联方，则预提所得税税率为 40%。该税率可能会因为税收协定的规定而有所降低。

特许权使用费。铁路火车的特许权使用费预提税税率为 5%；支付给外国的专利、商标和商业名称的特许权使用费，其预提税税率为 35%；其他特许权使用费的预提税税率为 25%。如果合同中同时包括最后两项，需分别适用各自税率；如果无法准确区分，则全部适用 25% 的税率。若将特许权使用费支付给低税辖区的关联方，则预提所得税税率为 40%。

租金。税率为毛收入的 25%（但针对在墨西哥联邦政府注册的火车、飞机和船只租金，适用 5% 预提税税率）。

股权转让所得。税率为毛收入（买入价）的 25%；非居民亦可选择针对净收入适用 35% 的预提税税率。

不动产转让所得。税率为毛收入（买入价）的 25%；在墨西哥有代理人或通过墨西哥公共契据完成转让的非居民亦可选择针对净收入适用 35%

的预提税税率。

金融交易所得。税率为毛收入的 25% ；非居民亦可选择针对净收入适用 35% 的预提税税率。如果交易经墨西哥证券交易所或墨西哥金融衍生品市场完成，则适用 10% 的预提税率。

债转股。将原本由墨西哥居民持有的债权转为股权被视为来源于墨西哥的所得，适用 25% 预提税税率。在墨西哥有代理人的非居民亦可选择针对净收入适用 40% 的预提税税率，前提是相关收入并未适用优惠税制且款项收取方所在国的税制不是属地主义税制。

技术服务费。税率为 25%。若将技术服务费支付给低税辖区的关联方，则预提所得税税率为 40%。

其他收入。债务豁免，经营、投资活动或合同参与权益、违约条款项下的赔偿金以及商誉转让所得：30%。

（3）应纳税所得额。非居民企业在墨西哥的常设机构比照墨西哥居民企业缴纳企业所得税，但亦存在一些针对常设机构的特别规定。尽管常设机构被视同一个独立法律实体来缴纳企业所得税，但该税负的实际承担者为拥有该常设机构的非居民个人或实体，基于此，常设机构需独立于总部进行单独记账，以作为缴纳企业所得税的依据。

可归属于常设机构的收入包括以下类型：

常设机构开展经营活动或提供独立劳务的收入。

在墨西哥转让货物或不动产的收入，包括直接由该常设机构所属非居民企业或其总部或其他常设机构所进行的转让。

来源于境外的收入，但仅限于常设机构为获取相关收入发生费用的情形。

常设机构可就与其收入相关的经营费用进行抵扣，不论该费用是否在墨西哥发生。墨西哥亦认可非居民企业在其总部与常设机构之间或数个常设机构之间进行分配的费用。但常设机构向其总部或同一企业的其他常设机构支付的特许权使用费、其他费用、佣金或利息不得在税前扣除。由总部或同一企业其他常设机构支付给墨西哥常设机构的款项不被视为应税收入。

墨西哥常设机构向总部或境外另一常设机构转让财产被视为应税交易，需按照公平交易原则进行定价。总部或境外另一常设机构向墨西哥常设机构的汇款不被视为应纳税所得。

墨西哥常设机构向总部或境外另一常设机构分配的股息或利润应额外缴纳 10% 的预提税，由进行支付的墨西哥常设机构作为扣缴义务人。

在墨西哥未设有常设机构的非居民需就来源于墨西哥的收入缴纳预提税，不论相关收入形式如何，非居民企业收到或以其他形式获得的任何收益都被视为其预提税应纳税所得。

（4）预提所得税。在墨西哥未设有常设机构的非居民需就来源于墨西哥的收入缴纳预提税。预提税属于最终税，不同类型的收入适用的税率不同，通常由墨西哥付款方进行代扣代缴。税务机关推定评估、转让定价调整及视同分配、推定股息也可能征收预提税。外币计价的收入需在到期支付日转换成墨西哥比索。

3. 反避税规则

（1）关联交易。关联交易需遵守公平交易原则。如果不遵守公平交易原则，税务局可以按照独立交易情况下的定价对纳税人（无论是居民纳税实体、非居民纳税实体、个人、墨西哥常设机构或者信托公司）的应税收入（或亏损）进行调整。纳税人对其交易定价符合独立交易原则负有举证责任。如果税务局对纳税人举证不满意，可运用其他定价方法确定其正确的定价。

居民纳税人必须准备并保存与国外关联方交易的同期资料从而证明该交易基于市场价格进行且定价符合公平交易原则。

（2）同期资料。墨西哥税务局 2017 年 4 月 12 日在其网站上公布了有关申报主体文档、本地文档及国别报告内容及申报要求的正式规范文件。

根据墨西哥《所得税法》第 76-A 条规定，在 2016 财年中，与关联方（在墨西哥或境外）进行交易的公司，若其应纳税收入达到 686252580 比索，须提交主体文档和本地文件。此外，墨西哥跨国企业集团的应税收入达到 1.2 亿比索，须同时提交国别报告。

与境外关联方发生关联交易的纳税人必须准备并保存其关联方交易的

同期资料从而证明该交易基于市场价格进行且定价符合公平交易原则。

同期资料需包括：非居民关联方的名称和识别信息以及证明直接或者间接参股的文件；交易活动及所使用资产有关信息以及每种交易纳税人承担的风险；关联交易的信息和资料以及相关金额；所使用的转让定价方法，包括每类交易的可比交易和公司的信息和资料。

在 2014 年财政改革之后，墨西哥税务局在 2015 年公布纳税人在转让定价方面的信息披露要求，包括相关经营活动的信息披露、外国关联企业相关活动信息披露、会计信息披露以及财务状况信息披露。

除此之外，墨西哥已根据 BEPS 的要求对纳税人准备转让定价三层文档（主体文档、本地文档和国别报告）进行规定，并要求纳税人在 2017 年 12 月 31 日之前提交相关信息披露表。

（3）转让定价。墨西哥承认的转移定价规则包括可比非受控价格法（CUP）、再销售价格法（RPM）、成本加成法（CPM）、利润拆分法（PSM）、剩余利润拆分法（RPSM）和交易净利润法（TOPMM）。

（4）预约定价。"单边"或"双边"的预约定价协议可以有商谈的余地（但是转让定价的文件必须被保留五年）。多重协议手续对与墨西哥签署税务条约的国家依旧适用。

墨西哥税务局可以处理纳税人根据公平交易原则的定价申请，与税收协定一方主管税务局确定的定价安排协定另一方也可使用。预约定价安排（APA）发布后可申请发布纳税年度前一年后三年（共五年）适用，税收协定双方认可情况下可申请延长适用期。预约定价安排可能在某些条件下适用从而确保该安排下的交易符合公平交易原则。税务局在收到预约定价安排申请后 8 个月内需给予回应。

通用税务规则对纳税人需针对预约定价安排提交的相关信息及支持文件做出了规定。

纳税人需提交预约定价安排的书面申请并附纳税人所适用的转让定价方法的信息与支持文档。在整个申请过程中，纳税人可能与税务机关进行多次会议以解释其事实与情况。预约定价安排有可能附一定的条件，以证明相关交易符合公平交易原则。从 2017 年开始，预约定价安排的申请费用为 216308.51 比索，每次续申或年度审阅的费用为 43261.70 比索。墨西哥预约定价安排并无特定的时间要求，通常税务机关要求纳税人提供完整的支持文档以作出最终裁决。如果税务机关作出有利于纳税人的预约定价安排决定，税务机关只可通过在联邦税收法院提起无效主张以撤销该决定，且该撤销申请需在预约定价安排决定作出之后五年内提出。从 2004—2015 年墨西哥已缔结单边预约定价安排 226 件，双边预约定价安排 134 件，总计 344 件。

（5）资本弱化。当非居民关联方向纳税人的借款超过纳税人股本金额的三倍时，纳税人向其支付的利息不可用于抵扣，即适用的债资比为 3∶1，同时，该利息也不会重新被分类为推定股利。在计算债资比率时需考虑权益净额以及所有符合条件的带息负债。

居民企业向非居民母公司支付利息时在满足以下情况下可能被重新分类为股利并按规定缴税，其中包括：当债务人书面无条件承诺还款日或还款日完全由借款人自由决定；利息的支付基于相关借款产生相应的收益，只有产生收益时才需要支付利息；背对背贷款且贷款有现金或者现金存款作担保；利息利率超过市场利率时，超过符合公平交易原则的可比交易应支付利息的部分将被重新分类为股利。

4. 征管与合规性要求

企业所得税纳税申报和税款缴纳截止日期为次年 3 月 31 日，如果纳税人申报表中的税额与独立审计师出具的审计报告中的数字不一致，则纳税人应就修改后的数字进行纳税申报。

企业所得税的缴纳实行“分次预缴、年度清算”的方式。企业应当根据利润因数（上一年度净利润除以名义收入，若上一年度没有则使用以往五年内的利润因子）计算过去月份的预估利润，缴纳所得税款。第一笔预缴税款涵盖纳税年度的前 3 个月，预缴时间为 4 月 17 日，之后按月预缴。纳税人可以选择按季度预缴税款，预缴时间为 4 月 17 日、7 月 17 日、10 月 17 日和 1 月 17 日。

纳税人需要在次年 2 月 15 日前补充申报以下内容：上一年度非居民纳税人发放或者给予担保的贷款余额以及贷款利率、币种、到期日等相关信息；以前收到纳税人支付款项的非居民纳税人信息及相关预提税支付资料。

与国外关联方交易的资料需要提交以下内容：关联方名称、所在地和纳税居民国以及直接或者间接参股的证明；关联方每类交易的意图或者交易活动、所使用资产以及相关风险；每笔交易相关的信息和资料以及交易金额；《所得税法》第179款中规定的定价方法等。

纳税人未开具税务发票应处以12070~69000比索的罚款。在接到罚款通知45天内缴纳罚款可以减免20%的罚款额；税务局在税务稽查中发现由于违规操作导致全部或者部分税款未缴纳，需要缴纳55%~75%的罚款。如果在最终稽查报告通知日前缴纳税款及附加，需要缴纳20%的罚款，在此之后缴纳需要缴纳30%的罚款；因为计算错误漏缴税款，需缴纳20%~50%的罚款，如果在通报计算错误后15天内缴纳税款及附加，罚款金额会减少50%。

纳税人延迟缴纳税款需要按照国会每年设定的固定比率缴纳滞纳金。

未代缴已预提税款以及伪造税务亏损均被视为税务欺诈，税务欺诈将视金额大小判处1个月至9年的有期徒刑，并缴纳相关罚款。

（二）增值税

1. 征税原则

根据墨西哥《增值税法》第1条，在墨西哥销售商品、提供独立劳务、授权临时使用或享用资产、进口商品或服务的个人或法律实体为增值税纳税人。因此，自然人和法人在墨西哥境内销售商品、提供（独立性）劳务服务、取得租金、通过融资租赁转让商品、进口商品或服务等均需要缴纳增值税。

2. 计税方式

提供应税服务或销售应税商品的企业，包括拥有常设机构的外国公司，必须在墨西哥进行纳税登记。没有常设机构的外国公司不能作为非居民企业进行登记，也不能进行墨西哥增值税进项抵扣。

墨西哥增值税的一个独特特征是，在确定应税事项时，法律要求纳税人使用收付实现制方法而不是权责发生制会计方法。这基本上意味着销售时的增值税在卖方得到有效支付时被视为纳税义务即产生，而不是在发票开具、提供服务或提供商品时。如果卖方没有得到报酬，也不存在任何纳税义务。

一般而言，墨西哥增值税应按月缴纳，最迟不得晚于应税事项发生后的第 17 个月。

3. 税率

墨西哥增值税的标准税率为 16%，此外还有一档税率是 0%（适用于出口；某些基本食品，如牛奶，小麦，肉类和玉米；医学；一些农业服务）。

4. 增值税免税

《增值税法》第 9 条和第 15 条的情况属于免税范围，主要包括土地，计划或已用于居住的附着于土地的建筑物，如果只有建筑物的一部分，计划或已用于居住的，该部分可免除增值税。本条款不适用于：酒店；书籍、报纸、杂志和版权；参股股权，以待征收的资产工具金额和信用文件（资产证明除外），处置和以非分期付款方式参与房地产投资或授予除住宅或土地以外不动产的持有权而产生的增值税；向符合出口制造加工和服务政策、出口服务和加工区政策（IMMEX）的公司销售商品；国际运输服务等。

根据《增值税法》第 25 条，海关立法的非消耗、临时性的进口商品、包括临时进口商品退还或在途中的商品、《海关法》涵盖的行李和日用品、免税或零税率的商品和服务、依照《海关法》进口的车辆，如果达到财政信用部规定的条件则可以免缴进口增值税。

5. 销项税额

增值税税基为销售货物或提供服务的全部价款，包括除增值税之外的其他税费、履行其他费用、赔偿款、利息和罚款等，但不包括发票上的现金折扣、销售退回等，其中进口服务、无形资产、临时使用无形资产、无形资产使用权转让、提供服务，增值税的税基为所支付的对价；动产和不动产使用权转让的税基应包含买方支付的维修费用、建造费用、赔偿费用、利息和罚款等；融资贷款的税基为利息及款项借出方所收到的其他款项，但不包括偿还的本金。

6. 进项税额抵扣

纳税人有权就其购买或进口货物或服务时承担的增值税进行抵扣，但具有以下条件限制：可抵扣进项税的项目需为所得税项下可以扣除的货物或服务购买而发生的支出；如果仅有部分支出为所得税可扣除项目，则可抵扣的增值税进项税额也应相应减少；相关进项税额需由购买方支付给销售方且通过单独收据记录；购买方确实支付了相关增值税进项税额；当增值税与预提税义务相关时，纳税人确实支付了相关增值税进项税额；当销售方适用特别税制时，购买方确实支付了交易对价；非增值税应税交易行为的进项税额不得抵扣。

7. 征收方式

增值税按进销项相抵后的余额缴纳，当增值税进项税额超过销项税额时，超过的金额可以留抵下一期应纳税额，也可以申请税款返还。税务局将在纳税人提交申请后 40 天返还相关税款。

8. 反向征收机制

境外非居民纳税人向墨西哥纳税人提供设计服务、特许使用权、专利权等无形资产服务，也应在墨西哥缴纳增值税，并由墨西哥纳税人代扣代缴相关税款。墨西哥纳税人代扣代缴的相关税款允许在当月从应缴纳的增值税额中作为进项税额抵扣。

9. 增值税预扣制度

增值税纳税人收到以下商品或服务时，应代扣代缴相关商品或服务的增值税：企业向个人支付的相关费用；收购废料；商品的陆路运输费用；企业向个人支付的佣金和手续费；向外国居民租赁或收购有形资产支付的费用。

10. 征管与合规性要求

增值税缴纳的时点为次月 17 日之前，增值税纳税申报必须使用电子申报系统 DIOT 进行纳税申报。预扣增值税的纳税申报时点也为次月 17 日。增值税需向当地主管税务局进行申报，如果纳税人在不同地点设立公司，则需要在每个公司所在地向当地主管税务局分别进行申报。

提供商品或服务的非居民企业也必须要向税务局申请注册增值税税号。

未履行纳税申报义务、未足额缴纳税款、多申请退税款、错误的开具发票、增值税计算错误或没有按照规定保存会计记录，均需要缴纳增值税罚款。少缴纳增值税税款，每月应缴纳应纳税金额 1.13% 的罚款。增值税税款金额还需要根据通货膨胀指数进行调整。

（三）个人所得税

1. 征税原则

墨西哥纳税居民的界定适用"永久居住地标准"。如果个人在国外也有永久住所，那么将视其利益中心所在地确定其税收居民身份。在一个日历年内，个人来源于墨西哥的所得超过其个人全部所得的 50%，或者其个人经营活动中心位于墨西哥，将被认为是利益中心位于墨西哥。

居民纳税人需就其来源于全球的所得缴纳所得税，收入包括获得现金和实物性福利，源于货物或资产、信用、服务或其他任何形式的所得。

居民纳税人因永久居住地改变不再是居民纳税人的，应在发生变更 15 日内向税务机关提出住所变更通知，否则将被处以罚款。

通过墨西哥的常设机构运营并取得收入和取得来源于墨西哥收入的非居民纳税人应就其收到的工资薪金和其他来源于墨西哥相关服务报酬的总额缴纳个人所得税。

2. 申报主体

个人所得税的征收以个人为基础进行。根据《个人所得税法》，可以将配偶的收入合并到配偶另一方进行申报，但该申报只产生更高的收入金额，不会产生抵扣上的优惠，从而会产生额外的税款。

3. 应纳税所得额

以下收入均需要缴纳个人所得税，具体包括雇佣收入、商业性和专业性收入、租赁收入和临时使用不动产的收入、转让商品的收入、获得商品的收入、户主从租户处得到的对不动产进行永久性改善的收入、利息收入、奖金收入、股息和利润分成和其他收入。

4. 扣除与减免

墨西哥居民个人允许税前扣除费用包括：利息费用、纳税人和其家属（配偶、子女、同居者、直系亲属）的医药、牙科、住院、营养师和心理医生费用，符合条件的捐赠费用等，上述除捐赠外的费用扣除标准为年度最低工资的五倍或者应税收入总额 15% 中的较小额。

对于外派境外承包企业员工来讲，可以扣除的费用主要为法定扣除项、医药、牙科、住院等费用，其他可以扣除的费用较少。其中医疗费用必须通过金融体系进行支付才可以扣除。

5. 税率

墨西哥实行个人所得税累进税率，2018 年居民纳税人个人所得税的税率如表 6-2-1 所示：

表6-2-1 居民纳税人个人所得税税率表

单位：比索

应纳税所得额		应税税额下限	超额边际税率
超过	至		
0	6942.20	—	1.92%
6942.21	58922.16	133.28	6.4%
58922.17	103550.44	3460.01	10.88%
103550.45	120372.83	8315.57	16%
120372.84	144119.23	11007.14	17.92%
144119.24	290667.75	15262.49	21.36%
290667.76	458132.29	46565.26	23.52%
458132.30	874650.00	85952.92	30%
874650.01	1166200.00	210908.23	32%
1166200.01	3498600.00	304204.21	34%
3498600.01	及以上	1097220.21	35%

数据来源：http://taxsummaries.pwc.com/ID/Mexico–Individual–Taxes–on–personal–income。

2018 年非居民纳税人个人所得税税率如表 6-2-2 所示：

表6-2-2　非居民纳税人个人所得税税率表

单位：比索

应纳税所得额		超额边际税率
超过	至	
0	125900	0%
125901	1000000	15%
1000001	及以上	30%

注：非居民纳税人适用于税率将在 15%~30% 之间变化。在 12 个月的浮动期内获得的第一个 125900 比索的就业收入将免税。

数据来源：http://taxsummaries.pwc.com/ID/Mexico-Individual-Taxes-on-personal-income。

6. 征管与合规性要求

个人所得税的纳税申报以公历年为纳税年度。个人所得税的纳税申报时间为次年 4 月，但不得晚于次年 4 月 30 日，不能进行延期。

居民纳税人在非居民企业工作，且非居民企业在当地没有常设机构或者其工资单未反映该居民纳税人的工资，居民纳税人应预估月度应纳税额，并通过网络申报缴纳个人所得税。

个人收入超过 500000 比索（包括免税收入），无论收入是否应税或税款是否已支付，均需要对收入总金额进行年度个人所得税申报。如果个人在公历年度的所得仅为受雇所得和利息收入且总额不超过 400000 比索，则在实际利息收入不超过 100000 比索且相关预提税已缴纳的情况下不需要进行年度申报。

纳税人现金收入超过 600000 比索时，无论以比索或者外币收款且无论作为贷款、对未来的投资还是资本的实际增长的形式收款，均需向税务局备案。如果纳税人自收到该现金之日起 15 日内未申报备案，该笔现金会被认定为应纳税所得。

（四）关税

1. 关税体系和构成

墨西哥的关税体系主要包括：墨西哥与 49 个国家签署的 11 份自由贸

易协议（FTAs），与 12 个国家签署的商业协议，法令推广计划，出口服务和加工区政策，进口税退还方案，外贸公司计划，高额出口公司优惠政策方案等。

2017 年 1 月 1 日，《联邦关税法》修订案生效，该修订案降低了特定类别进口货物的关税税率（有效期至 2019 年 12 月 31 日），同时将确立了边境地区一般进口税的 2008 年法令有效期延长至 2019 年 12 月 31 日。

2. 税率

海关关税针对共同体与外部国家之间商品或服务的进出口，具体关税税率适用《海关法》的规定，关税税率可高达 20%，平均关税税率为 11%。

3. 征收范围

关税是依据进口货物的报关价格征收的。涉及国际贸易中不公平交易的进口商品可能被征收补偿性关税。商品可临时免除进口关税。墨西哥海关当局可能允许在保税的前提下对商品（墨西哥或国外的）进行加工、转换或修理以随后向国外出口或退回。除进口关税外，进口商品可能被征收增值税和消费税。对于出口的大部分免税产成品，仍需要征收出口关税。

进出口货物时所产生的关税将根据以下条例征收。

（1）基本进口税：将根据货物在《关税税则》下的归类确定。

（2）海关手续费：使用海关设施、人员以及系统支付的费用。

（3）增值税：进口时需要缴付 16% 而出口不用缴付。

（4）生产和服务的特别消费税。

货物进口到墨西哥的处理方式以及其税务和海关相关的义务与责任是根据对外贸易经营目的决定的，并按海关进口货物机制被分为五类：确定进口、临时进口、中转货物、财政性储蓄保税和战略保税仓库。

4. 税收优惠

（1）出口服务和加工区政策。2006 年墨西哥政府将 1998 年制定的客户工业出口推动计划和临时进口计划整合为出口制造加工和服务政策，并将其确定为法令公布和推行。该政策制度也通过赋予指定企业税收和关税优惠，促进了外国资本在墨西哥的投资。主要优惠如下：基本进口税（ID）的延期缴付；以简化运营和降低成本为目的的行政管理和海关类的优惠；潜在主要税务优惠。

在出口服务和加工区政策项目下，进口产品时还是需要支付 16% 的增值税。但是，公司能够使用一个认证证书，该证书可以让公司获得一个相当于进口货物时支付的增值税 100% 的税收信用额，这个额度可以用于支付进口时产生的增值税。使用这种方法，可以避免支付该税和等待退税时所遇到的财务负担和障碍。那些不选择获得证书的公司需要提供一个由指定机构所发售的债券来保证增值税的支付。

根据该政策，除纺织和服装业临时进口以及进口机制须得到墨西哥经济部和财政部事先批准外，所有年出口额达到 50 万美元、出口额超出其总销售额 10% 以上的企业均可申请享受出口服务和加工区法令的优惠政策，并允许最终产品面向出口的企业以及为出口服务的企业临时进口出口产品制造和加工所需的原材料、零部件和机械设备，对其免征普通进口关税、增值税。符合墨西哥税务局有关规定且增值税在企业申报中有盈余的企业，产品出口后，可以在 5 个工作日内申请增值税的退税。

该政策还规定，该框架下的进口产品可根据墨西哥海关相关规定在墨西哥境内免税停留一定时间。其中用于出口的原材料、零部件、燃料油和润滑剂、包装器材、标签和宣传说明册等的停留时间为 18 个月；集装箱等器材的停留时间为两年；以出口服务为由进口的产品和该法令规定的部分进口产品的停留时间分别为 6 个月和 12 个月。

享受上述优惠关税的企业必须向海关提供必要的文件，对库存进行自动化管理，接受财税部门的监督和检查。

（2）自由贸易协议。墨西哥与 49 个不同的国家签署了 11 份自由贸易协议（FTAs），并与 12 个国家签署了商业协议，此类协议滋生出最主要的好处是在从自由贸易协定签署国进口货物时，可以享受到基本进口税的优惠。

（3）进口税退还方案。该方案旨在鼓励和促进出口，有关企业可享受退还进口产品的一般进口关税。符合该政策条件的进口商品包括：出口产品使用的原材料、零部件、包装材料和器具、燃料和润滑剂等；进口后未经任何加工和制作而再次出口的产品；用于维修或改装调整并再次出口的临时进口产品；来自非自由贸易缔约国并最终用于出口的原材料。

（4）法令推广计划。在鼓励和支持国家出口和外商在墨西哥投资方面，政府要求生产部门建立法令推广计划，以提高竞争力为主要目的，致力于鼓励处于战略产业领域的企业在墨西哥生产其产品。

5. 应纳税额

关税的应纳税额为进口货物的海关价值与所适用的关税税率的乘积。

（五）企业须缴纳的其他税种

1. 不动产税（Real Estate Tax）

不动产税的税基以国家土地注册委员会和地方财政部门的评估价值为基础，这两个部门共同负责财产价值的评估。土地评估价值一般小于市场价值，有时土地的平均评估价值比市场价值的 1/5 还要低。一般而言，对建筑物是以建筑单位的价值为基础进行估价的，而对于农村和农业用地来说，土地用途决定了土地的评估价值。例如，在某些州，政府将土地交给农民使用不征税，而其他一些州政府则要农民上交一笔固定的税收。

墨西哥每年都依据消费者价格指数对土地和不动产的评估价值进行调整。不动产税税率由州政府制定，一般不高，而且不同的州和地方政府，不动产税税率各不相同，大多数纳税人都按最低税率纳税。

2. 不动产交易税

不动产交易税也是地方政府的重要税种之一，其税率由州政府制定。最初是作为替代不动产交易印花税而出现的，这些交易包括遗产捐赠、向非营利组织捐赠、各种不动产转让等。该税按交易价值的百分比征收，是地方政府收入的来源，该税率由各州确定。在 1995 年被移交给各州之前，联邦税率为 2%，持有不动产的时间越长税率越低。

3. 消费税（Excise Duty）

进行特殊商品交易的个人或法律实体为消费税纳税人。

销售酒精发酵饮料、啤酒、柴油、汽油和香烟需要依法缴纳消费税，生产商、包装商和进口商需通过佣金代理、经纪人、代理人、代表机构、承销商或分销商对相关交易代扣代缴消费税。

墨西哥对特殊商品和劳务征收消费税，并根据增值税制累计征收消费税。出售给最终消费者的销售收入一般不需要征税，但酒精饮料、香烟、汽油和柴油的生产者和进口商仍需纳税。

燃料和农药适用于不同消费税税率，每升软饮和高热量食品将按 8% 税率征收消费税。所有含单糖和二糖的制品，每增加一升的用量会增加 1 比索的税收。零食、糖果、巧克力、果馅饼，由水果和焦糖制成的甜食、花生浆、榛子浆，基于谷物类、雪糕类、冰激凌类、冰水类、冻糖类的食品以及食品定义含有以上项目的食品的税率将达到 8%。

不同商品和劳务适用不同的消费税税率，具体如下。

发酵酒：26.5%~53%；合格的酒精饮料和蜂蜜：50%；

经纪人和类似服务：对转让应税货物提供的委托代理、经纪人、代理人、代表机构、寄售配送服务按相应服务适用的税率征收；

汽油和柴油的税率不固定，根据法律制定的特殊计算程序得出；

香烟：160%；

抽奖和赌博：30%；

通过一个或多个电信公共网络在境内提供的电信服务适用 3% 的税率。

进口和转让某些商品可免除消费税：

出口应税货物（出口商必须注册为联邦纳税人）；

生产商或进口商以外的其他人转让加工的烟草、汽油、柴油和天然气；

销售和进口苏打水和非酒精饮料，按杯销售给最终消费者的酒精饮料免税，本条款同样适用于开瓶的酒精饮料；

提供和进口任何类型商品给"战略保税仓库"。

4. 环境税（Environmental Taxes）

墨西哥针对一定数量煤炭和其他燃料品（包括：丙烷、丁烷、汽油、煤油、柴油、矿物煤、石油焦炭和焦煤等）征税。

此外，具有毒性的农药的进口和销售也会被征税，税率在 6%~9%，2014 年过渡期期间的税率为 3%~5%。

5. 分支机构汇款税（Branch Tax）

墨西哥没有分支机构税。常设机构向其墨西哥境外总公司 / 总部分配股息或利润时，需要额外预提 10% 的税收。

6. 工资税 / 社会保险缴款（Payroll Tax / Social Security Contributions）

在联邦特区，企业雇主都必须为其所发放工资代缴 3% 的税款，其他各州的税率为 1%~3%。若一个独立的个体没有在某些地方税务机关管辖地区进行税务登记，那么在该地区提供服务时，该税务机关要求支付方需要代缴预提税，该税可以用来抵扣所得税。

雇主同样需要分别向员工退休基金和住房基金支付一个相当于其所支付薪酬 2% 和 5% 的缴款（如果住房基金的缴款没有被用作住房贷款，那么该款项将被转入退休基金），这两项款项会一并注入一个由私人金融机构管理的养老基金。

7. 经营资产税（Asset Tax）

经营资产税是一种重要的地方税，它是以资产为基础的最低税收，按公司资产价值的 2% 征收，是联邦所得税的补充。经营资产税由各州和联邦区征收，税率各不相同，但联邦特区的税率最高。该税种适用于个人和企业资产。在计算经营资产时，由国外居民的商业行为和财政体制引起的部分债务可以扣除。税法规定，可以给予在农业和林业部门进行的固定资产投资，以及某些与防止森林火灾有关的特定财产的纳税人免征经营资产税的待遇。另外，《经营资产税法》为一般的保税仓库建立了一个激励机制，适用于商品和货物的安全存放和保管。另外，因纳税人与联邦政府在地方的分支机构签订的、由财政部授权的具有优先权的生产性基础设施投资合同而获得的经营资产所有权，也有其适用的税收优惠待遇。

8. 生产和服务特别税

生产和服务特别税是一项针对酒精类饮料和烟草制品制造与批发销售的税收，税率随产品类型而变。《生产和服务特别税法》对酒精度数在 14 度以下的啤酒转卖和进口征收 26.5% 的税；对酒精度数在 20 度以上的含酒精饮品和啤酒征收 53% 的税；对通信网络征收 3% 的特别税。

9. 利润分享税（Profit Sharing Tax）

无论公司的组织形式如何，雇员都应从公司的年收益中分享一部分利润，一般情况下，其分享率为公司应纳税所得额的 10%，但新成立的企业可以例外。在特定情况下，为了消除通货膨胀因素对收入的影响，要将应税所得额进行调整。在计算利润分享税时，纳税人不得将其本年度缴纳的利润分享税从其应税利润中减除。另外，由于股息收入不包括在应税所得当中，因此，也要根据情况的不同来扣除或增加应税所得额。在雇主或相关团体允许的情况下，雇员从其购买的股份中分得的利润，可以作为员工工资薪金所得，这项规定也适用于国外的居民。

10. 机动车税（Motor Vehicle Taxes）

向墨西哥境内消费者销售新机动车的车辆生产、组装和分销者，以及进口机动车者需缴纳机动车税，税率为车辆价格的 2%~17%。根据 2017 年《联邦所得税法》修正案，向公众销售机动车的纳税人或长期进口电子或混合型机动车的纳税人无需缴纳机动车税。

11. 勘探开采权（矿业特许权）费用（Mining Duty）

根据墨西哥法律规定，企业必须获得联邦政府的授权许可，才能在墨西哥从事矿藏的勘探和开采业务。

外资企业须按照墨西哥《矿业法》的规定，在当地注册成立公司方可有权申请上述授权许可。墨西哥的勘探和开采许可合二为一，有效期为 50 年，且可以延期。根据 2013 年《联邦税法》第 263 条，矿产勘探开采权费用每 6 个月交一次，其数目与矿权公顷数和经营年限相挂钩，公顷数越大，年限越长，费用越高。

自 2014 年 1 月 1 日起，额外的权利被赋予了采矿许可分配权的持有人：

收取相当于销售或转让开采活动所得净利润（采用一个与应税收入十分相近的公式计算）7.5% 的特别费用。

根据《联邦费用法》第 263 条，如果特许权持有人在获得特许权的首个 11 年内，连续两年未进行探矿和开矿活动，将被收取相当于法律规定的最高费用 50% 的额外费用。如果第 12 个年度以后还未进行活动，那么会被征收相当于最高费用 100% 的费用。

金、银和铂销售收入总额的 0.5% 的费用会被额外收取。

（六）社会保障金

根据墨西哥《社会保障法》第 6 条，墨西哥的社会保障制度包括强制性和自愿性两类。

强制性制度适用于就业人员或类似人员，符合一定条件的个体经营者可自愿选择加入强制性制度。自愿性制度适用于个体经营者和其他获得社会保障服务的人员。

强制性制度包括雇员缴纳的以下保险：工作风险保险；疾病及生育保险；雇员残疾及人寿保险；退休、失业和养老保险；住房信贷保险。

公司及雇员本人缴纳的比例及基数如表 6-2-3 所示：

表6-2-3　公司及雇员本人缴纳社会保障金比例及基数

保险和概念	收益	社保税目　模式	雇员	合计	薪资基础
工作风险	实物和金钱	工伤事故率　每位员工的固定费用，最高为当前计量和更新单位（UMA）的三倍	0.00%	相应保险费	工资贡献
疾病和生育	种类	20.40%	0.000%	20.40%	计量和更新单位
	种类	工资贡献及3倍工资的差额费用　1.10%	0.400%	1.50%	工资贡献
	养老金领取者医疗费用	1.05%	0.375%	1.43%	工资贡献
	金钱	0.70%	0.250%	0.95%	工资贡献
雇员残疾和人寿保险	实物和金钱	1.75%	0.625%	2.38%	工资贡献
雇员退休、失业和养老保险	退休	2.00%	0.000%	2.00%	工资贡献
	失业和养老保险	3.15%	1.125%	4.28%	工资贡献
托儿所和社会福利	种类	1.00%	0.000%	1.00%	工资贡献
公积金	住房信贷	5.00%	0.000%	5.00%	工资贡献

数据来源：https://idconline.mx/seguridad-social/2018/01/12/factores-para-cuotas-y-aportaciones-2018。

1. 个体经营者

支付社会保障金的个体经营者若符合《社会保障法》的特殊规定，则可自愿选择享受社会保险的强制性制度下规定的健康和生育保险、残疾和人寿保险以及退休、失业和养老保险。

符合《社保保障法》特殊要求的墨西哥家庭，可享受自愿性制度下的健康和生育保险。

自愿性制度适用于基本家庭（配偶、同居者、儿童、残疾儿童等），但在某些情况下，其他相关保险持有人也适用于该福利。

社会保障金的计算，请参见表6-2-4：

表6-2-4　社会保障金计算表

单位：比索

家庭成员年龄	每个成员的年度保障金
0~19 岁	1900
20~29 岁	2250
30~39 岁	2250
40~49 岁	3400
50~59 岁	3600
60~69 岁	3600
70~79 岁	5450
80 岁及以上	550

2. 外派人员

如果外派人员永久或临时性地提供个人的、从属的并且获得报酬的服务，则有资格适用强制社保制度。

在海外工作的墨西哥雇员如果可证明其居住于国外，并且为家庭的主要经济来源，则符合自愿性社保制度。对墨西哥海外工作者在国外教育机构学习的孩子的福利可延至孩子年满 25 岁。

残疾和人寿保险和退休、失业和养老保险的领取者决定转让其居所至国外且未在境内期间，仍可继续收取其养老金。

第三节　外汇政策

一、基本情况

外汇政策由交易委员会负责，该委员会由财政和公共信贷部、墨西哥银行的官员组成。1994年底，委员会同意汇率应由市场（灵活或浮动汇率）自由决定。该交易委员会包括交易市场分析师需要的指标和最常使用的操作。

基于第二个银行交易日、各外汇交易平台及其他具有代表性的电子产品的大量外汇平均交易行情，墨西哥银行决定汇率高低水平。在汇率确定日期后，每个银行交易日的12：00，由墨西哥银行（Banco de México）在联邦官方公报（DOF）上公布汇率，用于履行以美元计价的义务，可以在DOF公布后的第二天在墨西哥共和国结算。

同业银行第二个交易日结算的"比索—美元"汇率是大多数市场使用最普遍、最常见的。

墨西哥银行（Banco de México）公布这些汇率是出于严格的信息目的而没有任何官方特征。原油交易汇率是基于墨西哥银行公布的外汇汇率及由国际货币基金组织（IMF）公布的其他交易市场上欧元、日元对应的美元平均汇率。在美国的非工作日及国际货币基金组织不开展业务的情况下，平均市场汇率可从路透社直接获取，上述各金融机构使用的原始数据就是来源于路透社。就加元而言，公布的汇率与加拿大银行在其官方网站上每日公布的汇率相对应。

二、居民及非居民企业外汇管理规定

墨西哥实行盯住美元的汇率制度，在经常项目下和资本项目下同时实施货币自由兑换。美元可自由汇出或汇入墨西哥，公司盈利可在完税后汇出。外资公司可将公司利润、权益金、股利、利息和资本自出汇出。外资公司可在墨西哥境内任何一家合法银行开立美元支票及存款账户，开户最低额度由各银行制定。

在墨西哥投资的外资企业利润汇出需要交税，税种是利润汇出税，税率因国家不同而略有区别。

三、个人外汇管理规定

个人可在任何银行机构自由兑换美元外汇。

第四节　会计政策

一、会计管理体制

（一）财税监管机构情况

墨西哥财政部是会计和注册会计师行业的行政主管部门。财政部下设全国会计协调委员会（CONAC），负责制定发布政府和行政事业单位会计准则（以下简称政府会计准则），委员会主席由财政部部长担任，委员由联邦政府和各州政府财政系统代表组成。与政府会计准则不同，墨西哥企业会计准则不是由财政部直接制定，而是由非政府性质的财务报告准则研究会（CINIF）研究发布，并保持与国际财务报告准则的趋同，但墨西哥财政部从监管者角度对企业按照 CINIF 发布准则编制的财务报告进行监督检查。

墨西哥联邦政府下设墨西哥国家税务总局（Servicio de Administración Tributaria），负责财税服务和监管的机构，它隶属于墨西哥财政部。国家税务总局由管理委员会（主要决策制定机构）、11 名管理委员及单元、局长（由总统委任）构成。总局局长是沟通国家税务总局与其他联邦政府行政机构的桥梁。

（二）事务所审计

墨西哥对财务报表审计的要求因公司类型和规模有所不同。所有按照墨西哥法律组成的公司都必须聘任至少 1 名法定审计人员，以就年度财务报告向公司股东出具报告，法定审计人员并不一定是公共会计师，但当公司采用独立审计人员时，审计事务所的成员经常去充当法定审计人员。公司或合并集团达到一定标准时，他们必须每年向财政部的联邦税收审计司提交纳税合规性审计报告。该审计报告包括已经审计的财务报表、附表和由审计人员出具的未发现税法合规性方面异常情况的说明。

上市公司必须由独立的注册会计师（CPA）进行年度财务审计。许多其他组织也可能要求独立的注册会计师进行类似的审核或年度审核。所有审计均按照 MFRS 中规定的普遍接受的审计标准进行。

公司总收入超过 1 亿墨西哥比索，资产超过 7900 万墨西哥比索或至少300 名员工（纳税年度每月）可向税务机关提交由独立公共会计师编制的特别报告（财政部）。如果提交报告，税务机关将不按照一般原则进行审计，而是审查以验证审计是否正确执行。

（三）对外报送内容及要求

墨西哥对财务报表编制要求因公司类型和规模有所不同。私营企业无需公开披露其财务运营结果。银行和其他贷款机构根据自己的规定，要求企业发布年度或更频繁的财务报表。上市公司必须向股东提交年度经审计的财务报表，并在重要流通的报纸上公布其资产负债表和损益表。

上报时间要求：会计报告须按公历年度编制，于次年的 6 月 30 日前完成。

财报报表主要包含：资产负债表、损益表、股东权益变动表、财务状况变动表及附注。

财务报表必须调整通货膨胀的影响。该项调整额在股东权益变动表中予以列示。财务状况变动表的格式类似于现金流量表，分为经营活动、投资活动和筹资活动三个部分。然而，由于他也是按照不变的比索编制的，因而最终得出的现金"流量"并不代表历史成本会计所理解的现金流量。

附注是财务报表（审计报告所涵盖的）必要组成部分，它包括以下项目：公司会计政策、重大或有事项、巨额财产购买或租赁合同下的承诺、长期债券和外币风险的细节、股利发放限制、担保、职工养老金计划、关联方交易、所得税。

二、财务会计准则基本情况

（一）适用的当地准则名称与财务报告编制基础

墨西哥会计及财务报告框架是建立于多种法律的设置下，1934 年发布的《商业公司一般法》规定了提供给股东财务信息的基本规则。

墨西哥《宪法》第 5 条授予墨西哥公共会计师协会（IMCP）作为合法机构设定会计和审计标准。墨西哥公共会计师协会（IMCP）通过其审计和保证标准委员会发布审计标准，但是将会计标准的发展下放至墨西哥财务报告准则研究与发展独立委员会（CINIF）。墨西哥财务报告准则研究与发展独立委员会（CINIF）作为独立非营利性实体于 2001 年 8 月 21 日建立，旨在通过引导研究及相关活动来建立国家会计标准、发展及符合国际标准的墨西哥财务报表标准的发布。

根据 1995 年《国家银行和证券委员会法》，墨西哥国家银行及证券委员会（CNBV）确定了上市公司、经纪公司和银行的财务和报告要求。根据 CNBV 2003 年发行人的官方通告，受监管公司必须使用 CINIF 的会计准则提供经审计的年度财务报表和未经审计的季度报表，而上市公司将使用 IFRS。CINIF 发布与 IFRS 融合的墨西哥财务报告准则。尽管 CINIF 计划消除国家和国际标准之间的差异，但尚不清楚何时可以实现完全融合。

财务报表通常以下列两种格式之一表示：

（1）账户式。这是最常用的演示文稿；传统上，它横向显示资产的左侧，右侧显示负债和权益，或以垂直形式显示在此顺序中。在这种格式中，资产等于负债和股东权益之和。

（2）报告式。此格式垂直呈现：首先显示资产，其次包括负债，并在会计资本的第三个或最后一个位置。在这种格式中，股东权益等于资产减去负债之间的差额。

对不同资产类别使用不同的估值基准表明它们的性质或功能不同，因此，不同资产的估计基准必须作为单独的项目进行提供。

实体经营的正常周期是收购进入生产过程的资产与实现现金或现金等价物之间的时期。当操作的正常周期无法清楚识别或少于 12 个月时，应考虑短期为 12 个月。短期资产包括在正常经营周期内销售、消费或制造的库存和对客户应收账款等资产。

当报告期间结束时,财务报表的会计期间超过或少于一年时,除了财务报表所涵盖的期间外,必须披露这一事实,表明:使用少于或超过一年的期限的理由;财务报表中列报的金额不具有完全可比性。

(二)会计准则适用范围

根据墨西哥《联邦税收法》(1987年),超过一定规模的企业需向联邦税务机关提交年度财务报表以及由独立审计师出具的审计报告。企业提交的财务报告可以按照 CINIF 发布的墨西哥企业会计准则制定,也可以直接根据国际财务报告准则(IFRS)编制。为提高本国企业的国际竞争力,税务局鼓励企业直接按照 IFRS 编制财务报告。

会计准则的要求:所有的国内上市公司都需采用墨西哥会计准则。在墨西哥主板市场上市的外国公司必须依照以下其中一种会计原则编报财务报表:墨西哥会计准则和规定;国际会计准则;所在国适用的会计准则,但需对递延税款进行披露,并附财务报表的重述;美国公认会计准则。假如外国公司选择了墨西哥会计准则以外的准则,其财务报表必须包括附注,详细解释所用准则与墨西哥会计准则和规定之间的差异,使投资者能确切地了解两者之间的不同。

除此之外,墨西哥国家银行及证券委员会(CNBV)、国家保险委员会(CNSF)以及国家养老金委员会(CONSAR)被授权制定各自行业内的专门会计及审计标准。根据 1995 年的《国家银行及证券委员会法》,CNBV 制定了上市公司、代理人及银行的财务报告标准。根据 CNBV 于 2003 年颁布的正式指令,由其规定的企业需依据 CNBV 制定的会计准则提供经审计的年度财务报告以及未经审计的季度财务报告,而上市公司需根据国际财务报告准则编制其财务报告。

三、会计制度基本规范

(一)会计年度

在墨西哥,财政年度是日历年的 1 月 1 日至 12 月 31 日。

(二)记账本位币

会计核算以墨西哥比索为记账本位币。业务收支以墨西哥比索以外的货币为主的单位，可以选定其中一种货币作为记账本位币，但是编报的财务会计报告应当折算为墨西哥比索。

（三）记账基础和计量属性

会计处理基础有两种，收付实现制和权责发生制，收付实现制被大多数企业采用。会计计量属性主要包括历史成本、重置成本、可变现净值、现值和公允价值等。

（四）外币业务核算

在外币的会计处理时，以外币进行的交易按交易日的现行汇率确认。各报告期末，以外币计值的货币项目按该日的现行汇率重新换算。以外币历史成本计量的非货币项目不会重新换算。货币项目的汇兑差额于损益中确认，他们在损益表中的分类取决于他们的性质，与经营活动相关的波动产生的差异列于"其他支出"项下，而与融资活动等非经营活动相关的波动差异则作为"外汇收益（亏损）"。

对于恶性通货膨胀的经济环境，当地币的通货膨胀影响根据《国际会计准则第 29 号——恶性通货膨胀经济体的财务报告》进行确认，并随后使用该报告中确认的年终汇率换算为合并财务报表和合并利润表及综合收益表的墨西哥比索。

对于非恶性通货膨胀的经济环境，资产和负债使用年终汇率换算为墨西哥比索，权益使用历史汇率换算为墨西哥比索，利润表和综合收益使用每笔交易日期汇率的换算。如果汇率没有显著波动，则公司使用每月的平均汇率。

四、主要会计要素核算要求及重点关注的会计核算

（一）现金及现金等价物

就现金流量表而言，现金项目包括库存现金以及银行存款和现金等价物。

现金等价物是短期、高流动性证券，易于转换为现金，通过这种转换能力，可以最大限度地降低其价值变化的重大风险。例如贵金属和高流动性的金融工具。

高流动性金融工具是可以产生收益的现金等价物。如果它是关于持有至到期的金融工具，那么这些工具必须是非常短期的，自收购之日起不超

过 3 个月。例如隔夜存款、通知金账户和定期存款。

结算汇率是在金融市场认可的汇率以及由日常银行确定的汇率。

名义价值是以货币单位表示的票据、硬币、证券和工具的金额。公允价值是指熟悉市场情况的买卖双方在公平交易的条件下和自愿的情况下所确定的价格，或无关联的双方在公平交易的条件下一项资产可以被买卖或者一项负债可以被清偿的成交价格。

现金等价物的初始和后续确认计量：初始确认时的所有现金等价物必须按购置成本确认。以外币计量的现金等价物必须使用财务报表日的结算汇率换算。每次转换的影响必须在综合损益表中确认。

在资产负债表中，现金和现金等价物必须按照以下方式呈现：根据其重要性，不符合国际资产的当地货币或外币的现金和现金等价物可以在特定项目中以"其他资产"的形式呈现。

（二）应收款项

应收账款，涵盖了应收账款和其他应收账款，但未涉及某些具有金融工具性质的大部分账户。自初始确认后，须考虑货币价值，如果应收账款期限对现值的影响很重要，则必须根据该现值进行调整。CINIF 认为，当应收账款的全部或部分超过一年时，现值效应是重要的，因为假定在这些情况下有融资性质。

应收账款在相应收入确认时予以确认，这意味着同时确认预期无法收回的金额的估计。同样，其他应收账款在产生时予以确认。根据预期损失的变化，定期调整账款损失准备金。

本 NIF 处理的应收账款是无利息的，无论是明示还是暗示。因此，它们包括：短期应收账款和其他短期应收款。

（三）存货

存货指购买或生产产品时产生的购置或生产成本。存货按成本与可变现净值的较低者计量。可变现净值指存货的估计售价减去所有估计完工成本及进行销售所需的成本。公告 C—4 确定，在某些情况下，存货成本将根据"成本或市场价值，以较低者为准"，除以下情况进行修改：市场价值不得超过实现价值；市场价值不应低于净实现价值。NIF C—4 规定必须仅在净实现值的基础上进行修改。

（四）长期股权投资

长期股权投资是投资企业为了与被投资企业建立长期关系或为了自身的经营和发展而持有的被投资企业的权益投资。投资按照是否对被投资企业有单独控制、共同控制、重大影响等不同情况，分别使用成本法、权益法进行核算。

成本法适用的范围：企业能够对被投资单位实施控制的长期股权投资；企业对被投资单位不具有控制、共同控制或重大影响，且在活跃市场没有报价、公允价值不能可靠计量的长期股权投资。投资单位采用成本法时，长期股权投资的账面价值不受被投资单位盈亏和其他权益变动的影响。只有在被投资单位分配现金股利的时候，才确认投资收益，相应的调整长期股权投资的账面价值。

权益法适用的范围：共同控制；重大影响。权益法下，长期股权投资的账面价值受被投资单位的所有者权益变动的影响。长期股权投资的账面价值需要根据被投资单位的所有者权益进行调整。当所有者权益发生变动，投资单位的长期股权投资的账面价值相应进行调整。被投资单位实现盈利时，所有者权益的留存收益增加，投资单位的长期股权投资要调增，确认投资收益，发生亏损时，冲减长期股权投资的账面价值。在被投资单位分配现金股利的时候，被投资单位的所有者权益减少，所以要冲减长期股权投资，确认应收股利。被投资单位其他权益发生变动时，也需要调整长期股权投资的账面价值。

（五）固定资产

固定资产是纳税人用于开展活动的房地产、机械和设备等有形资产集合，并且随着使用而逐渐被损耗。

房地产、机械和设备初始按收购或构建成本入账，并按扣除累计折旧及减值准备（如果有）后在资产负债表中列报。与购建资产有关的借贷成本符合条件的可以资本化为该资产成本的一部分。大修理成本资本化为固定资产成本的一部分。日常维护和维修费用在发生时计入费用。

固定资产按购置成本，建造成本计价。购置成本包括以现金或其等价物支付的货物净价加上使资产达到预定可使用状态所需的所有费用，包括货款、进口成本、保险、安装费用等。

建筑成本包括其中建造过程中的直接和间接成本，如材料费、人工费、工程成本、监督和管理费用，专门为建造而取得的贷款在建造和安装资产期间产生的利息。资产达到预定可使用状态后所产生的利息计入当期费用。

在资产的预计使用年限内采用直线法计提折旧，如果房地产、机械和设备中包含具有不同使用年限的主要组成部分，则将其作为单独项目（主要组成部分）进行会计记账和折旧。公司考量资产的预计使用年限，并由此估计折旧率。主要资产的估计可使用年限如表 6-4-1：

表6-4-1 固定资产折旧年限表

资产类型	年限
房屋 Buildings	25~50 年
机械及工具 Machinery and equipment	10~20 年
配电装置 Distribution equipment	7~15 年
制冷设备 Refrigeration equipment	5~7 年
IT 设备 Information technology equipment	3~5 年
其他设备 Other equipment	3~10 年

折旧应自固定资产开始使用之日起计提，并计入成本或费用。如果设备在运营期间或安装完成后闲置，在类似合理的情况下，必须根据损失账户记录折旧。

虽然实际上固定资产和无形资产的应用非常相似，但会计技术确定前者折旧，后者摊销。折旧旨在以系统和合理的方式分配有形固定资产成本的会计程序，固定资产原值减去其处置价值后在预计使用年限内进行分配。因此，会计折旧是一个分配过程而不是估价过程。折旧可以基于时间或者单位出产。在这些标准中，根据公司的政策和商品特征，有几种替代方法，应采用最合适的方法。应该记住的是，LISR 确定的折旧率并不总是足以将总额分配到固定资产的寿命期间，比如作为财政激励措施的加速折旧，这种折旧计算和确认需与所述资产的估计寿命保持一致。

固定资产在处置时，账面净值加上处置成本与变现或处置价值的差额反映在当期损益中。当房地产、机器和设备长时间处于闲置状态但仍有可能投入使用时，这些资产必须在资产负债表的特殊项目中显示。是否继续计算这些资产的折旧以及折旧率选择取决于在这种情况下，闲置是否会影响其预估的使用寿命。

（六）无形资产

无形资产是那些可以识别的非货币性资产，没有实物形态，将产生未来的经济利益。无形资产定义中的要素，无论是内部产生的还是外部获得的，都应当满足：必须是可识别的；必须没有实物形态；必须提供预期的未来经济利益；必须可控制。

无形资产必须符合以上定义的所有要素。

净账面价值是无形资产的净余额，为无形资产以原值扣除累计摊销和减值准备后的余额在资产负债表中列示。

单独获得的无形资产必须符合前一段所列的确认标准。如果无形资产是单独、独立地从第三方获得的，则无形资产的成本通常可以可靠地估值。当购买的对价以现金或其他货币资产的形式出现时尤其如此。无形资产的购置成本必须包括：购买价格，包括进口关税和税款，不得退还。必须扣除任何折扣；直接归属于为使资产达到预定用途而发生的任何支付。直接支出应包括：使资产达到其使用条件而直接产生的雇员福利成本；为使资产达到预定用途而支付的专业费用；资产的正常运作的测试或验证的费用。

为了评估内部产生的无形资产是否有资格获得承认，需要：确定无形资产的存在；确定它将产生可能的未来经济利益的时间点；可靠地确定资产的成本。

为了确定内部产生的无形资产是否符合承认标准，必须在以下内容中对资产的生成进行分类：研究阶段；开发阶段。如果无法区分内部项目在研究阶段是否能最终形成无形资产，则必须将研究阶段的支出作为当期费用。

研究阶段。研究成本（或项目的研究阶段）应在该期间确认为费用。这是因为研究性质使得在研究阶段不足以确保未来的经济效益得到充分肯定。研究阶段中通常包括的一些活动示例如下：旨在获取新知识的活动；研究结果或其他知识的应用的搜索、评估和最终选择；寻找其他材料、工具、产品、工艺、系统或服务的替代品；制定、设计、评估和最终选择可能的替代方案，以改进材料、工具、产品、工艺、系统或服务。

研究成本（或项目的研究阶段）必须包括所有可直接归因于研究活动或可以可靠地分配给所述活动的研究成本。

研究费用包括：与聘用致力于研究活动的内部和外部人员有关的；研究活动中消耗的材料和服务的成本；除了用于特定研究之外没有其他用途的设备和设施的成本（扣除其剩余价值）以及房产、家具和设备的折旧，只要这些资产用于研究活动；与研究活动相关的一般行政费用以外的间接费用；其他成本，例如专利和许可证的摊销，以及这些资产用于研究活动的程度。

开发阶段。如果能够证明其符合以下所有标准，则开发或在项目开发阶段（产品或过程）的成本应确认为无形资产：从技术上讲，能够完成的无形资产，以供其使用或出售；有意和有能力生产，销售或使用该无形资产；确定无形资产如何产生未来经济利益是可行的；生产或加工有市场；有足够的技术、财务或其他资源可用于完成开发和使用或出售无形资产；无形资产已明确界定，产品或过程的成本可单独确定和估值。

当成本可能产生未来的经济利益并且可以可靠地量化这些收益时，这些成本就可作为资产确认。开发的无形资产的成本必须包括可直接归属于开发阶段的所有支出，或者可以在可靠和一致的基础上分配给该阶段的所有支出：创建、生产和准备资产以供其使用。

开发阶段的成本包括：与雇佣致力于发展活动的内部和外部人员成本；开发活动中消耗的材料和服务的成本；房产、家具和设备的折旧，只要这些资产用于开发活动；与开发活动有关的间接费用（一般的行政费用除外）的成本；资本化时，与为获得开发资产而获得的与融资相关的融资费用；其他成本，例如专利和许可证的摊销，只要这些资产用于开发活动。

无形资产的摊销金额必须在其估计使用年限内系统地分配，除非其无限期使用。被认为具有无限使用寿命的无形资产不予摊销，必须在期末进行减值测试。

无形资产所使用的摊销方法应反映资产未来经济利益的累计模式，如果无法可靠地确定该模式，则应使用直线法。每个期间的摊销费用应确认为费用。具有规定使用年限的无形资产的剩余价值必须视为等于零，除非：

第三方承诺，在其使用寿命结束时收购该资产；资产存在活跃的市场，并且剩余价值可以参考市场来确定，所述市场很可能在资产的使用寿命结束时存在。

如果资产的预计使用寿命与以前的估计存在显著差异，则必须根据新情况更改摊销期。如果资产的未来经济利益的预期模式发生重大变化，则应更改摊销方法以反映新模式。摊销期限和摊销方法的变更为会计估计变更。

无形资产原值减去累计摊销和减值损失后的净值在资产负债表中列示。

（七）职工薪酬

员工薪酬包括工资和薪酬、社会保险、员工利润分享、离职后福利、离职福利、员工股份支付等。

公司定期评估员工离职后长期福利计算中使用的假设的合理性。公司对与养老金和退休后医疗福利相关的员工福利承担各种劳动责任。

（八）收入

收入确认基本原则是在转移商品控制权时确认收入。按照该基本原则在满足以下条件时确认收入：

（1）本公司已向买方转让货物所有权的重大风险和报酬。

（2）公司既不保留持续的管理参与，也不保留通常与所有权相关的程度，也不保留对销售商品的有效控制。

（3）收入金额可以可靠地计量。

（4）与交易相关的经济利益很可能会流入公司。

（5）交易产生或将产生的成本可以可靠地计量。

风险和报酬转移通常发生在货物交付给客户时点。净销售额反映了扣除折扣、折让后的价格。

（九）借款

初步确认后，后期计息的借款以实际利率法按摊余成本计量。

摊余成本的计算方法是考虑购置的任何折扣或溢价，以借款所发生的费用或成本来计算。

（十）借款费用

部分资产需要相当长的一段时间才能达到预定用途或用于出售，直接归属于该种性质的购买、建造或生产合格产品的借款成本，应计入以上资产的成本中，直至以上资产本质上达到预期用途或可销售状态。借款费用包括利息和外币借款产生的汇兑差额。

基于合格资产的特定借款的临时投资所产生的利息收入，应从符合资本化条件的借款费用中扣除。

（十一）所得税

所得税采用递延所得税法，区分时间性差异和永久性差异，并根据性质确认递延所得税资产和负债，当期所得税费用等于当期应交所得税加递延所得税资产和负债的变动额。

（十二）政府补助

政府补助，是指政府以向一个企业转移资源的方式，来换取企业在过去或未来按照某项条件进行有关经营活动的那种援助。这种补助不包括那些无法合理作价的政府援助以及不能与正常交易分清的与政府之间的交易。政府补助，包括以公允价值计价的非货币性政府补助，只有在以下两条得到合理的肯定时，才能予以确认：企业将符合补助所附的条件；企业能够收到政府补助。

政府补助的会计处理方法主要有两种：总额法，在确认政府补助时将政府补助全额确认为收益，而不是作为相关资产账面价值或费用的扣减；净额法，将政府补助作为相关资产账面价值或补偿费用的扣减。政府补助可能采用将非货币性资产，诸如土地和其他资源转移给企业使用的方式。在这些情况下，对非货币性资产通常需要确定公允价值，并且对补助和资产均按公允价值进行会计处理。在资产负债表中呈报与资产有关的政府补助，包括以公允价值计价的非货币性补助时，既可将补助作为递延收益，也可以在确定资产账面价值时将补助额扣除。

第七章 纳米比亚税收外汇会计政策

第一节 投资环境基本情况

一、国家简介

纳米比亚共和国（英语：The Republic of Namibia），地处非洲南部，北与安哥拉、赞比亚接壤，东、南邻博茨瓦纳和南非。国土面积 824269 平方公里，居非洲第 15 位，世界第 34 位。南北长约 1300 公里，南窄北宽，东西宽 480~930 公里，海岸线长 1600 公里。全境处于南非高原西部，大部分海拔 1000 米以上，纳米比亚全国总人口 248 万（2016 年）。首都温得和克地处中部高原，海拔 1650 米，人口约 34.4 万人。该国官方语言为英语，通用阿非利卡语、德语和广雅语、纳马语及赫雷罗语。90% 的居民信仰基督教，其余信奉原始宗教。国家使用的货币为纳元（NAD）。

二、经济情况

纳米比亚是世界上海洋渔业资源最丰富的国家之一，铀、钻石等矿产资源和产量居非洲前列，其中矿业（矿产品 90% 出口）、渔业和畜牧业是纳米比亚经济三大传统支柱产业，种植业、制造业比较落后。2017 年纳米比亚 GDP 约为 132.45 亿美元[①]。自 2016 年以来，受国际大宗商品价格低迷和国内旱灾、基础设施薄弱等影响，经济陷入技术性衰退。为扭转当前困境，政府削减预算、减少开支，努力推动农牧产品出口和旅游创汇，积极发展工业园区。但受制于经济内生动力不足、政府效能低下等因素，经济运行前景尚不明朗，实现自主可持续发展任重而道远。

纳米比亚是世界贸易组织（WTO）成员，参加了南非非洲关税同盟（Southern African Customs Union，SACU）、南部非洲发展共同体（Southern African Development community，SADC）和南部非洲发展共同体自贸园区

[①] 数据来源：纳米比亚历年 GDP 数据 https://www.kuaiyilicai.com/stats/global/yearly_per_country/g_gdp/nam.html。

（SADC Free-Trade Zone）。其中，南部非洲发展共同体自贸园区成立于 2008 年 8 月，目标是在 2008 年实现 SADC 内 85% 的贸易零税率，剩余的 15% 到 2012 年实现自由化，并正式成立自贸区（Free-Trade Area）。

2005 年纳米比亚签订了《非洲增长与机遇法案》（Africa Growth and Opportunity Act，AGOA）。2007 年底与欧盟签订了《临时经济伙伴协定》。纳米比亚是普惠制（Generalised System of Preferences，GPS）的受惠国。

三、外国投资相关法律

纳米比亚法律法规较为健全，与投资合作经营有关的法律法规有《进出口管制法》《关税和货物税法》《投资促进法》《外汇管制法》《公司法》《非洲增长机会法案》《投资法》《国家开发公司法》《离岸发展公司法》《劳工法》《1995 年农业（商业）土地改革法》《2002 年公共土地改革法》《土地法》《纳米比亚环境管理法案》等。

外国企业和个人在纳米比亚开展投资活动，主要依据《纳米比亚投资促进法》[①] 开展。国际通行的投资方式如直接投资、参股经营、并购及上市，以及对 BOT[②]、TOT[③] 等投资形式均可以接受。纳米比亚对外国自然人在当地开展投资合作的规定宽松，自然人可以进行大部分的投资合作活动。纳米比亚对外商投资组织形式没有限制，代表处、子公司、分公司、有限责任公司等均有设立；对现汇投资、设备投资、技术投资等均无限制。

《劳工法》[④] 规定，对于外籍劳务人员，除非有实际投资，否则很难获得工作签证。除华人企业外，在纳米比亚就业的外籍员工机会很少，是否符合测试条件一般由用人单位决定，移民局在办理签证和工作许可时要求提供相应的技术资格证明。在建筑行业，纳米比亚法律规定，普通劳动力（labour）以及半技术工（semi-skilled）必须雇佣当地居民。

纳米比亚政府的《出入境管理办法》规定，外籍人员入境分为旅游者入境、短期入境、长期入境和永久居留四种情况。旅游者取得入境签证即

---

① 《纳米比亚投资促进法》：2016 年由纳米比亚商贸部颁布。

② BOT：英文 Build-Operate-Transfer 的缩写，即兴建—经营—移交。

③ TOT：英文 Transfer-Operate-Transfer 的缩写，即移交—经营—移交。

④ 《劳工法》：2013 年由劳工部颁布。

可单次出入境，另外三种必须经移民局审批同意后方可生效。

纳米比亚政府规定，要在纳米比亚从事贸易和就业的外籍人士必须取得工作签证、工作许可或者永久居留权的任何一种证明。

工作签证（Work Visa）。受派遣需要在纳米比亚短期工作的可以申请工作签证，一般为 3~6 个月，提交申请后 7~14 天取得，可以续签 1~2 次，一般取得入境签证后到移民局办理。

工作许可（Work Permit）。当需要在纳米比亚长期工作时，需要申请工作许可，有效期 1~2 年。工作签证续签同样需要提供资料，需要 3~6 个月审批时间，更换工作单位需要重新报批。

永久居留权（Permanent Residence）。取得永久居留权需要满足两种条件：一是连续六年（包括第六年）在纳米比亚取得工作签证连续合法工作并在纳米比亚有房产或者工作五年后达到退休年龄的；二是在纳米比亚投资 200 万纳元以上、长期雇佣 10 个工人以上并为他们购买社会保险、本人在纳米比亚持有有效工作许可两年且置有房产的。审批时间为 6 个月至 1 年。

四、其他

纳米比亚是南非关税同盟成员国，包括博茨瓦纳、莱索托、斯威士兰和南非，起主导作用的是南非。1994 年颁布了《进出口管制法》，但其外贸管理以同盟统一外贸政策为核心，主要内容为：成员国所生产的商品彼此自由流通，无关税配额限制。各成员国进口关税由南非统一收取，按各国的进口额，每年从总关税收入中向各成员国分配。关税同盟设关税同盟委员会，一般情况下每年开一次会，讨论关税的分配和税率的调整等事宜。纳米比亚每年从关税同盟中能分配到约 8 亿兰特，约占其财政收入的 1/3。

另外，纳米比亚对外资实行国民待遇，给予外商投资批准证书。为鼓励加工制造业发展和鼓励出口创汇，制定有"加工制造业和出口商激励机制"和"出口加工业资格企业（EPZ）"优惠政策。在对外出口方面，享受美国《非洲增长机会法案》（AGOA）给予的 77 种原产地商品免税出口美国市场优惠，与欧盟依照《坎努协定》给予的免税出口欧盟市场的优惠。

第二节　税收政策

一、税法体系

纳米比亚借鉴的是英联邦税收制度，并于 1981 年出台第一部《所得税法》，1993 年颁布了《印花税法》、1998 年颁布了《关税和货物税法》，2000年 10 号法令颁布实施《增值税法》，此后各项法案历经数次修订。其中《所得税法》和《增值税法》构成纳米比亚主要税法，是税收收入的主要来源。2009 年修订出台《个人所得税法》，2012 年颁布了《预提所得税法》，各项法案的出台、实施及修订，丰富完善了纳米比亚的税收制度。纳米比亚还与 11 个国家签署了避免双重征税协定，包括博茨瓦纳、法国、德国、印度、马来西亚、毛里求斯、罗马尼亚、俄罗斯联邦共和国、瑞典、英国等。目前尚未与中国签订相关的税收协定。

二、税收征管

（一）征管情况介绍

纳米比亚财政收入的 90% 依靠税收。税收权主要集中在中央，地方各级政府权力有限。财政部下属分税种税收征管部门管理征税，各审计、会计师、律师事务所对纳税人定期监督、检查。政府收入主要依靠的税种是所得税、增值税和关税。

（二）税务查账追溯期

因税务机关适用税收法律、行政法规不当或者执法行为违法，致使纳税人、扣缴义务人未缴或者少缴税款的，税务机关在三年内可以要求纳税人、扣缴义务人补缴税款，但是不得加收滞纳金。

因纳税人、扣缴义务人非主观故意的计算公式运用错误以及明显的笔误，未缴或者少缴税款的，税务机关在三年内可以追征税款、滞纳金，每月以应交税额的 10% 收取滞纳金，另外每年收取 20% 的利息；有特殊情况的，追征期可以延长到五年。

对偷税、抗税、骗税的，税务机关追征其未缴或者少缴的税款、滞纳金或者所骗取的税款，不受前款规定期限的限制，补缴和追征税款、滞纳金的期限，自纳税人、扣缴义务人应缴未缴或者少缴税款之日起计算。

（三）税务争议解决机制

纳米比亚税务争议解决机制主要有以下三种方式。

协商解决。纳税义务人若对税务机关的处理决定不服，可以书面形式向税务机关提出异议。纳税义务人应本着严肃认真的态度，详细说明其异议的合理依据和理由，税务机关就纳税义务人提出的异议，根据效率与公正原则，合理修正所做出的处理决定或者否决纳税义务人的异议。这种方式的优点在于蕴含平等、协商理念，减少或者消除税务机关与纳税义务人之间的矛盾，有利于双方加强沟通与理解。

税务仲裁。纳米比亚设立专门的税务仲裁机构，对于税务争议事件，税务专员和纳税义务人可提出申请召开听证会，对税务争议事件进行聆讯与审理。

税务行政诉讼。税务行政诉讼是通过司法途径解决税务纠纷的一种制度安排，是以法院为主体的司法审查活动。在仲裁结果通知之日起 30 日内，税务专员或者纳税义务人对税务仲裁机构的仲裁结果有异议的，可由仲裁机构人员将上诉呈交至特别法院，由特别法院受理。对特别法院审理结果仍有异议的，可上诉至纳米比亚最高法院。

三、主要税种介绍

（一）企业所得税

1. 征税原则

纳米比亚是所得来源地税法体系，如果纳米比亚与外国居民企业所在国签订了双重税收协定（DTA），则该实体只有在纳米比亚建立了常设机构（PE），才需要在纳米比亚征税。如果建立了常设机构，则只有属于常设机构部分的收入将在纳米比亚纳税。而没有在纳米比亚注册的非居民企业可能需要被征收预提所得税。

2. 税率

纳米比亚企业所得税的基本税率为32%(2015年起),对于硬岩矿企业适用37.5%的税率,钻石矿开采企业适用55%的税率,石油开采和生产企业适用35%的税率,长期保险公司一般适用12.8%的税率,注册制造商(仅适用于注册的前十年)适用18%的税率。

3. 税收优惠

加工制造业企业和产品出口企业均可以享受"加工制造业和出口商激励机制"规定的有关优惠,凡是取得"出口加工业资格企业"(EPZ)资质的可以进一步享受更大的税收和补贴优惠:

表7-2-1 纳米比亚外资企业优惠税率和补贴

企业类别	注册的制造企业	制造品出口商	出口加工区资质企业(EPZ)
注册及资格取得	从事制造业的企业,向贸易与工业部提出申请由财政部批准备案	从事制造产品出口的企业,不论产品是否产在纳米比亚,财政部递交申请并批准注册	从事制造、组装、分装、包装的企业将产品出口到南部非洲关税同盟以外的市场。向出口加工区委员会提出申请或者通过近海开发公司或出口加工区管委会申请批准
公司所得税	优惠税率为18%,优惠期限十年,之后恢复到正常税率35%	出口产品所得给予80%的津贴	全免
增值税	进口和购买自用机械设备免交	正常待遇	全免
印花税、转让税	正常待遇	正常待遇	免交
税赋优惠包干	可通过谈判确定包税		
建筑特殊津贴	厂房建筑所交税款第一年减免20%,余款每年退8%,十年退完	不适用	不适用
运输补贴	陆路运输总费用25%的补贴	不适用	不适用
出口促销补贴	应税收入减按75%计征	不适用	不适用
培训激励措施	应税收入减按25%~75%计征	不适用	根据政府批准的项目据实报销

续表

企业类别	注册的制造企业	制造品出口商	出口加工区资质企业（EPZ）
工业研究	提供 50% 的费用	不适用	不适用
现金补助	对政府批准的出口促销活动给予 50% 的现金补助	不适用	不适用

数据来源：《纳米比亚对外投资合作国别（地区）指南》2017 年版。

4. 所得额的确定

企业所得税的计税依据是企业的应纳税所得额。依据的是企业在经营过程中，产生的各种收入扣除各种成本、免税收入、弥补亏损等得到的利润。收入是指在纳税年度里来源于纳米比亚境内或视同来源于纳米比亚境内的现金或其他形式实际收到或确认的收入。

亏损弥补年限。只要纳税人（企业）不停止经营，该纳税人某一纳税年度发生的亏损可在以后年度无限期结转弥补。

5. 反避税规则

（1）关联交易。企业与关联方之间的收入和资本性交易均需符合独立交易原则，其中《所得税法》中提及关联企业双方因往来贸易或者服务建立的一种长期合作关系，企业与关联方之间的交易要符合公平交易原则。

（2）转让定价。当企业与关联方之间的（国际）交易不符合公平交易原则时，适用转让定价规则。一般采用的转让定价规则主要有：可比非受控价格法（CUP）、再销售价格法（RPM）、成本加成法（CPLM）及其他符合独立交易原则的方法。近年来纳米比亚当局也在关注关联企业商品贸易的转让定价，以求在各类商品交易中引进可比性原则，为不受控的商品价格增加可比性，一定程度上限制关联企业间税收逃避的情况。

（3）资本弱化。纳米比亚《税收操作指南》（LexisNexis Practical Guide to Tax in namibia）第 27 条 Thin Capitalisation 中提道：对于非居民企业向居民企业关联方或者持有 25% 以上（含）股权的其他企业提供债务性贷款的，若其贷款金额与该居民企业相关的权益性资本不成规定比例（如超过了 3∶1 的债资比例，该比例为南非和本地交易控制采纳的标准），那么对超额部分的贷款利息将不允许扣除。在评估公司资本弱化比例中，仅考虑带息的股东债务（Interest Bearing Shareholder Debt），而对免息股东债务（Interest-Free Shareholder Debt）不考虑。另外需要注意的是，除了资本弱化比例规定之外，在判定合格债务的利息率是否正常时，运用转让定价准则也是有必要的。

6. 征管与合规性要求

（1）独立纳税。纳米比亚没有集团合并纳税的制度，要求企业单独申报纳税。

（2）企业所得税期间及纳税年度。纳税年度与公司的会计年度期间相同，企业可根据自身情况去税务机关自行选择注册。

（3）企业所得税预缴。企业所得税预缴是企业所得税的延伸，根据评估当年度收入成本情况，预估当年的利润，从而推断出企业所得税缴纳区间，并预先进行缴纳。企业所得税预缴涉及两部分：第一部分是在每年的 4 月 30 日前预缴部分企业所得税，原则上预缴的金额不得低于当年实际企业所得税的 40%；第二部分是在每年的 10 月 31 日前预缴第二次企业所得税，原则上第一次和第二次预缴的总额不得低于当年实际企业所得税的 80%。缴纳金额低于上述比例要求，需要书面进行合理解释，否则将遭受相应的罚款。

（4）企业逾期申报或者未申报要受到罚款（100 纳元 / 天）及相应罚息。

7. 预提所得税（Withholding Tax）

针对纳米比亚企业支付各项服务咨询、利息、特许权使用费等费用给非居民企业（或者境外企业）。境外企业向纳米比亚境内企业提供服务，境内企业向银行申请付款时，银行会按规定从服务费中预提 10% 用于境内企业向税务局申报缴纳，剩余 90% 的款项汇付境外企业。服务费主要包括以下四种情况：娱乐招待费（如运动员、音乐家、舞蹈家、演员）、咨询管理服务费、咨询管理费（如管理费、技术费、咨询费或与之类似服务的费用）、非当地的办事处负责人或者董事酬劳。利息是指除了支付给纳米比亚的公司或信托机构以外由纳米比亚的银行或信托机构支付的所有利息。特许权使用费包括使用任何专利、设计、商标、版权或其他类似性质的资产或任何电影版权或任何科学、技术、工业或商业知识。以上三种事项都涉及预提税，当月事项在下月 20 日之前申报缴纳。

（二）增值税

1. 征税原则

2000 年 11 月 27 日起，纳米比亚引入增值税以取代以前实行的销售税和销售税附加。《增值税法》规定：增值税是对在纳米比亚境内就产品（货物）和服务在生产的每个阶段、分销链或进口所增加的价值收取的。其中货物包括有形动产、土地、建筑物和其他固定组织或工作、部门权利产品、股票组合计划的股权等，服务包括版权协议、专利和著作权的出售；因取消合同而接受的法院之外的赔偿或损失协议；建筑、工程、法律、会计和所有其他类似的服务；俱乐部的会员关系等。征税对象为地区或地方当局、自然人、公司、合伙企业、董事会或信托机构。

2. 计税方式

采用一般计税，依据的是应收款项产生的销项税抵减应付款项产生的进项税差额，针对的是纳米比亚所有类型的企业。企业需开具有纳税人名称、地址、纳税人识别号等一系列相关信息的增值税发票。

3. 税率

增值税的标准税率为 15%，进口环节增值税税率 16.5%（需填写进口增值税申报表）。部分商品和服务适用零税率，其中适用零税率的部分商品和服务主要有：不作为集邮品供应的邮票、小麦粉或玉米粉的供应、新鲜的干豆、向日葵食用油、油炸或处理动物脂肪用于制备食品、面包和蛋糕面粉、白砂糖以及新鲜牛奶、提供殡葬承办服务、慈善机构、儿童之家、老人院或孤儿院提供的货品或服务、纳米比亚境外使用的任何知识产权的备案、起诉、授予、维护、转让、转让、许可或执行等。

4. 增值税免税

在纳米比亚增值税免税范围主要有：直接出口商品、一般关联供应中的出口服务、国际运输船只的修理、保养、清洁或重装、辅助货物的进口、运输和出口的服务、为住宅用途的土地和建筑的销售以及住宅房的建立、电力和自来水的供应及居民住户废物和污水的处理、汽油、柴油和煤油供应、非食用小麦、邮寄和通讯、牲畜供应、因重新安置而使用的农用土地、自来水的供应或通过当地水务局的自来水供应、为残疾人作为设施而设计的货物供应、特定食品的供应、医疗服务的供应及医院提供的服务供应、长期住房租赁和特定福利机构提供的住宿、公共交通服务和教育服务等。

5. 销项税额

销项税额是一般纳税人在销售货物或提供应税劳务时，向购买方收取的货物增值税税额。

6. 进项税额抵扣

纳米比亚《增值税法》规定可以抵扣的进项税必须满足如下要求之一：有纳税人识别号的增值税发票；进口票据；税收支付的票据。其中《增值税法》第19条规定如下情形不允许抵扣：招待（包括食物、香烟、住宿、娱乐休闲活动、宴请等）；专门设计和为搭乘9人及以下乘客的客车，包括双排座车；俱乐部、协会、健身团体、社团及其他娱乐性质组织的会员费；石油产品。

7. 征收方式

增值税的计税依据是应收款项产生的销项税抵减应付款项产生的进项税的差额，留抵余额不能申请退税，只能用于以后抵扣销项税额，留抵期限不能超过4个月。

8. 征管与合规性要求

每年逢双月交税，在双月（2月、4月、6月、8月、10月、12月）的25日之前。逾期申报、未申报以及逃税将被处以最高200%的罚款。

（三）个人所得税

1. 征税原则

居民纳税人和非居民纳税人须就所有来源于或视同纳米比亚的所得（非资本性质）纳税，其中居民纳税人不论其收入来源如何。居民纳税人指的是通常居住在纳米比亚的自然人，非居民纳税人指的是在纳米比亚工作等取得收入的外国人。个税起征点为：年度收入5万纳元，年度收入低于5万纳元的，免征个人所得税，年度收入即：居民与非居民纳税人每一年度所有来源于或视同在纳米比亚的所得（非资本性质）。

2. 申报主体

纳米比亚实行自我评税制，以个人为单位进行申报，配偶须就其所得分别纳税，于每月20日前申报缴纳，纳税年度为当年3月1日至次年的2月28日。

3. 应纳税所得额

纳米比亚税法规定，个人应纳税所得额为个人取得的各项收入减去税法规定的扣除项目或扣除金额后的余额。个人取得的各项收入包括：工资薪金及相关补贴，在纳米比亚从事贸易取得的服务收入，纳米比亚常住居民暂时离境期间提供服务取得的收入，纳米比亚居民从世界各地的建筑协会获得的分红，以及纳米比亚居民从世界各地的存款、贷款、参与债券或证券获得的利息、退休金和养老金、因停止营业或选举而由养老金转移至退休金中一次性支付、来自单一的保险费捐款（投资）或类似保险政策或特殊教育政策的收入、纳米比亚常住居民从已购年金中获得任何年金收入等。

4. 扣除与减免

纳税人年度收入未达到个人所得税起征点免征个人所得税。

其他免税情况包括：除了纳米比亚的公司，由信托人、受益人的合伙人或债权人支付或分派的利息；来自贷款、存款、带息证券或在纳米比亚境外持有或获得的建筑协会股份（为国外业务）的利息；因离职获得的特定金额的遣散费等。

可在税前扣除的情况包括：个人向经批准的养老基金、公积金和退休年金基金和教育政策相关的供款（总额不得超过 4 万纳元）；个人的医疗费用不得扣除（雇主可扣除其负责支付的雇员医疗费，但有一定限制）。

5. 税率

个人所得税税率采用超额累进税率。

表7-2-2　个人所得税税率表

序号	年收入（单位：纳元）	税率
1	0~50000	0%
2	50001~100000	18%
3	100001~300000	25%
4	300001~500000	28%
5	500001~800000	30%
6	800001~1500000	32%
7	1500001 及以上部分	37%

数据来源：《纳米比亚对外投资合作国别（地区）指南》2017 年版。

6. 征管与合规性要求

纳税年度为每年的 3 月 1 日至次年的 2 月 28 日。

纳税申报要求：①领取工资薪金的个人必须在每年 6 月 30 日之前进行纳税申报，雇主按月在支付给雇员薪资时扣缴其个人所得税。②从事经营或农业活动获得收入的个人必须登记为预缴纳税人，非农户个人须在每年的 8 月 31 日和次年的 2 月 28 日前分两次预缴税款，农户须在每年的 2 月 28 日前一次性预缴税款。最终个人所得税的纳税申报表须在 9 月底前提交给税务局。

纳税人逾期申报或未申报的将被处以多种处罚。纳税人逾期申报纳税，情节较轻的，将罚款 300 纳元，情节严重的，每月征收逾期未缴税额 10% 的罚款，利息按年利率 20% 征收；纳税人未申报纳税，最高可处以 200% 的罚款。

（四）关税

1. 关税体系和构成

1998 年纳米比亚颁布了《关税和货物税法》，其财政部下属的海关总署负责海关监管，其总部下设行政管理处、电脑统计处和法律及技术服务处。管理处负责人事管理、内部监管和税收征管。统计处负责海关数据自动系统管理。服务处负责海关立法、国际协作、调查缉私、海关分类、估价、审计和具体技术性监管。表 7-2-3 为可能涉及的税目及收费：

表7-2-3　清关关税税目表

编号	清关关税等税种	中文翻译	税率	税基
1	Import Duty	进口关税	税率依据进口货物决定	成本＋保险费＋运费（CIF）
2	VAT	进口增值税	15%	CIF+进口关税
3	ENV Environmental Tax	环境污染税	税率取决于货物品种，系统依据货物品种自动测算税率。如轮胎、车辆等	对于车辆轮胎，每个征税 10 纳元；对于电灯丝灯泡，每个征税 3 纳元；对于车辆，每千米二氧化碳排放量超过 120g 的，每增加 1g 征税 40 纳元。

数据来源：《纳米比亚对外投资合作国别（地区）指南》2017 年版；纳人报：https：//www.namibian.com.na/152861/archive-read/Environmental-tax-to-start-on-Monday。

2. 税率

纳米比亚是南部非洲关税同盟（SACU）的成员，该联盟致力于协调纳米比亚、莱索托、博茨瓦纳、南非和斯威士兰的关税制度。成员国之间没有关税壁垒，成员国协商制定共同的关税计划。关税税率如表7-2-4：

表7-2-4　关税税率表

货物种类	税率
新鲜或冷冻的牛、羊、猪、鱼肉等	15%~40%
黄油及其他动物来源性油、乳制品、蜂蜜等	20%~30%
观赏性植物	20%
冷冻或晒干的蔬菜制品	10%~30%
新鲜或者冷冻保存的水果、果干	5%~20%
油籽和产油果实；杂粮、非播种用种子工业或药用植物；稻草和饲料	10%~20%
餐前食物；饮料、酒和醋；烟草和烟草制品的替代品	20%~50%
谷类、面粉、淀粉或牛奶；糕饼师傅的产品	20%~30%
咖啡、茶或垫料的提取物、香精和浓缩物等	5%~25%
烟草	15%~45%
稻草及其他材料编织制造品	20%
棉花及棉花制品	15%~39%
采购产品鞋类，头饰，伞，太阳伞，手杖，坐垫、鞭子；羽毛制品；人造花；假发	30%~50%
家具	20%~26%

数据来源：《Government Gazette of the republic of namibia》。

3. 关税免税

南部非洲关税同盟成员国之间的商品服务自由流通，无关税和配额限制。其他关税免税的范围包括：活马、驴、骡子、小鹿、牛、羊、鱼、活禽等可食用动物；动物来源性产品；根茎类植物；新鲜蔬菜（包括马铃薯、洋葱、大蒜、茄子等）；绝大部分咖啡、茶及它们的伴随产品和香料；用于播种的种子、水果和孢子;动物饲料;盐、硫、石头、抹灰材料、石灰和水泥;绝大部分矿石和矿渣;绝大部分化工类产品;维生素和激素;医疗器械;染料、油漆、油墨等;石材、石膏、水泥、石棉、云母等材料制品;银、铜、铁、锌等。

4. 设备出售、报废及再出口的规定

纳米比亚目前暂无设备出售及报废征收关税的相关规定。税务实务操作中,企业进口设备按照《关税法》中税率的要求足额缴纳关税。企业设备出售、报废时,只需在纳米比亚交通信息管理处(NATIS)办理物权转让或者消除档案等手续。《关税法》规定,对于以临时进口的名义短期进口再出口的设备物资,要提前向海关进行报备,包括停留时间等,进口时先缴纳关税,出口时再进行退税。

(五)企业须缴纳的其他税种

房产税。税基为购置房产的协商价格,税率为12%,在房产购置时由购置方一次性缴纳。

印花税。是根据1993年颁布的《印花税法》书立凭证征收,印花税的范围包括:抵押或者公证合同、转让契约、租赁协议、合作协议等,税率为0.5%。另外对于不动产转让,费率为1%。在书立凭证时或者3周之内缴纳(贴花),逾期将处应税额2~3倍的罚款。

职业教育经费。依据每月评估出来的公司人员薪酬缴纳1%的职业教育培训费。公司鼓励员工自费参加职业教育培训,成绩合格者,可凭合格证书及自费培训收据至纳米比亚培训总局(NTA)申请退款。税率为1%,应在每月20日之前申报缴纳。

(六)社会保险金

1. 征税原则

社会保险对雇员的产假、病假和死亡提供保险,业主和雇员各缴纳保险费用的50%。雇主必须到社保委员会登记,必须将年龄低于65岁的雇员登记,即使他们只工作了2天以上。雇主登记后即取得一个登记号,雇员得到自己的社保号码。每月底到次月的30天之内缴纳上月的费用:雇主和雇员分别缴纳工人全月所得的0.9%,总额不低于5.4纳元,不超过162纳元。

2. 外国人缴纳社保规定

外国人在纳米比亚工作需要缴纳社会保险金，目前中国政府和纳米比亚政府未签订社保互免协议，中方人员在岗缴纳的社保金在离开纳米比亚时无法申请退还。

第三节　外汇政策

一、基本情况

纳米比亚是南非兰特共同货币区成员（包括南非、纳米比亚、莱索托和斯威士兰四国），执行南非《外汇管制法》统一规定，与该区以外的外汇交易受管制，该区内部成员国之间不受限。只允许被授权机构（指经纳米比亚中央银行授权的商业银行）买、卖、借、贷外汇。纳元是纳米比亚流通货币，由于纳米比亚是兰特货币区成员国，南非兰特在纳米比亚可以等值流通，纳元尚不可自由兑换，汇率等值南非兰特，因此纳元没有独立的汇率政策，走势完全依赖南非兰特的走势，汇率变动比较大。

在纳米比亚，外汇必须用于所申报目的。可向银行申请向国外支付进口和服务用汇、支付国外费用等。

外资企业可凭注册文件等向当地银行申请开立外汇账户，手续比较简单。贸易利润和投资红利可向开户银行申请后汇出，但要求提供完税证明；如果公司有当地银行借款，则需向纳米比亚中央银行提出申请，并需提供审计报告证明该项汇款是正常利润而非处置固定资产等所得。

二、居民及非居民企业经常项目外汇管理规定

（一）货物贸易外汇管理

进口货款必须在货物装运后支付，可根据合同支付预付款；出口货款必须在货物装运后半年内收讫，特殊情况可申请延长；国外代理佣金可根据出口价格的 定比例支付；远期付汇条件一般为一年，根据需要可同商

业银行协商。

（二）服务贸易外汇管理

由境外企业提供服务性质的贸易，款项汇出时需要对方企业提供服务类型发票，合同等资料，按规定缴纳预提税，报央行审批同意后方可汇出。

（三）跨境企业外汇进出管理

纳米比亚政府对外国投资者和跨国经营公司在当地取得和使用外汇进行严格的控制，具体由纳米比亚央行进行监督管理。

（1）外汇收款方面，外国投资者和跨国经营公司从境外汇入外汇款项要事先向纳米比亚央行提出申请，经央行核准后方可汇入外汇。保存好央行的核准文件和当地银行出具的外汇收款收据等相关凭据可在未来时间内汇回等额的外汇。

（2）外汇付款方面，下列几种情况可以购汇汇出：境外投资款和境外借款，凭此前的核准手续，可以购汇汇出；支付进口设备款等物资款项时，可以凭海关核准的申报单据原件，报经纳米比亚央行批准后可以用当地币购买外汇并汇出；可以向境外总部汇回完税利润和汇付部分劳务薪酬所得。

凭当地会计师事务所出具的审计报告和当地主管税务机关开具的纳税凭据，可以向境外总部汇回完税利润，但是需要缴纳 10% 的资本利得税。

凭纳米比亚税务机关核发的个人所得税税号和主管税务机关开具的个人所得税缴税收据，外国劳务人员可以将其个人薪酬所得的 2/3 购买外汇，并且可以汇往境外。

三、个人外汇管理规定

有关外国人携带现金出入境的规定主要包括：入境时，非居民可最多携带等值 10 万纳元；对外币和旅行支票，在入境时携带超过 10 万纳元等值的外币需要进行申报，无金额限制；出境时，非居民可最多携带 10 万纳元；对外币和旅行支票，在入境 12 个月之内必须离境，最多可携带入境时申报的金额。

因为属于货币共同区，在纳米比亚、莱索托、南非和斯威士兰四国之间，出入境携带现金没有任何限制。

第四节　会计政策

一、会计管理体制

（一）财税监管机构情况

在纳米比亚注册的企业如果有经济业务发生，均需按照国家法律（《公司法》《关闭公司法》《信用协议法》）、国家会计准则体系要求建立会计制度进行会计核算。财政部下设机构税务局对各种纳米比亚注册企业进行监管及征税。

（二）事务所审计

纳米比亚《公司法》第 11 章规定，所有在纳米比亚注册成立的公司必须编制年度财务报表。所有在纳米比亚注册的公司都必须提交经过特许经营的会计师事务所审计的年度财务报表给主管税务局。该法案也规定了财务报表的基本内容和形式，并要求公司的财务报表每年进行一次审计。

（三）对外报送内容及要求

会计报告中主要包含以下内容：①企业基本信息，行业分类、经营范围、股东情况、公司地址、银行账户信息、税务登记号等。②企业经营情况表，资产负债表、所有者权益表、利润表、现金流量表、附注等。③披露信息，收入类、成本类、费用类、资产类、权益变动。④关联交易中，采购定价相关的证明材料及交易申明。

上报时间要求：财务报表须按照企业选定的会计年度编制，于会计期间结束后半年内完成，并提交纳米比亚税务局。

二、财务会计准则基本情况

（一）适用的当地准则名称与财务报告编制基础

ICAN 作为纳米比亚特许会计师协会，是纳米比亚的官方会计准则制定机构。2005 年 ICAN 发布与国际会计准则（IFRS）相关的纳米比亚公认会计准则（GAAP）第 1/2005 号通函，采用了国际会计准则（IFRS）标准。该通函规定自 2005 年 1 月 1 日起采用 IFRS 标准出具的财务报表有效。鉴于新标准使用初期，纳米比亚特许会计师协会规定了三年的过渡期。纳米比亚特许会计师协会负责为纳米比亚企业会计实务的应用进行解释。

（二）会计准则使用范围

所有在纳米比亚注册企业均需要按照国际会计准则进行会计核算并编制报表。

三、会计制度基本规范

（一）会计年度

公司会计年度为 12 个月会计期间，该会计期间通常是日历年，但可以在任何月份开始，由企业自行选择注册。

（二）记账本位币

企业会计系统必须采用纳米比亚官方语言英语和法定货币纳元（简称 NAD）进行会计核算。

（三）记账基础和计量属性

国际会计准则规定：企业以权责发生制为记账基础，以复式记账为记账方法。

国际会计准则规定，企业可以采用的计量基础包括：历史成本、现行成本、可变现价值、现值。

会计信息应具备的特性有：相关性、忠实表述性、可比性、可验证性、及时性、可理解性。

四、主要会计要素核算要求及重点关注的会计核算

（一）现金及现金等价物

现金和现金等价物以资产形式列于资产负债表中。现金包括库存现金，银行活期存款，现金等价物指期限短、流动性强、易于转换成已知金额的现金，并且价值变动风险很小的投资。

（二）应收款项

应收款项泛指企业在日常生产经营过程中发生的各种债权，是企业重要的流动资产。主要包括：应收账款、应收票据、预付款项、应收股利、

应收利息、其他应收款等。

应收款项作为金融工具，初始确认按公允价值计量，后续计量按摊余成本计量。企业应当在资产负债表日对应收账款的账面价值进行检查，有客观证据表明该应收账款发生减值的，应当计提减值准备（坏账准备）。

（三）存货

存货根据《国际会计准则第 2 号——存货》进行会计处理，存货的初始成本由使存货达到目前场所和状态所发生的采购成本、加工成本和其他成本所组成。发出存货成本计算方法：个别成本具体辨认法；先进先出法；加权平均法。存货的后续计量按账面成本与可变现净值中的低者来加以计量。

（四）固定资产

国定资产根据《国际会计准则第 16 号——不动产、厂房、设备》进行会计处理，如果与该资产相关的未来经济利益很可能流入主体且资产的成本能够可靠地计量，则应确认为资产。

不动产、厂房和设备按取得时的成本进行初始计量。其后续计量通常采用选择成本模式，即账面金额应为其成本扣减累计折旧和累计减值损失后的余额。如果后续发生严重通货膨胀条件下，采用重估价模式，即账面金额为该资产在重估日的公允价值减去随后发生的累计折旧和累计减值损失后的金额。在重估计模式下，应定期进行重估，并且特定类别的资产所有项目都应该重估。

资产负债表日，应确认不动产、厂房和设备项目的可收回价值，如果发生减值，应确认减值准备。

（五）无形资产

无形资产根据《国际会计准则第 38 号——无形资产》进行会计处理，无形资产一般包括专利权、非专利技术、商标权、著作权、土地使用权、特许权等。无形资产通常按实际成本计量，即以取得无形资产并使之达到预定用途而发生的全部支出，作为无形资产的成本。

无形资产初始确认和计量后，在其后使用无形资产期间内应以成本减去累计摊销和累计减值损失后的余额计量。要确定无形资产在使用过程中的累计折旧额，基础是估计其使用寿命，使用寿命有限的无形资产需要在估计使用寿命内采用系统合理的方法进行摊销，如果有迹象表明他们可能已经减值，则应进行减值测试；对于使用寿命不确定的无形资产则不需要摊销，但每年资产负债表日应进行减值测试，确定是否有减值必要。

（六）职工薪酬

职工薪酬根据 2011 年版《纳米比亚共和国政府公报》规定，纳米比亚企业职工薪酬实行最低工资标准，要求核算所有支付给职工的各类报酬，包括行政管理人员、普通员工、临时性雇佣员工、职工代表、提供服务的企业合伙人。该法案规定企业必须给工人年假、产假、服务性津贴、年终奖、社会保险等条款。

（七）收入

收入根据《国际会计准则第 15 号——客户合同收入》进行会计处理，其核心原则是，主体确认的收入应反映其向客户转移已承诺商品或劳务，其金额为预计有权向客户收取的该商品或劳务的对价。该准则要求进行广泛的披露，包括收入的分解、关于履约义务的信息、合同资产和负债各期余额的变动以及关键判断和估计。采用五步法模型，具体包括：

识别与客户之间的合同。合同可以是书面的、口头的或由商业惯例默示，但必须可强制执行并具有商业实质。当主体很可能收取其有权收取的对价时，本模型适用于与客户之间的每一个合同。在评估是否很可能收取时，主体只考虑客户到期支付对价的能力和意愿。符合特定的条件时，主体可以将与同一客户同时或接近同时签订的两个或多个合同合并，并且将这些合同作为一个单一合同进行处理。

识别合同中的单独履约义务。一旦识别了合同，主体须评估条款和商业惯例，从而识别哪种承诺的商品或劳务，或是哪组承诺的商品或劳务应当作为单独履约义务进行处理。识别一项单独履约义务的关键决定性因素在于该商品或劳务，或是该组商品或劳务，是否可明确区分。如果客户能够单独从该商品或劳务获益或将其与易于获得的其他资源结合在一起获益，且该商品或劳务可与合同的其他承诺区分开来，那么该商品或劳务就是可明确区分的。每种可明确区分的商品或劳务都将是一项单独履约义务。

确定交易价格。交易价格是指主体预计有权取得的对价金额，包括：①对可变对价的估计（例如，因折扣或奖励而变动的对价），应采用概率加权期望值或最有可能的金额，具体选择取决于哪种方法能更好地预测主体有权取得的对价金额；②货币的时间价值的影响，如果存在对合同而言重大的融资成分；③非现金对价的公允价值；④应付客户对价的影响，例如代金券和优惠券。

将交易价格分配至单独履约义务。一般情况下，主体应按照单独售价的相对比例将交易价格分配至各项单独履约义务。在确定单独售价时，只要有可能，主体就必须使用可观察的信息。如果单独售价不可直接观察，那么主体需要根据可合理获取的信息进行估计。可合理获取的信息包括，经过调整的市场评估法或是预期成本加成法。只有当商品或劳务的单独售价具有高度的可变性或不确定性时，才能使用余值法。

在主体履行履约义务时确认收入。主体通过将承诺的商品或劳务的控制权转移给客户来履行履约义务，这可以在一段时间内或在某一时点发生。履约义务的履行通常在某一时点发生，但是若符合以下条件之一，履约义务的履行在一段时间内发生：

（1）客户在主体履约的同时取得并消耗由主体履约所提供的利益。

（2）主体的履约行为创建或改良了一项资产，并且客户在资产被创建或改良的过程中控制该资产。

（3）主体的履约并未创建一项对于主体而言可用于替代用途的资产，并且主体就迄今为止已完成的工作有取得付款的可执行权力。

收入应按照控制权转移的方式进行确认。分配至某一时点履行的履约义务的收入将在与履约义务有关的商品或劳务的控制权被转移时确认。如果履约义务是在一段时间内履行的，分配至该履约义务的收入将在履行履约义务的期间内，使用能够最佳体现控制权持续转移方式的单一方法进行确认。

（八）政府补助

政府补助根据《国际会计准则第20号——政府补助和政府援助的披露》进行会计处理。其中"政府补助"是指政府通过向主体转移资源，以换取主体在过去或未来按照某种条件进行有关经营活动的援助；"政府援助"是指政府在专门对符合一定标准的某个主体或某一范围的主体提供某种经济利益的行动。由于政府补助是由股东以外的资金来源取得的，所以不应该直接贷记股东权益，但应该在适当期间内确认为收益。

与资产相关的政府补助，包括以公允价值计量的非货币性补助，在财务状况表中列报，可以将补助款作为递延收益，或在确认资产账面金额时扣除政府补助款。与收益相关的政府补助，确认收益的期间应与补助所弥补的有关费用相配比。与资产相关的政府补助，一般按这些资产计提折旧的比例在各会计期间内确认为收益。

（九）借款费用

借款费用根据《国际会计准则第23号——借款费用》进行会计处理，借款费用是指企业因借款而发生的利息及其相关成本。借款费用包括借款利息、折价或者溢价的摊销、辅助费用以及因外币借款而发生的汇兑差额等。

直接归属于相关资产的购置、建造或生产的借款费用，应作为该项资产成本的一部分予以资本化。当借款费用可能为企业带来未来经济利益并且该费用能够可靠地计量时，应将其作为资产成本的一部分予以资本化。其他借款费用应在其发生的当期确认为费用。

对于为获得某项符合条件的资产而专门借入的资金，符合资本化条件的借款费用金额为本期内发生的实际借款费用减去任何以该借款进行临时性投资所取得的投资收益。

（十）外币业务

外币业务根据《国际会计准则第21号——外汇汇率变动的影响》进行会计处理，外币交易在初次确认时，应按交易日报告货币和外币之间的汇率将外币金额换算成报告货币予以记录。

在每一个报告期末，外币货币性项目应按期末汇率折算；以历史成本计量的外币非货币性项目应按交易发生日的汇率折算；以公允价值计量的外币非货币性项目应按公允价值计量日的汇率折算。由于在折算货币性项目时采用不同于折算前期财务报表所用的汇率而产生的差额，应在其形成的当期计入损益。

如果一项非货币性项目产生的利得或损失在其他综合收益下确认，该项利得或损失的汇兑部分也应当在其他综合收益下确认，相反，如果其利得或损失直接计入损益，该项利得或损失的汇兑部分也应当直接计入损益。

（十一）所得税

所得税核算采用资产负债表债务法，企业应根据资产负债表比较资产、负债的账面价值与计税基础并以应税利润为基础确认计算当期所得税及递延所得税。

当期所得税根据由税前会计利润按照税法规定的标准表格调整计算（工程企业主要涉及的是会计折旧与税法资本减免的调整）或由税务局核定而得到的当期应纳税所得额，乘以适用的税率计算得出。因资产或负债的账面价值与计税基础不一致形成的未来期间可收回或应付的税款应确认递延所得税资产或递延所得税负债。

所得税费用根据当期应交所得税、预缴或被预提的所得税、递延所得税资产或负债等分析填列，年末余额结转至本年利润。在纳米比亚的企业应在财务报告附注中披露历年的所得税缴纳情况。

本章资料来源：

◎ Companies Act，Income Tax & Tax Planning

◎ Government Gazette of the republic of namibia

◎《纳米比亚税务实用指南》（2012 年）

◎（增值税法案）（2000 年）

◎ 纳米比亚共和国—外国税收减免和税收协定

◎ 国际会计准则

◎ 纳米比亚对外投资合作国别（地区）指南（2017 年）

◎《纳米比亚有关经贸信息告知工作》

◎《纳米比亚经商须知》

◎ 纳米比亚公认会计准则（GAAP）

◎ 纳米比亚电信财务报表

第八章　尼泊尔税收外汇会计政策

第一节　投资环境基本情况

一、国家简介

尼泊尔联邦民主共和国（英语：Federal Democratic Republic of Nepal），简称尼泊尔。南亚山区的内陆国，位于喜马拉雅山脉南麓（属青藏高原南底），北与中国相接，其余三面与印度为邻。喜马拉雅山脉是中尼的天然国界，包括珠峰在内，世界十大高峰有八座在中尼边境。全国总面积 14.7 万平方公里，总人口约为 2850 万人。尼泊尔兰毗尼是佛教创始人释迦牟尼的诞生地，古尼泊尔境内有很多国家，1769 年尼泊尔统一，建立沙阿王朝。18 世纪后期，尼泊尔王国向中国清朝皇帝进贡。2008 年 5 月，尼泊尔废除君主制，改国号为尼泊尔联邦民主共和国，延续近 240 年的沙阿王朝宣告终结。尼泊尔为农业国，80% 的人口从事农业生产，是世界上最不发达的贫困国家之一，国民人口中 80.6% 是印度教徒，其余为佛教徒、穆斯林等。国语为尼泊尔语，英语为官方语言。尼泊尔周日到周五为工作日，周六为公休日。每年 5 月 29 日为尼泊尔的共和国日。

尼泊尔货币为尼泊尔卢比（NPR），印度卢比对尼泊尔卢比保持固定汇率（联系汇率），买入价为 1.6 尼泊尔卢比，一旦印度卢比与美元或者人民币的汇率波动，尼泊尔卢比与他们的汇率也随之波动。

尼泊尔采用一套独特的法律制度。尼泊尔法律制度包括称之为"穆鲁吉艾恩"（Muluki Ain）的民法大典以及其他成文法，也包括成文宪法。尼泊尔法律制度采纳了"普通法"的某些原则，但是，尼泊尔的法律制度本身是独一无二的。尼泊尔最高法院的决定和判决被记录下来并视为先例，并在法律方面对未来案件和争端具有约束力。

根据《宪法》、法律和公认的司法原则，尼泊尔司法的相关权力由法院和其他司法机构执行，例如法庭和准司法机构。尼泊尔法院分为三级，即尼泊尔最高法院、高等法院和地区法院。加德满都设有一个最高法院，各个省会城市分别设有一个高等法院，每个行政区设有一个地区法院，共 75 个地区法院。关于高等法院，尼泊尔政府（GON）正计划在除各省会城市之外的其他地方设立独立的法庭，以方便裁决争端。

二、经济情况

尼泊尔为农业国，经济落后，是联合国确定的 48 个最不发达国家之一。尼泊尔经济严重依赖外援，预算支出的 1/3 来自国外捐赠和贷款。据 2017 年 4 月，尼泊尔统计局发布财年经济概览，将 2015—2016 财年 GDP 增速按可比价格计算修正为 0.01%，创下近 30 多年来最低增速，同时初步预测 2016—2017 财年 GDP 按现行基础价格为 22939.89 亿卢比，根据尼泊尔政府公布的该财年美元兑卢比 106.10 汇率计算，约合 216.21 亿美元，预测 GDP 增速按可比基础价格计算为 6.94%，创下 23 年来最高增速。根据尼泊尔统计局公布数据，2016—2017 财年尼泊尔的 GDP 构成是：第一产业（农业）对 GDP 的贡献为 30.00%，同比增长 5.32%，第二产业（工业和建筑业）的贡献为 14.01%，同比增长 10.97%，第三产业（服务业）的贡献为 55.99%，同比增长 6.90%。据尼泊尔中央银行公布 2016—2017 财年有关经济数据，该财年消费者价格通胀率为 4.5%，通胀水平降至近 12 年以来最低。因信息不足，标准普尔、惠誉国际及穆迪等机构未对尼泊尔进行主权债务评级。[①]

尼泊尔由于地理环境特殊，其南部平原大部与印度交界，北面与中国以喜马拉雅山脊为界。尼泊尔参与了南亚区域合作联盟（现为轮值主席国，成员国为南亚 7 国，巴基斯坦、马尔代夫、不丹、孟加拉国、印度、尼泊尔、斯里兰卡），77 国集团，不结盟运动和国际货币基金组织成员国，其于 2003 年加入世界贸易组织（WTO）。

三、外国投资相关法律

《1992 年外国投资和技术转让法案》形成了外国投资管理的法律和适用的条例和法规。在尼泊尔，外国公司必须注册为外国投资者或具有商品和服务进出口许可证。外国投资需要政府批准，但技术转让没有限制。工业

---

① 数据来源：https://new.qq.com/omn/20180207/20180207G14L8K.html。

管理司对项目建议书进行评估，对固定资产 10 亿尼泊尔卢比以内的工业企业直接授予许可。对固定资产超过 10 亿尼泊尔卢比的工业企业，工业管理司向工业促进委员会提交推荐书，由工业促进委员会批准，并在收到申请书 30 日之内向申请人反馈工业促进委员会的决定。在审批投资许可时，工业管理司详细说明投资者拥有的设备或获得的资格。工业管理司设在工业、商业和供给部。

政府已经为外商投资设定优先领域。鼓励外国投资的主要行业为能够提供适当技术、促进资本流入、产生技术专长、引导更高管理标准、创造就业机会、提高生产力、扩大出口的行业。政府建立了某些区域作为工业区，并且为在这些区域或政府的土地上建立的企业给予了一些优惠。工业和商务部外国投资促进部门指定了一些行业作为国家优先行业，其他一些行业为可发展行业。

《1992 年工业企业法案》规定外国股权投资的工业企业不会被政府收归国有，体现了保护公司、反对国有化的精神。《1977 年土地征用法》赋予政府权利，可以因为公共福利收购任何土地的权利。但《1991 年尼泊尔宪法》承认了财产权利，保证任何私有财产在被政府收购时，应按照收购时的市场价值进行补偿。

尼泊尔签署了多边投资担保协议。尼泊尔的大多数外国投资者来自印度，受 1950 年 5 月签订的《印度和尼泊尔和平友好条约》特别保护。这可以保证印度公民与尼泊尔公民在优惠与合同授权方面以及参与工业和经济发展方面享受平等待遇。

外国人在尼泊尔收购不动产是受限制的。外国人购买不动产必须获得政府的许可。迄今为止，只有外国大使馆被允许购买不动产。《1964 年土地相关法案》限制了个人或公司可以拥有土地的最大数量。当一个公司已经证明需要更多土地时，可以放宽限制。茶产业、农业农场、园艺农场、动物农场、糖工厂、生态农林行业、酒店和度假村已经放宽限制。知识产权保护为了防止知识产权被侵犯，按照《1965 年专利、设计、商标法案》，专利和商标应该向工业管理司登记注册。除了是世贸组织的成员，尼泊尔也是工业产权保护巴黎公约、专利合作条约和伯恩公约的签约国，同时也是世界知识产权组织和联合国教科文组织（UNESCO）的活跃成员。

尼泊尔《劳动法》中涉及外国人的规定主要有：①任何单位（含外资企业）招聘、雇佣职员或工人，尼泊尔人有优先权；②任何单位（含外资企业）雇佣的外国雇员或工人，应具有尼泊尔人没有或不能相比的专长或经验；③用人单位雇佣外籍员工，应通过劳动雇佣促进局为其获取工作许可证；④企业解雇人员时，首先应解雇外国人而不是尼泊尔人；⑤在尼泊尔工作的外国人需由用人单位为其到移民局申请和续签工作签证；⑥在尼泊尔工作的外国人在获得劳动雇佣促进局批准后可把收入所得的75%汇回本国。

尼泊尔是劳务输出国家，对外籍劳务人员的签证管理较为严格，原则上仅为具备尼泊尔人没有的专长或经验的外籍人员发放工作签证和商务签证。即使如此，获得签证的审批流程和时间均较长。

《中华人民共和国政府和尼泊尔王国政府关于对所得避免双重征税和防止偷漏税的协定》及议定书于 2001 年 5 月 14 日在加德满都正式签署，双方分别于 2003 年 11 月 12 日和 2010 年 12 月 2 日互相通知已完成协定生效所必需的国内法律程序。根据协定第二十八条的规定，本协定及议定书自 2010 年 12 月 31 日起生效，适用于 2011 年 1 月 1 日或以后开始的纳税年度中取得的所得。

四、其他

自 20 世纪 90 年代初实行市场经济以来，尼泊尔政府颁布了《1992 年外国投资和技术转让法》《1992 年工业企业法》等法案，为吸引国外投资提供了依据。根据法令，取消外资最低投资额度限制；允许建立外商独资企业；除个别规定区域外，允许在任何区域投资。为了配合 2012 年年初发布的《经济繁荣发展行动计划》（Immediate Action Plan on Economic Development Prosperity），尼泊尔政府计划与包括中国和卡塔尔在内的五个国家签署双边投资保护和促进协议（BIPPA），这是尼泊尔政府首次主动提出与其他国家签订双边投资保护和促进协议。此前，尼泊尔已与印度、英国、法国、德国、毛里求斯、芬兰等六国签订该协议，但除印度外，目前与上述国家的双边投资额都较小。据联合国《2017 年世界投资报告》数据，2016 年，尼泊尔吸引的外国直接投资约合 1.06 亿美元。尼泊尔与 17 个国家签署了双边贸易协定，在贸易量和贸易关系方面，其中最重要的是与印度的贸易条约。作为孟加拉湾多部门技术经济合作计划（BIMSTEC）组织成员，尼泊尔是 BIMSTEC 自由贸易区框架协议签署国之一，在更高的水平上刺激成员国贸易和投资，吸引 BIMSTEC 以外的外来贸易和投资。其他成员是孟加拉国、不丹、印度、缅甸、斯里兰卡和泰国。尼泊尔也是南亚自由贸易区（SAFTA）多边协定的成员国。南亚自由贸易区（SAFTA）是由南亚区域合作联盟（SAARC）国家组成的自由贸易区。近几年来，中国企业和个人赴尼泊尔投资呈大幅增长趋势。据尼泊尔工业局统计，截至目前，中国企业和个人在尼泊尔投资项目数量已经超过印度，居外国对尼泊尔投资首位。投资领域包括水电站、航空公司、建材、餐饮服务、中医诊所等。由于尼泊尔政局不稳，基础设施缺乏，各地频发罢工等因素，目前中资企业在尼泊尔投资的项目面临诸多挑战。但从发展来看，投资者也取得了先期占领市场的优势。因此，扎实做好项目的可行性研究，全面评估各种风险，充分做好应对准备，尼泊尔市场还是大有可为的。

2014 年 12 月 17 日，两国签署了《中华人民共和国商务部和尼泊尔政府财政部关于在中尼经贸联委会框架下共同推进"丝绸之路经济带"建设的谅解备忘录》。为了更好地保障中国投资者在尼泊尔的投资利益，中国正在积极与尼泊尔商签双边投资促进保护协定。此外，中国正在积极推动边境口岸及道路建设，加强互联互通，深化双边金融、通讯、航空领域合作，提升中资企业和个人赴尼泊尔投资便利化水平。随着中尼经贸关系持续健康发展。2015 年，中尼双边贸易额为 8.66 亿美元，中方对尼泊尔非金融类直接投资为 3203 万美元，中国已成为尼泊尔第二大贸易伙伴和主要投资来源地。

第二节　税收政策

一、税法体系

尼泊尔的税款征收由中央政府与地方政府负责。尼泊尔政府税收管理部门直属财政部管辖，包括尼泊尔国家税务局（Inland Revenue Department Nepal，简称 IRD）和海关总署（Department of Customs）等。尼泊尔税收分为两种类型：直接税收和间接税收。直接税收分为个人纳税和企业纳税。间接税分为商品生产流通税和商品进口纳税。公司需缴纳所得税、在所得税之外单独开征的资本利得税、关税、增值税、消费税及一系列的税费（比如：房屋地产登记费、地方发展税、旅游服务费、车辆税、道路建设维修费、通信服务费、农业改革费、健康服务税、教育服务税、财产税等）。所得税征管由《所得税法案》（2002 年）和《所得税规则》（2002 年）规定执行。尼泊尔国家税务局（IRD）及海关总署为该国主要税收征管部门，土地改革管理部下属的土地税收局为房屋土地登记费的征管机构。货币计量为尼泊尔卢比（NPR）。

尼泊尔主要税收法规有：《所得税法》（2002 年）和《所得税规则》（2002 年）；《增值税法》（1996 年）和《增值税规则》（1996 年）；《消费税法》（2001 年）和《消费税规则》（2001 年）；《海关法》（1962 年）和《海关规则》（1962 年）；《车辆税法》（1974 年）；《欠税清理委员会法》（1976 年）；《税务审判法》（1974 年）。

二、税收征管

（一）征管情况介绍

尼泊尔政府税收管理部门直属财政部管辖，包括尼泊尔国家税务总局（Inland Revenue Department Nepal，简称 IRD）和海关总署（Department of Customs）。国家税务总局：全国设有 22 个税务办公室，加德满都谷地有 7 个。海关总署：全国设有 30 个海关（含海关总署），最重要的有 7 个。

国家税务总局管理范围包括收入所得税、增值税、消费税、车辆税，以及娱乐费（电影发展费）、特殊费和版税等，同时监管如股息、特许权收入等政府的未税收入。职能是为纳税人提供服务、审计和实施税收，具体包括：税收管理（所得税和增值税）；税收政策；收税服务；登记注册；征收税款；税收审计；强制税收和调查；检查和诉讼；退税；宣传税法；税收条约和国际税收；消费和酒精管理；未税收入监管。

海关总署管理范围是进出口关税。职能包括：外贸管制（控制非法国际贸易）；征收关税；国家贸易和关税政策顾问；执行财政政策；根据财政部指示减免税；处理商品分级和征税的所有问题；对地方海关工作进行检查和审计；控制边境违法行为；落实《海关法》和其他有关法律；阻止和检验走私及商业欺诈；促进对外贸易；指导本系统职员和贸易社团的培训；与有关国际组织保持联络；为有关机构提供信息；外贸统计的汇编和发行。

（二）税务查账追溯期

因税务机关的责任，致使纳税人、扣缴义务人未缴或者少缴税款的，税务机关在五年内可以要求纳税人、扣缴义务人补缴税款，但是不得加收滞纳金。

因纳税人、扣缴义务人计算错误等失误，未缴或者少缴税款的，税务机关在五年内可以追征税款、罚金（应缴税额的 50%~100%），尼泊尔子公司或尼泊尔分支机构在补缴税款时还需要按月缴纳滞纳金，滞纳金的年化费率为 15%。

对偷税、抗税、骗税的，税务机关追征其未缴或者少缴的税款、滞纳金或者所骗取的税款，不受前款规定期限的限制。

（三）税务争议解决机制

尼泊尔处理税收争议的主要部门：IRD（尼泊尔税务局主管部门–税务总局）、LTO（纳税大户办公室，尼泊尔税务局分支机构）、Tribunal（税收争议裁决庭）、Supreme court（尼泊尔最高法院）。《外国投资与技术转让法》（FITTA）对解决争端有特别规定。该法案要求当事方互相商讨解决争端。固定资产或资金投资少于 5 亿尼泊尔卢比的企业，如遇争端无法经商讨解决的情况，可通过联合国国际贸易法委员会仲裁，仲裁应在加德满都进行。同时，尼泊尔法律也在仲裁过程中适用；固定资产或资金超过 5 亿尼泊尔卢比的企业，可根据合资协议或股份购买协议解决争端。

税务争议解决基本流程：

（1）LTO 出具评估报告初稿。自报告签收之日起，纳税人需在 15 天时间内回函 LTO，确认最终评估结果；这期间如不同意评估报告初稿，同样在 15 天内取证，向税务局提交证据回函，申请修改评估报告。

（2）LTO 出具最终评估报告。自签收最终评估报告之日起，纳税人需在 30 天（第一个 30 天）时间内在两者间做出选择：接受 LTO 最终评估报告，全额缴纳税款；在 IRD 申请行政复议。若选择第二项，可以在以上基础申请最多再延迟 30 天进行审理，即从接收 LTO 评估报告终稿到完成行政复议手续之间最多 60 天。如果提出行政复议延期申请需在第一个 30 天终了后 7 天内以书面形式向 IRD 提交申请函，即在接收 LTO 评估报告终稿之日起 37 天内进行。若选择第二项，则需要缴纳税款保证金：对于无争议事项的税款，全额以货币资金缴纳；对于有争议事项的税款，按 1/3 比例货币资金缴纳，本阶段税务局不接受保函。

（3）IRD 行政复议。如果按法定程序税务总局需在纳税人提交行政复议辩证函之日起 60 天内作出最终决议，但实践中税务总局自主决定何时作出决议，并不受法定程序约束。纳税人如果在这 60 天期满后可以选择继续等待至今决议下发为止，也可越过税务总局直接向 Tribunal 申请上诉，但申请上诉意味着放弃行政复议的裁决。自签收行政复议最终决议之日起，纳税人需在 35 天内在两者之间做出选择：接受 IRD 行政复议决议，并缴纳税款；在 Tribunal 提起诉讼。若选择第二项，可以在以上基础申请最多延迟 30 天，即前后总共 65 天时间准备提交诉讼辩证函。若选择第二项，需要按争议税款的 1/2 缴纳税款保证金（已在 IRD 缴纳的 1/3 包含在内）。本阶段可以保函代替货币资金。

（4）Tribunal 裁决。Tribunal 一般需花费两年时间来完成最终判决，但没有明确的法定约束。自签收 Tribunal 裁决之日起，项目部需在一段时间内在两者之间做出选择：接受 Tribunal 裁决；在最高法院起诉。若选择第二项，可以在以上基础申请最多延迟一段时间开庭。Tribunal 做出的裁决在税务总局来说并不具有最终效力。若 Tribunal 做出对纳税人有利的裁决，税务局如果不认可，税务局也会将项目部上诉到最高法院。

（5）最高法院判决。最高法院会参考采纳 Tribunal 的决议，它可以选择直接接受 Tribunal 的决议、驳回纳税人诉讼，也可以接受项目部提起诉讼。最高法院不会考虑实际情况，仅依据法律法规判决。纳税人根据法院最终判决进行处理。

三、主要税种介绍

（一）企业所得税

1. 征税原则

尼泊尔实行属地税制，尼泊尔企业所得税属于传统模式，即利润在企业征税后，当其以股息分配给股东时，股东又要被征税，没有归集抵免规定，整个过程无豁免。企业所得税的纳税人为公司或境外公司在尼泊尔境内的常设机构。公司是指依尼泊尔《公司法》成立的企业。下列机构在税收上也被视为公司：

（1）根据现行法律建立的法人团体。

（2）除合伙企业、独资公司（注册或未注册的）或基金之外的任何非法人团体、委员会、机构、社会或群体。

（3）拥有 20 个及以上的合伙者的合伙公司（无论是否在现行法律下注册的）、退休基金、合作社、单位信托基金、合伙企业。

（4）境外公司。

（5）由国家税务局规定的境外机构。

此项概述仅限于在尼泊尔境内注册成立的上市公司或非上市公司以及在境外成立的实体上市公司或非上市公司，无论其为居民企业或非居民企业。这些实体都被视为公司。

2. 税率

居民企业适用的企业所得税税率为：一般企业适用 25%，特定行业是30% 或 20%。符合条件的企业减按较低的税率征收。股息、利息、租金、特许权使用费和其他非积极性的收入如销售或转让房屋、建筑物、土地使用权和转让公司股权的所得无特殊优惠政策，由接受服务企业代扣代缴。具体税率如表 8-2-1：

表8-2-1　境内公司所得的特定支付款预缴率

收入项目	预缴率
股息	5%（最终的）
利息	15%
产权使用费	15%
租金	10%（最终的）
技术支持服务费	15%
自然资源费	15%
飞机租赁费	10%
投资保险费	5%（最终的）
合同或租赁超过 50000 卢比的支付款	1.5%

居民企业是指依法在尼泊尔境内成立且定居于尼泊尔，或者其实际管理机构位于尼泊尔境内的公司。此外，居民个人在尼泊尔境内所设常设机构也应按与居民企业相同的方法纳税。

3. 税收优惠

《所得税法案》与《工业企业法案》2038 修正案（1992 年）对税收优惠做出了规定。税收优惠包括税收减免、加速折旧和特定扣除，具体内容如下。

（1）来自尼泊尔境内特定企业的所得，在下列实施日期开始可以享受优惠税率：每年为超过（含）600 个尼泊尔人直接提供日常就业岗位的行业，可享受原应税税率 90% 的折扣；全年若为 300 个及以上的尼泊尔人提供就业则可享受 10% 的所得税减免；全年为 1200 个及以上的尼泊尔人提供就业的企业或为 100 个及以上尼泊尔人提供就业且其中三分之一为女性或某些社会民众（贱民）或残疾人的可享受 20% 的所得税减免；偏远地区、不发达地区以及发展地区的企业分别能享有十年 70%、75%、80% 的原适用税率的折扣；从事信息通信科技的企业且直接为尼泊尔人们提供 500 个及以上就业岗位的可享受 90% 的税率折扣；信息科技行业的某些企业或集团；投资基础设施建设部分（如：道路、桥梁、机场及隧道）带来的所得，其 40% 可免征所得税；以当地原材料生产的出口产品可享受 25% 的退税；位于技术园、生物技术园或信息技术园区内的软件开发、数据处理、网吧和数字绘图企业可减免 50% 的税收；2014 年 8 月 24 日前投建以及在 2018 年 4 月中投产的水电项目可享受十年的全额减免，其后还能享受五年的 50% 的税收减免；雇佣 30 个及以上尼泊尔人的特殊信息技术企业可享受 90% 的所得税减免；乡村作坊可免除消费税、所得税及增值税；在公司与政府达成基础设施建设协议的情况下，该公司在协议所含时间内有权享有税收相关优惠。

（2）下列企业可扣除的固定资产折旧率可大于法定折旧率 33%：完全从事特定行业的企业（如：制造业，但香烟、比迪烟、咀嚼烟、khaini 烟生产商或其他以烟草为原材料的类似产品制造商或者是酒精、啤酒及其他类似性质的厂商除外）；修建道路、桥梁、隧道、索道及浮桥的企业；制造电力公交车或电车的企业；年度收入来源于出口的企业；完全从事建设—经营—转移模式的公共基础设施建设工程、发电、输电、配电的企业。

（3）国有企业，例如农业及以森林为基础的企业、节能减排设备生产企业、固体废弃物处理企业等从企业经营之日起享有七年 50% 的税收减免；固定资产值在 2500000 卢比及以上且建址在特定区域的水果处理、苹果酒及葡萄酒厂享有十年消费税及增值税减免；以水果为基础的果酒厂同样享有五年的税收减免，豁免可延长三年；以大豆及油葵籽为原料的国内油料生产企业在上述商品进口时享有 80% 的关税减免；投资污染控制或对环境影响最小的设备或生产线带来的所得享有 50% 的减免；来自任何企业的股息都不征税；任何由技术或产品研发及效率提高产生支出的企业都能扣减其净收入总额的 10%；出口利润不征税；为职工及雇员提供的长期福利如住房、人寿保险、卫生设施、教育及培训所产生的支出都能扣除；如果其他行业利用当地现有的原料，化工原料和包装材料等，若已缴消费税或增值税则应予以退还；资本为 100000000 卢比且直接提供 500 个及以上就业岗位的企业，自其运营之日起享有五年税收 100% 减免的优惠，且接下来的三年也将减免 50%；对于已经营业的企业，其资本增至 100000000 卢比，装机容量（installed capacity）增长 25%，且提供 500 个及以上的就业岗位的，由装机容量增长所带来的收入享有五年税收 100% 减免的优惠，且接下来的三年也将减免 50%；与旅游有关或资本投资在 200000000 卢比以上的国际航空公司享有五年税收 100% 减免的优惠，且接下来的三年也将减免 50%；若其资本增至 2 亿卢比且装机容量增长 25%，由装机容量增长所带来的收入也能享有五年税收 100% 减免的优惠，且接下来的三年也将减免 50%。

4. 所得额的确定

（1）收入范围。企业收入年度的应纳税所得主要来源于以下两个方面：商业经营、投资。通常，对每一主要来源的应纳税所得净额都进行分别计算后再加总得到应纳税所得总净额。每一主要来源的所得有着不同的计算规则，正当支出、损失以及资产折旧允许扣除。税收上对商业所得采用的是权责发生制，但有的商业所得则采用的预期实现制。

投资所得是指由投资所产生的利润与利得，以及公司下述所得：由投资所产生的任何股息、红利、自然资源费、租金、产权使用费、投资保险利得、未经审批的退休基金利得或获批退休基金的退休金；超过折旧基础的所得，其中折旧基础包括处置折旧所投资资产的支出；投资上所得的赠与；作为接受投资能力受限的报酬；法律规定的其他所得。

《所得税法案》规定投资是指持有或投资一项或多项性质类似的资产，且将其集中利用的行为，但下列情况除外：为个人所用的资产持有，非经营性计收资产除外；雇佣或商业。

投资所得在收入取得年度征税，且加总至总应税所得的计算中。共同所有的投资所得则以其各自收益所占比例进行分摊纳税。

（2）由经营活动或投资活动产生的亏损。为计算任何纳税人在任何所得年度内由任何经营活动或投资活动获得的收入，相关人员可扣除以下亏损：上述人员由任何其他经营活动产生的且在当年未扣除的亏损；上述人员由任何其他经营活动产生的且未在过去七个所得年度内扣除的亏损。

但对于将会转让给尼泊尔政府的基础设施建设和运营项目、发电厂建设项目、发电和电力输送项目和根据《尼泊尔石油法案（第 2040 号）》完成的石油工程，在过去 12 个所得年度内未扣除的任何亏损均可进行扣除。

任何人员产生的来源于国外的且未扣除的任何亏损仅可在计算上述人员获得的来源于国外的收入时进行扣除，在获得任何免税所得的过程中产生的且未扣除的亏损仅可在计算上述人员的免税所得时进行扣除。

有关亏损弥补在《所得税法案》中有着详细的规定，具体分为正常亏损和资本亏损：正常亏损，任何来源（境内或境外）的所得均能对境内营业损失予以扣除。但投资损失则只能在境内所得或境外所得中予以扣除。营业（或投资）损失最多能结转四年，涉及电力与公共基础设施工程的最多可结转七年。银行业、保险业及长期合同企业，除了能够结转扣除损失，还能向前追溯长达五个收入年度的损失。资本亏损，资本损失能在净投资收益计算中予以扣除，未被扣除的部分则能无限期结转。

5. 反避税规则

尼泊尔没有通用的反避税制度，为了确定所得税纳税义务，税务局会采取以下措施：对审议或执行的部分避税方案的约定进行修改或部分修改；对未造成重大经济影响的部分或全部措施不予关注；对形式没有反映实质的安排进行修改或部分修改。

6. 征管与合规性要求

各分公司可以分开纳税，但是必须以在税务局申请的注册税号作为唯一代码，也必须到税务局登记母公司与子公司的企业信息。企业所得税的缴纳实行"分次预缴、年度清算"的方式。每年分 3 次预缴企业所得税，分别在 1 月 15 日上缴相当于已评估税款 40% 的到期且应缴纳的税额，4 月 15 日上缴相当于已评估税款 70% 的到期且应缴纳的税额，7 月 15 日上缴相当于已评估税款的到期且应缴纳的税额。

企业如果逾期申报、未申报以及逃税将被处以罚款及罚息。根据《所得税法案》第 2058 号，对未按期申报、未申报及逃税，将按照缴纳税款处以 50%~100% 的罚款。

（二）增值税

1. 征税原则

1997 年 11 月 16 日，《增值税法案》（VATA）第 2052 号（1996 年）的生效标志着增值税的出台。同时，《增值税条例》（VATR）第 2053 号（1997 年）对《增值税法案》起到了补充作用。增值税的征税对象包括在尼泊尔境内提供货物和服务；进、出口货物和服务。增值税制度替代了之前的营业税、酒店税、契税以及娱乐税制度。

2. 计税方式

（1）纳税义务人及扣缴义务人。依照《增值税法案》，任何已经登记或需要登记的纳税人为增值税的纳税义务人。通常，如果纳税人每年提供应税货物或服务的营业额超过或预计超过 200 万尼泊尔卢比，那么需要对纳税人进行登记。任何一次性进口价值超过 10000 尼泊尔卢比的商业货物的纳税人同样需要登记。

（2）征收范围。对以下货物和服务征收增值税：在尼泊尔境内提供的；进口到尼泊尔的；从尼泊尔出口的。

增值税制度涵盖了包括商品或服务的销售、分配、交付、进口和出口等所有事务。建设房屋、公寓或商场的增值税起征点为 500 万尼泊尔卢比。

3. 税率

增值税的标准税率为 13%。以下情况的税率为零税率：从尼泊尔出口的货物；向尼泊尔境外提供服务。

4. 增值税免税政策

多种货物与服务享受增值税免税政策，包括：初级农产品和基础必备品；药品，医疗卫生服务；书籍和其他印刷材料，报纸、杂志等；广播和电视传输服务以及文化项目；非专业体育赛事、教育招生和文化设施；艺术文化产品及服务；社会福利服务；运输和航空服务；指定的个人和专业服务（不包括律师、会计师、工程师和私人医生提供的服务）；其他的商品和服务，如政府邮政服务，金融和保险服务、邮票和邮资收入、银行票据、支票、金银、电力、土地和建筑、原毛、黄麻产品、赌场、博彩、彩票等；水力发电项目。

5. 销项税额

尼泊尔《增值税法案》第 2052 号（1995 年）第 2 节规定增值税税基为销售货物或提供服务的全部价款。

6. 进项税额抵扣

尼泊尔《增值税法案》第 2052 号（1995 年）第 17 节规定下列增值税进项税可以抵扣：具有纳税人识别号的增值税发票；注册人可以使用其所

收取的税款抵消其已经支付的税款或因进口或接受与其自己的应税交易有关的货物或服务而到期的税款；如果货物在注册时尚未被使用，且该货物用于进行应税交易，则针对该货物已经缴纳或应缴纳的税款，应按照规定享受抵消特权；应按规定向交易二手货物的注册人授予抵消特权；第 17 节提到个人和 / 或业务用途的规定货物不能享受抵扣或只能进行部分抵扣，并规定以下情况不允许抵扣，虚假发票、虚假海关的申报、取得附属于不允许抵扣资产的服务；增值税按进销项相抵后的余额缴纳，留抵余额不能申请退税，只能用于以后抵扣销项税额。

7. 征收方式

每个纳税人应对其每月应缴纳的税款做出自我评估，且应在该月结束之前的 25 日之内按规定提交或通过挂号信提交纳税申报。不论该月中是否进行了纳税交易，都应提交纳税申报。

8. 征管与合规性要求

增值税报税每月的单据须于次月 25 日前提交税务机关。每年 8 月 17 日至次年 9 月 16 日的单据须于 10 月 10 日前提交税务机关。

（三）个人所得税

1. 征税原则

居民来源于全球的收入都应缴纳个人所得税，而非居民仅就来源于尼泊尔的收入缴纳个人所得税。《个人所得税法案》包括《所得税法案》（2002 年）和《所得税条例》（2002 年）。税收主要由国家税务总局（IRD）和海关总署负责征收管理。土地改革管理部下属的土地税收司负责房地产登记费的征收管理。

2. 申报主体

个人所得税征税对象为居民和非居民。个人成为尼泊尔居民的条件为：日常住所在尼泊尔，在连续的 365 天里，有 183 天以上（含 183 天）居住在尼泊尔、政府雇员或官员在一个财政年度中的任何时间段任职国外。已婚夫妇可以选择所得税联合申报，并且根据共同收入纳税，适用不同的实际税率。

3. 应纳税所得额

个人在一个财政年度中的应税收入包括以下来源的收入：商业、投资、就业、意外利得。一般而言，不同来源收入的净应税收入是分开计算的，然后加总为总的净应税收入。不同来源的收入适用不同的计算方法。来自就业或者投资的收入以现金流为计税基础，而来自商业的收入以盈利额为计税基础。特定的商业收入以推定的收入为计税基础。

4. 扣除与减免

以下就业收入免税：根据税收协定而享有特权的个人取得的收入；在外国政府的公共服务领域就业的个人取得的收入，这要求此人仅仅因为提供此类公共服务而成为尼泊尔居民，或者此人是非居民，以及该收入由该国的公共基金支付；源自非居民从外国公共基金所得的收入，或者源自家庭亲属成员的收入；受尼泊尔政府引进，并在尼泊尔就业的外国居民，其收入根据就业协议条款而免税；政府发放给寡妇、老人或残疾人的津贴；源自赠与、遗赠、继承或奖学金所得；尼泊尔居民从外国军队或警察部队取得的抚恤金，这要求该抚恤金由该国公共基金支付。

居民可以享受个人免征额，包括居民个人经营的个人独资企业。

表8-2-2　个人所得税免征额

单位：尼泊尔卢比

对象	免征额
个人	160000
夫妻选择联合报税	200000

数据来源：《中国居民赴尼泊尔投资税收指南》（国家税务总局发）。

在政府规定的偏远地区居住的个人可领取的偏远地区津贴不得超过30000尼泊尔卢比。

虽然对医疗费用的扣除没有明确的规定，居民个人可以就任何批准的医疗费用要求医疗税收抵免。医疗税收抵免的年度上限为批准的医疗费用的15%，并且任何未使用的额度可以结转至以后年度使用。此外，在尼泊尔的宗教活动或慈善捐款可以允许扣除。扣除额不可超过10万尼泊尔卢比或调整后的应纳税收入的5%，两者取较小者。

5. 累进税率

（1）收入和资本利得。应纳税收入超过250万尼泊尔卢比的部分，税率为40%。对于那些除了雇佣收入外没有其他收入来源的女性居民纳税人，可以享受10%的所得税退税。

表8-2-3 个人所得税累进税率

单位：尼泊尔卢比

应纳税收入	边际税率
小于等于 250000	11%
250001~350000	15%
350001~2500000	25%

数据来源：《中国居民赴尼泊尔投资税收指南》（国家税务总局发）。

（2）扣缴税。税收必须由负责支付工资薪金者从雇佣收入中扣缴。扣缴数额必须按接收方年末总的应纳税额的一定比例计算。

表8-2-4 居民个人特别收入扣缴税税率

收入	扣缴税
股息	5%（最终）
利息	15%
特许权使用费	15%
技术援助和服务费	15%
租金	10%
自然资源收入	15%
源自常驻银行、金融机构	5%
退休金	5%
飞机租赁收入	10%
投资保险收入和人身意外伤害赔偿	5%
合同或租赁中，超过 50000 尼泊尔卢比的收入	1.5%

数据来源：《中国居民赴尼泊尔投资税收指南》（国家税务总局发）。

6. 征管与合规性要求

个人所得税以当前所得年所赚取或获得的收入为计税基础。所得年度与政府的财政年度相一致，即从当年 7 月 16 日至次年 7 月 15 日的连续 12

个月。纳税申报表必须在每个财政年度终了之后的 3 个月内提交。个人所得税通过扣缴支付，税款应该在月末之后的 15 日内支付，该税款已经在该月扣缴或被视同扣缴。税收扣缴对于最终税收义务是真实的，并且多余的扣缴额可退还。

（四）关税

1.关税体系和构成

尼泊尔进口货物主要来自印度和中国，只有得到海关总署的税务优惠证明才能免税，具体细项见表 8-2-5：

表8-2-5　进口税税率及计算方式表

编号	进口税税种	关税中文翻译	税率	计算方式
1	Import duty	进口关税	X	VI × X
2	Exercise tax	消费税	—	按照货物数量征收
3	Vat	增值税	13%	（VI+ 进口关税 + 消费税）× 13%

数据来源：《中国居民赴尼泊尔投资税收指南》（国家税务总局发）。

2.税率

在 20 世纪 90 年代，进口关税在很大程度上得以规范，并以 5%、10%、15%、20% 和 30% 的税率征税。同样，对某些特定项目会有 1% 的优惠税率。在从印度进口产自印度的货物的条件下，对关税税率在 30% 以下的进口货物，给予 5% 的退税；对关税税率超过 30% 的进口货物，给予 3% 的退税。对产自中国并经由西藏进口至尼泊尔的货物，给予 3% 的退税。用于制造业中质量控制的进口设备免征进口关税。关税税率如表 8-2-6：

表8-2-6　不同货物种类的关税情况表

货物种类	类别	税率
生活基本必需品	Ⅰ 类	5%
生产原料和设备	Ⅱ 类	10%
中间投入品及其他	Ⅲ 类	20%
消费品	Ⅳ 类	30%

数据来源：《中国居民赴尼泊尔投资税收指南》（国家税务总局发）。

3.关税免税

为支撑某个行业或者是招商引资的需要，财政部会单独针对某个行业或者某个企业出具免税文件，免税范围和优惠范围根据免税协议确定。工程类项目免税范围一般为建设该项目所进口物资、机械设备，主要包括钢筋、水泥、沥青、车辆、机械设备等大宗材料。免税期限为项目合同规定的施工期限，如遇工程延期需要向海关提供由业主出具的延期证明并办理延期免税文件。但生活物资、豪华车辆不在免税范畴。

4.设备出售、报废及再出口的规定

企业向项目所在地海关监管机构申请鉴定所需出售的车辆、机械和设备，由监管机构鉴定残值后出具书面文件；按残值补缴全额关税并取得结关单后方可出售。免税到期后，如果没有后续免税项目，需按鉴定残值补缴关税，企业可自行处理设备；如果转入其他免税项目，需要办理转移登记手续；如果项目结束后设备转场到其他国家，需取得海关监督管理机构的同意，按照核定的残值缴纳1%的出口税。

全额关税进口设备，企业可以自行报废；对海关税收优惠进口设备的报废必须通过海关监督管理机构认定残值，补齐相应关税后进行报废，同时申请海关管理机构进行销关。

（五）企业须缴纳的其他税种

对资本征收不动产税。以前城市房产与地产税由中央政府征收，但自1999年后则归为地方政府征收。其以房产与地产的规模、类型、设计、建造、结构及其所占面积为基础征收税款。也有某些公共建筑享受全免或部分减免优惠，如医院、寺庙、客栈、学校及孤儿院。若上述建筑为租借，则不能免税，且税收由房屋所有者缴纳。

税基为房产与地产的价值。建筑物依其建筑材料分为4种，不同结构类型每平方英尺的平均价值是固定的。根据房屋建造类型，每年折旧在0.75%~3%变动。税率如表8-2-7：

表8-2-7　不动产税率表

单位：尼泊尔卢比

房地产价值	应纳税款
价值 1000000 及以下的	免税
价值超过 1000000~3000000 的	300 卢比
价值超过 3000000~5000000 的	0.05%
价值超过 5000000~10000000 的	0.25%
价值超过 10000000~20000000 的	0.5%
超过 20000000 的	1.5%

数据来源：https：//www.sohu.com/a/236484699_514819。

土地税。土地税是中央政府传统税收收入，但自 1999 年开始转移至地方政府（村庄发展委员会与市区）。根据土地性质与肥力将其分为四类征税。具体某一单元区的土地税率是固定的。当地自治政府的法律明确了最大税率与最小税率，且能根据当地条件将税率固定在这一区间内。

股本税。应付的登记费取决于公司的股本，费用按表 8-2-8 所示方法累进征收：

表8-2-8　股本登记费用表

资本（尼泊尔卢比）	登记费
20000 以下	40 卢比
20000~100000	40 卢比 +1 卢比 / 每千卢比（超过 20000 卢比部分）
100000~1000000	120 卢比 +0.5 卢比 / 每千卢比（超过 100000 卢比部分）
1000000~5000000	570 卢比 +1 卢比 / 每万卢比（超过 1000000 卢比的部分）
超过 5000000	970 卢比 +1 卢比 / 每万卢比（超过 5000000 卢比的部分）

数据来源：《中国居民赴尼泊尔投资税收指南》（国家税务总局发）。

不动产转让税。主要指房屋、土地等不动产的转让。房屋与土地登记费的征收与不动产所有权通过出售、赠送、捐赠等转让方式有关。从土地购置所免除 50% 的土地登记费，为制造业的建立和发展雇佣至少 300 名尼泊尔籍雇工，从土地所有权转让所免除 30% 的土地登记费，用于帮助农村地区的妇女。股票、债券以及其他证券不适用财产转让税。

印花税。尼泊尔暂无印花税。

旅游服务费。旅游服务费出台于 1998—1999 年财政年度，在旅客离境时按每位旅客 500 尼泊尔卢比的比例征收。

汽车税。汽车税的征税对象为所有类型的车辆。针对私家车、吉普车、货车和摩托车的税率每年确定一次，汽车税的税率与车辆的气缸容量相关。汽车税的缴税日期是每年的 4 月 15 日或车辆重新注册登记的日期中两者的较早者。

公路建设、维护和改良费。公路建设、维护和改良费的征税对象为汽车税税率为 5% 的车辆、吉普车、货车和面包车，以及 7000 卢比以上、排量低于 125 毫升的摩托车，8000 卢比以上、排量在 126~250 毫升的摩托车，9000 卢比以上、排量高于 250 毫升的摩托车，征税日期为车辆的注册登记日。

电信服务费。电信服务费出台于 1996—1997 年财政年度，对电信相关服务收取的费用按 10% 的费率征收电信服务费。

（六）社会保险金

社会保险费即福利基金，仅从政府雇员中扣缴。应缴纳的社会保险金的计算基础为月度员工薪酬的 1.5%，每月 8 日之前申报。外国人在尼泊尔工作需要缴纳社会保险金。

第三节　外汇政策

一、基本情况

对于外汇流入尼泊尔的管理遵循《1962 年外汇管理法案》。对于外汇进入没有限制，但是外国人携带外汇超过 5000 美元的在入境尼泊尔时必须申报。中央银行，即尼泊尔人民银行（NRB），管理海外基金汇款。尼泊尔居民可以从尼泊尔银行自由购买印度卢比，可以持有任何数量的印度货币。

与除印度外其他国家的所有外汇交易必须通过授权的经销商进行，即尼泊尔银行有限公司、Rastriya Banijya 银行等。尼泊尔人民银行（NRB）允许非居民在尼泊尔的银行开设可兑换卢比账户，可兑换卢比账户余额可自由转移到国外。尼泊尔公民，不论是否居住在尼泊尔，禁止在国外做任何类型的投资，除非由政府通知指定的专门投资。

根据尼泊尔政府和印度政府签订的协议，尼泊尔卢比和印度卢比使用固定汇率，即 1 印度卢比兑换 1.6 尼泊尔卢比。受印度经济的影响，尼泊尔同外币的兑换几乎完全受印度货币的外汇汇率影响。

尼泊尔实行严格的外汇管制，由于缺少美元外汇支撑，在尼泊尔境内尼泊尔卢比兑换美元非常严格，需经过尼泊尔中央银行或中央银行授权的其他银行的批准，才可以从其卢比账户中兑换外币（与印度卢比可以自由兑换），但是外币兑换当地币则没有限制，可以直接在当地银行办理。对从境外汇入的外币没有限制，但是对汇出境外的利润需要提供合理的收入证明、所得税和增值税缴税证明才能提交尼泊尔中央银行办理申请汇款。

二、居民及非居民企业外汇管理规定

尼泊尔实行外汇管制政策，大额用汇须经央行审批。尼泊尔政府规定的国内或国外代表处或机构，可开设外币账户，但不得从账户中提取外币现金。其现金存入外币账户需收取 1% 的手续费。

境外企业可在尼泊尔商业银行或其他银行开设如下外币账户：英镑、美元、德国马克、瑞士法郎、澳大利亚元、新加坡元、法国法郎、加拿大元、荷兰盾等十类账户。

三、个人外汇管理规定

尼泊尔是严格外汇管制国家，如果携带超过 5000 美元外汇现金入境尼泊尔，请务必在入境时向海关申报并妥善保存申报单；在尼泊尔境内银行兑换美元现金等外汇，须提交资金来源合法证明文件，并应在兑换成功后妥善保存银行外汇兑换单。如携带超过 5000 美元外汇现金离开尼泊尔，须在离境时向尼泊尔海关人员出示上述单据备查。若无相关证明单据，不仅所携外汇现金被全数罚没，另需缴纳 3 倍于所携现金的罚款方可被取保候审。

第四节　会计政策

一、会计管理体制

（一）财税监管机构情况

在尼泊尔注册的企业如果有经济业务发生，均需按照尼泊尔税法体系要求建立会计制度进行会计核算。税务总局（IRD）为财政部下设机构，税务总局根据企业规模大小进行分类，由下属部门纳税大办公室（LTO）、纳税办公室（TO）对企业进行监管，由各省、市的税务局管理。另外设立税收争议裁决庭（Tribunal）解决税务局与企业争端，如果还不能解决，可以上诉至尼泊尔最高法院（Supreme Court）做最终裁定。

会计准则委员会（ASB）是一个独立的立法机构，负责制定和发布会计准则，以及在尼泊尔企业财务报表的上报和公示规则。2003年通过修订《尼泊尔特许会计师协会法案》，3月成立ABS。但是，会计准则委员会的设立初衷是为了让企业的会计准则与国际财务报表准则（IFRS）的标准保持一致，直到2007年，该委员会也将国有企业的会计规范适用于国际公共部门会计准则（IPSASs）。

尼泊尔财务报告标准（NFR）由尼泊尔注册会计师协会（ICAN）编制发布。尼泊尔注册会计师协会为自理机构。

（二）事务所审计

在尼泊尔注册的公司和尼泊尔分支机构都必须采用尼泊尔语或英语编制、保存会计账簿，其财务报表须由尼泊尔特许从业会计师（CA）审计。

（三）对外报送内容及要求

会计报告中主要包含以下内容：①企业基本信息，行业分类、经营范围、股东情况、公司地址、银行账户信息、税务登记号等。②企业经营情况表：资产负债表、利润表。③披露信息，费用类、资产类、历年营业额（五年内）、权益变动。④关联交易中，采购定价相关的证明材料及交易申明。

上报时间要求：会计与审计报告须按尼泊尔日历编制，最晚于次年的 1 月 15 日前完成。

上市公司每年必须在举办年度大会至少 30 天前向公司登记办公室（CRO）提交经审计的财务报表，私人公司或外国企业在尼泊尔的分支机构须应在财务年度终了后 6 个月内提交。另外，尼泊尔分支机构还必须在报表和母公司董事会报告完成后 3 个月内提交有关报表和报告。

二、财务会计准则基本情况

（一）适用的当地准则名称与财务报告编制基础

尼泊尔遵循国际公认的会计准则和制度。公司做账应基于应计制。尼泊尔税务统计财政年度始于尼泊尔日历第 4 个月，终于尼泊尔日历第二年第 3 个月月末（公历 7 月中旬）。

（二）会计准则使用范围

在尼泊尔注册的公司和尼泊尔分支机构均需按照会计准则进行会计核算并编制报表。

三、会计制度基本规范

（一）会计年度

《所得税法案》第 2058 号（2002 年）规定：公司会计年度与尼泊尔历法年度一致，即大约公历年度 7 月 15 日至次年 7 月 15 日为会计年度（由于尼泊尔历法与公历不是完全一致，具体截止日以尼泊尔日历为准）。对于新成立的公司，当年会计年度可以小于 12 个月。

（二）记账本位币

《所得税法案》第 2058 号（2002 年）规定：企业会计系统必须采用所在国的官方语言和法定货币单位进行会计核算。尼泊尔采用尼泊尔卢比作为记账本位币，货币简称 NRS。

（三）记账基础和计量属性

《所得税法案》第 2058 号（2002 年）规定：企业以权责发生制为记账基础，以复式记账为记账方法；企业以历史成本计量属性为基础，在某些情况下允许重估价值计量；会计计量假设条件，其一般原则有：谨慎、公允、透明、会计分期、持续经营、真实性、一贯性、可比性、清晰性。

四、主要会计要素核算要求及重点关注的会计核算

（一）现金及现金等价物

资产负债表中列示的现金是指库存现金及可随时用于支付的银行存款，现金等价物是指持有的期限短（从购买日 3 个月以内到期）、流动性强、易于转换为已知金额现金及价值变动风险很小的投资。主要涉及资产有现金、银行存款。

现金流量表中列示的现金及现金等价物和 IFRS 准则中概念一致。

（二）应收款项

应收账款指该企业因销售商品、材料、提供劳务等应向购货单位收取的款项。其内容与核算方法与 IFRS 准则基本一样。

（三）存货

存货是指：在正常经营过程为销售而持有的资产；为这种销售而处在生产过程中的资产；在生产或提供劳务过程中需要消耗的以材料和物料形式存在的资产。

存货的分类具体有：为再售目的而购入和持有的货物，例如包括由零售商购入并且为了再售而持有的商品，以及为了再售而持有的土地和其他不动产等。此外，存货还包括企业已经生产完毕的制成品、正在生产的在制品和在生产过程中等待使用的材料和物料等。在提供劳务的情况下，存货包括了前述所描述的劳务费用，对此费用企业尚未确认有关的收入（见《国际财务报告准则第 18 号——收入》）。

存货的初始核算。存货的成本应由使存货达到目前场所和状态所发生的采购成本、加工成本和其他成本所组成。存货的采购成本由采购价格、进口税和其他税（企业随后从税务当局获得的退税除外）以及可以直接归属于购买制成品、材料和劳务的运输费、手续费和其他费用所组成。存货的加工成本包括直接与单位产品有关的费用。其他成本只有当它们是在使存货达到目前场所和状态过程中发生时，才能列入存货成本。

存货出库的核算采用先进先出法或加权平均成本法。

存货跌价准备。在期末，由于一些不可扭转的原因，导致存货价值低于账面价值时，应根据存货的可变现净值与账面价值的差额计提存货跌价准备。

（四）长期股权投资

长期股权投资是投资企业为了与被投资企业建立长期关系或为了自身的经营和发展而持有的被投资企业权益规定要求以上的投资。

对于长期股权投资的会计处理是通过《国际财务报告准则第 27 号——合并财务报表和单独财务报表》《国际财务报告准则第 28 号——对联营企业的投资》以及《国际财务报告准则第 31 号——合营中的权益》这三个准则来规范的。

长期股权投资的初始计量中，除了合营企业和联营企业外，并且不属于企业合并的长期股权投资，是按照付出的成本计量。对于同一控制下的企业合并，应对该企业合并的内容进行评估，当确定该合并交易确实发生交易实质时，可以自行选择购买法或权益结合法作为会计处理的原则，否则，该项交易只能采用权益结合法进行会计处理；非同一控制下的企业合并，以购买方在购买日确定的合并成本作为初始投资成本。对于长期股权投资的后续计量，采用成本法与权益法核算。

（五）固定资产

固定资产初始计量以历史成本计量确认，企业应在其预计使用期限内对固定资产计提折旧。

（六）无形资产

无形资产与固定资产一样适用确认计量的一般规范。具体是：无形资产初始计量采用历史成本，企业应在其预计使用期限内对资产计提摊销。

（七）职工薪酬

职工薪酬核算职工薪酬，核算所有支付给职工的各类报酬。包括以下人员的薪酬费用：管理人员、普通员工、临时性雇佣员工等。确认和计量方法与中国会计准则的职工薪酬类似。

（八）收入

收入具体包括销售商品、提供劳务以及他人使用企业的资产而产生的利息、使用费和股利。

商品销售收入的确认如下：

（1）企业已将与商品所有权有关的主要风险和报酬转移给买方。

（2）企业不再继续保密与所有权有关的管理权或不再对已售出商品进行实际的控制。

（3）收入的金额能够可靠地计量。

（4）与该交易有关的经济利益很可能流入企业。

（5）与该交易有关的已发生或将要发生的费用能够可靠地计量。

建造合同收入：在同一个年度开始并结束的工程，在工程完工并验收之后确认收入；跨越若干年度的建造工程，建造合同收入采用完工百分比法确认收入。完工百分比法：在每个会计年度，以实际完成的成本占预计总成本的比重视为完工百分比，合同总额乘以完工百分比确认为当年的营业收入。具体完工百分比的计算由年度成本占合同总成本的比重和工程进度等来确定。

利息、使用费和股利的确认：利息应以时间为基础，考虑资产的实际收益率，按比例加以确认；使用费应以应计制为基础，根据有关协议的性质加以确认；股利应以股东收取款项的权力为基础加以确认。

2018 年当年或之后开始年度，《国际财务报告准则第 15 号——客户合约收益》生效，则遵循新颁布的准则：在履行了合同中的履约义务，即在客户取得相关商品或服务的控制权时确认收入。对于在某一时段内履行的履约义务，在该段时间内按照履约进度确认收入，并按照一定方法确定履约进度。履约进度不能合理确定时，已经发生的成本预计能够得到补偿的，按照已经发生的成本金额确认收入，直到履约进度能够合理确定为止。

（九）政府补助

政府补助在同时满足下列条件时才能予以确认：一是企业能够满足补助所附的条件；二是企业能够收到政府的补助。企业虽未实际收到政府补助但获得了收取政府补助的权利且基本能够确定收到政府补助时，应确认接收政府补助的资产。

政府补助分为政府补助和政府援助，其中政府援助只是要求主体在财务报表中进行披露，政府补助则区分为资产相关的政府补助和与收益相关的政府补助进行处理。对于补助资产入账价值的确定，一般采用公允价值计量属性，但同时也规定："通常对非货币性资产的公允价值估计，并且对补助和资产都以公允价值入账，有时也可采用另外的方式，即对补助和资产都以名义金额入账。"对于政府补助，一般采用收益法进行后续计量。采用收益法进行核算时，可以采用总额法，也可以采用净额法，只要将补助对应当单独披露的各项收益和费用项目的影响进行披露即可。同时，企业应在附注中披露：对政府补助采取的会计政策，包括在财务报表中所采用的呈报方法；在财务报表中确认的政府补助的性质和范围，以及关于企业以直接收益的其他形式的政府援助的说明；已确认为政府援助的未满足的附加条件，以及其他或有事项。

（十）借款费用

借款费用是指企业因借款而发生的利息及其相关成本。借款费用发生的借款利息入账需提供借款协议、银行收款及付款资料、对应借款往来对账单及未来还款计划，同时按尼泊尔法律需缴纳利息税。

（十一）外币业务

外币交易初始确认。外币交易是指以外币计价或者是以外币结算的一种交易。包括企业在以下情况的交易：买入或卖出以外币计价的商品或劳务；借入或借出以外币为收付金额的款项；成为尚未履行交易合同的一方；购置或处置与外币计价的资产或者产生与结算以外币计价的债务。

外币交易在初始确认时应按交易日报告货币与外币的即期汇率外币金额换算成货币金额予以记录。

汇兑差额的确认。结算货币项目或者按照不同于在本期最初记录的或在前期财务报表所应用的汇率报告货币项目而产生的汇兑差额，应在形成的当期作为费用或收益。由外币交易产生的任何货币项目，其发生日至结算日之间的汇率发生变动，就会产生汇兑差额。如果交易在相同的会计期间结算，所有的汇兑差额都将在当期确认；如果交易在随后的期间发生，则至本期到结算日的所有汇兑差额，应按照该期间的汇率变动予以确认。

外币报表折算。编制外币报表的企业，应在资产负债表日，将外币报表折算为记账本位币报表，报表中不同的项目采用不同的汇率折算，具体折算规则如下：

（1）资产负债表中的资产和负债项目，采用资产负债表日的即期汇率折算，所有者权益项目中除"未分配利润"外，其他项目采用项目发生时的汇率折算。

（2）利润表中的项目采用交易发生时的汇率折算，也可以采用交易发生期间的平均汇率折算。

（3）以上项目折算后产生的外币报表折算差额，在资产负债表中单列项目显示。

本章资料来源：

◎ 国家税务总局《中国居民赴尼泊尔投资税收指南》

第九章 尼日尔税收外汇会计政策

第一节 投资环境基本情况

一、国家简介

尼日尔共和国（英语：The Republic of Niger；法语：La République du Niger）简称尼日尔。西非的一个内陆国家，位于撒哈拉大沙漠南部，北纬 11°~23°、东经 0°~16° 之间，国土面积 126.7 万平方公里。东与乍得交界，南与尼日利亚、贝宁接壤，西同布基纳法索、马里相连，北与阿尔及利亚、利比亚毗邻。根据尼日尔国家统计局 2012 年的人口普查数据（最近一次普查），尼日尔总人口约为 1714 万人，其中约 103 万居住在首都尼亚美（Niamey）。官方语言为法语。货币为西非法郎（XOF）。

二、经济情况

尼日尔经济以农牧业为主，是联合国公布的最不发达国家之一。自 2014 年以来，受国际大宗商品价格下跌影响，作为尼日尔出口创收主要来源的铀矿和成品油收入下降，一定程度上影响了其外汇收入。伊素福总统 2011 年 4 月执政以来，以"复兴计划"为施政纲领，出台了"2012—2015 年经济社会发展规划"，重点推动基础设施、能矿开发等领域建设，初步建成本国石油化工产业，同时奉行积极交往政策，大力争取外援和投资，为经济发展创造良好的外部条件。尼日尔 2016 年国内生产总值 44740 亿西非法郎，约合 75.6 亿美元，同比增长 4.5%[①]。然而，尼日尔经济基础薄弱，结构单一，市场容量狭小。2016 年以来，受旱灾及恐怖袭击影响，给尼日尔 131 万人带来粮食危机，同时为应对恐怖袭击，军费开支大幅增加，总体经济形势十分困难。

---

① 数据来源：《投资尼日尔共和国》，尼日尔共和国驻华大使馆，2018 年版

三、外国投资相关法律

尼日尔法律法规较为健全，基本沿用法国法律法规体系。与投资合作经营有关的法律法规有《非洲统一商法》《西非经济货币联盟组织（UEMOA）海关法》《非洲知识产权保护协定》《尼日尔投资法》《劳动法》《税法》《石油法》《矿业法》《土地使用法》《环境保护法》等。

同时，尼日尔为西非经济货币共同体成员，在一些领域两套法律体系并存。如《海关法》《海关税则》《投资法》《劳动法》《银行法》等都是两套体系。

根据《非洲统一商法》，任何要通过公司在统一法案条约成员国从事商业活动的人员，不管其国籍如何，必须选择统一法案规定的适合其业务的公司形式，包括有限责任公司、股份有限公司及代表处。

《劳动法》规定，雇主需与雇员签订雇佣合同，试用期为3个月，可以连续试用2次，第3次必须签订正式合同。正式雇工每月最低工资标准为30047西非法郎。工作满一年有1个月的带薪年休假。解雇员工需提前1个月通知，否则要支付解雇补贴，并且根据比例计算年休假天数给予补贴。劳工最低的小时工资为200西非法郎，每日工时8小时，加班工资翻倍。从2014年1月22日开始，社保费缴纳比例由之前工资的21.15%调整为22.15%，其中雇主承担的部分为16.4%，个人承担的部分为5.75%。目前尼日尔对引进国外劳工持开放态度，要求在尼日尔企业对外籍劳工缴纳社会养老保险。

尼日尔政府的《出入境管理办法》规定，外国人入境分为旅游者入境，短期入境和长期居住三种情况。旅游者取得签证即可出入境；但短期入境和长期居住必须经移民局审批同意后方可生效。尼日尔政府规定，外国企业员工办理工作签证时需提供《法文版在尼日尔劳动合同》及个人工作简历。长期签证有效期分三种：3个月、6个月和12个月，在尼日尔办理时间为2个工作日。

四、其他

非洲商法协调组织（简称OHADA）。1993年10月17日，14个非洲国家在毛里求斯的路易斯港签订了《非洲商法协调条约》，该组织随之产生。成立该组织的目的是对成员国的商法进行统一，推动仲裁成为解决商事争议的手段，为成员国的商业发展提供良好的法律环境。该组织自成立以来已通过大量的统一法，对于确保该地区商法的确定性、可预见性，实现该地区贸易和投资的发展，推动该地区的经济一体化发挥了举足轻重的作用。该组织目前有17个成员国：贝宁、布基纳法索、喀麦隆、中非共和国、乍得、科摩罗伊斯兰联邦共和国、刚果（布）、科特迪瓦、赤道几内亚、加蓬、几内亚、几内亚比绍、马里、尼日尔、塞内加尔、多哥和刚果（金）。非洲商法协调组织自成立以来，已批准并实施了大量统一法，包括《一般商法统一法》《商业公司及经济利益集团统一法》《担保法统一法》《会计统一法》《清偿债务的集体程序（破产程序）统一法》《仲裁统一法》《债务追偿简易程序及执行措施统一法》《公路货物运输合同统一法》。统一法在所有成员国内直接适用，对所有成员国有约束力。在这17个成员国内进行投资，均受这上述统一法的管辖。

该组织下设司法与仲裁共同法院（简称CCJA），明确外国公司和当地公司签署合同时，争议解决由CCJA最终裁决。

另外，自2012—2016年，尼日尔在改善商业环境方面取得了重大进展，排名从2011年的第175位上升至2015年的第160位。但是在巩固信贷渠道、跨境贸易、纳税及非正式领域尚有许多工作亟待完成。

第二节　税收政策

一、税法体系

尼日尔税务沿用法国税务体系模式，以2012年颁布的尼日尔《税法通则》和《年度财政法案》为主。《税法通则》共分为《国家税费》和《共同体税费》两册，以及《再出口专项税》《投资法》《外资出资公共合同税制》《增值税法案》《机动车税法案》等未汇编的单行法律。现行《2018年度财政法案》由 2017 年 9 月 25 日召开的部长联系会通过，并于 2018 年 1 月 1 日生效，此次主要修订了企业所得税、增值税、公司企业营业税 、地产和住房税、职业税、综合税、车辆税等内容。

尼日尔税种主要包括直接税（企业及个人所得税、资本利得税、资产处置税、学徒税、管理费超标税、财产税、特殊行业许可税、武器税、车辆登记税）；间接税（包括增值税、消费税、彩票收入税、赌博税、保险税、烟草再出口税、乘客登机税、环境保护税、电信网络税等）以及注册费、印花税、关税等。尼日尔财政部下属的税务局（简称 DGI）负责税收征缴工作。

1998 年 5 月 21 日，尼日尔与中国签署经济和商业合作协议。尼日尔与瑞士、德国、法国、突尼斯、利比亚、埃及、阿尔及利亚、尼日利亚等国签署了双边投资保护。尼日尔与法国和 OCAM（非洲与马尔加什共同组织）、CEAO（西非经济共同体）、UEMOA（西非经济货币联盟）签署了避免双重征税的税收协定，目前只有法国和西非经济货币联盟国家税务条约是有效的。尼日尔尚未与中国签订避免双边税收协定。

尼日尔不承认属于同一个集团公司的关联公司之间的转让定价规定。目前，尼日尔税务机关对集团成员公司之间的关系逐渐开始关注。为了尽量减少对转让定价逃税风险，建议根据市场及成果来确定商品的价格。投资者可以主动提交一份确定每一项服务的单位价格和税务机关提出建议的总体记录。

二、税收征管（选摘于尼日尔《税法》第七章）

1. 总则

（1）税务机关负责检查纳税人用于纳税申报的各类文件（如计算应税金额，费用，特许权使用费及其他文件等）。税务机关可要求纳税人提供任何有用的信息、理由或说明。

（2）除法律认可有效期外，纳税人应在收到税务部门通知 20 天内提供相应信息。

（3）税收管理可以进行以下活动：① 干预措施，以纠正出现在已完成的声明中的错误；② 文件控制，包含纳税人的税务文件及相匹配的声明信息；③ 定期检查现场文档和文件；④ 现场检查会计账簿及其他文件的账目，确定所有文件的真实性；⑤ 税务核查人员现场检查纳税人会计账簿及文件。

2. 税务确认

（1）通知并向纳税人移交税收核实意见的样本文件。

（2）核实意见须指明核查年份并写明与检查有关的税费。

（3）会计账簿核查完成后，税务部门不能既没有进行同期核查，也没有纠正同一税务问题。

（4）税务部门将按照核实结果强制调整纳税人账簿，即使还未整改。

3. 整改程序

（1）税务机关提出的关于计算税项负债，费用，特许权使用费或由于根据现行法例的条款里未指明款额等不完整、不准确的地方进行相应的整改。

（2）税务机关向纳税人提出的整改要求必须是合理的，收到通知之日起 20 天内完成整改。当政府拒绝纳税人的意见，应回应说明理由。

（3）通知必须说明进行修改的种类和数量，以及支付的费用和罚款的金额。

（4）当确定纳税人未履行纳税义务或有纳税欺诈行为时，税务机关有权采取一切措施，按照法律即刻进行计算和复原。

4. 税收惩罚

（1）处罚原则。① 延期纳税滞纳金为 10%，每月提高 1%，最高达到 50%；② 被证实存在逃税诈骗行为的，提高所逃税项税率的 80%；③ 提高应交税金税率的 80%。

（2）特殊规定。① 纳税识别号：报税识别号或主管税务机关办理的税务登记证书，未被海关认可，罚款 10 万西非法郎；欺诈性使用批准的税收序列号，罚款 50 万西非法郎。② 沟通：阻碍正常纳税沟通，在第一次协调后无回应的，涉及罚款 50 万西非法郎，每天缴纳 5000 西非法郎。③ 会计账簿：不遵守会计账簿条约（第 360 条）的，每份文档罚款 50000 西非法郎。④ 销毁的文件和拒绝沟通：十年期限届满前，破坏第 358 条约中列出的文件的，罚款 10 万西非法郎。

（3）刑事处罚。涉嫌欺诈、撤回或试图不予缴税而无损于税法制裁的，判处 3 个月至两年监禁和 2 万 ~ 20 万西非法郎的罚款。

5. 税务争议

（1）国家税务机关对税收政策具有唯一解释权。

（2）纳税申请须由纳税人提交给税务局或代表处，由其确定是否接受纳税申请。

（3）索赔期限为 3 个月，自付款日期或赔偿日期起。

（4）由税务局或税务代表决定投诉处理，从请求送达之日起 6 个月内，否决或通过。

（5）如果申请人有异议，可于收到通知之日起 3 个月内，向上级法院提起诉讼。

（6）在规定期限上诉法庭是解决税务争议的最后一种方式。

6. 税收征管

（1）税款征收、权利、义务、版税、收入等税务制度的各种规定由税务机关工作代表执行。税务代表被视为公共财务会计师。

（2）履行各种纳税义务可主动缴纳，或按票面价值，或发布税收抵押承诺。

（3）诉讼。① 由税务检查人员和法定代理人在职责范围内执行，可能需要警察机关协助。② 诉讼期纳税人未缴纳的税项，在截止日期之前，由征税机关代管。③ 税务征收人员在得到上级许可的情况下可以向法警提出协助。④ 税务稽查享有民事诉讼权利，特别是没收货物、财产、信息透露给第三方，查封专业建筑和监禁等职能和具体手段。

7. 税收追溯期限

税收追溯期限为十年。

三、主要税种介绍

（一）企业所得税

1. 征税原则

企业所得税法引入居民企业概念。居民企业是指依照尼日尔法律成立的或依照外国法律成立但实际管理机构设在尼日尔的企业。国际协议条款的实施不在此限。非居民企业仅就来源于尼日尔的收入缴纳企业所得税，居民企业就来源于全球的收入缴纳企业所得税。尼日尔注册的企业必然是居民企业而实际管理机构设在尼日尔的外国公司也可能被认定为尼日尔居民企业。

2. 税率

（1）在尼日尔注册企业，按净利润的 30% 征收企业所得税。

（2）新注册成立的公司，在前两个会计年度免除所得税义务，需在当前法律时期内提交该期间年度财务报告。

（3）若企业在该年度未取得任何利润或所得税的数量低于营业额的 1%，企业应按营业额的 1% 缴纳最低所得税。

（4）以下活动，付款人需要代扣缴纳所得税。

在国内市场内部运营、未获得所得税免除许可的但有税务注册号（NIF）的企业，按照收入的 2% 抵扣；

在港口或海关运营、未获得所得税免除许可的但有税务注册号的企业，按照收入的 2% 抵扣；

没有税务注册号的企业，按照收入的 7% 抵扣；

在尼日尔境内无办公机构的外国企业或个人，在接受尼日尔境内企业支付的特别佣金、回扣、手续费、版税或其他服务等，税率为 16%。

3. 税收优惠

企业所得税小于 1000 西法的，可以免除。

尼日尔《税法》要求所得税以权责发生制为基础，收入以开票金额确定，税收年度自 1 月 1 日—12 月 31 日，纳税期限为次年的 3 月 31 日前。如果上年所得税已缴清，本年度出台了关于上年度减免的政策，可以在本年度冲减，但不退税。固定资产折旧形成的亏损可以在以后任意一个纳税年度进行调整。

4. 所得额的确定

税收年度为 1 月 1 日—12 月 31 日，缴税期限为次年的 4 月 30 日前。如果上年所得税已缴清，本年度出台了关于上年度减免的政策时，可以在本年度冲减，但不退税。当年的亏损可以在以后的三年内用税前利润弥补。

在计算企业所得税时，可以扣除的项目有人工成本、原材料、设备折旧、房租及其他可以扣除的直接费用。

尼日尔《税法》中列举了一些不能在税前扣除的费用：

业务招待费不超过营业额 0.5% 的部分可以在税前扣除，但每月扣除额不超过 40000 西非法郎（招待个人 10000 西非法郎，招待单位 30000 西非法郎），这里的招待费主要指餐饮招待。

体育、文艺等赞助性支出不超过 500000 西非法郎的部分可以在税前扣除。

在尼日尔境外的办公支出（如出差等）的 30% 可以在税前扣除。

各种罚没支出、税费支出不能在税前扣除。

为个人缴纳的社会保险（CNSS）不能在税前扣除。

纳税时需提交的材料包括资产负债表，利润表，成本费用表，折旧计算表等，所有的资料必须有审计师或税务专家的审核签名信息、意见信息和会计人员信息，要有审计师或税务专家对所报资料真实性的说明。所有资料为法文资料。

纳税地点为公司经理部所在地，而不是施工地点。

5. 反避税规则

（1）关联交易。关联企业之间发生的交易应符合独立交易原则。税务机关有权要求居民企业提供与非居民企业的相关交易信息，包括企业所使用的转让定价方法的信息、与相关非居民企业业务活动往来的详情以及适用的税收制度。

（2）转让定价。为了避免调整转让定价，企业可通过单边或双边预约定价协议程序，向税务机关申请事先裁定，税务机关会根据相关立法确定合适的转让定价方法。

（3）资本弱化。资本弱化规则适用于受控企业。当两个企业相互间直接或间接持有其中一方的股份达到 50% 或以上，或者实际控制另一家企业，或者第三方企业直接或间接对两家企业控股达到 50% 或以上或对两家企业实行控制，则这两个企业被视为受控企业。支付给关联企业的利息，如果超过 1.5∶1 的总负债比率（关联方债务与股权的比率），或者支付给受控企业的利息总额超过其收入的 25%（税前），或者支付给受控企业的利息金额超过收到关联企业支付的利息金额，则不能税前扣除，但在特定的限制条件范围内可以结转。此外，自结转的第二年起，利息扣除额每年减少 5%。

6. 征管与合规性要求

尼日尔的企业所得税应纳税所得额为当年财务报表利润加减各种纳税调整项目。企业应当上报经过社会中介机构审计的上年度财务报表和据此计算的应纳税金额，并在 4 月 30 日前办理税金缴纳。

（二）增值税

1. 征税原则

企业在尼日尔以个人或公司形式，经常或偶尔进行（进口立法手册制定的物资、提供交易性质的货物或服务、建筑工作等）活动都应缴纳增值税。

2. 计税方式

根据《增值税法案》，采用包税制的个人或机构采用简易纳税规则，其他企业采用正常纳税规则，其中大型企业联合会下属的大型企业需开具有纳税人识别号的增值税发票。正常纳税规则和简易纳税规则采用同一个税率，适用正常纳税规则的企业按月申报，适用简易纳税规则的企业按季度申报。

正常纳税规则（类似于国内一般纳税人资格）：公司、个体经营从事商品买卖、食品消费或提供房屋等活动，营业额（不含增值税）大于 1 亿西非法郎及从事其他经营活动营业额（不含增值税）大于 0.5 亿西非法郎。

简化纳税规则（类似于小规模纳税人资格）：个体经营从事商品买卖、食品消费或提供房屋等活动，营业额（不含增值税）为 0.3 亿 ~1 亿西非法郎及从事其他经营活动营业额（不含增值税）为 0.15 亿 ~0.5 亿西非法郎。

3. 税率

增值税执行统一税率 19%。

4. 增值税免税

可以免除增值税的情况：

（1）从事农业、畜牧业及渔业的活动。

（2）海关税制所列的第一表格产品的销售。

（3）蔬菜、水果、家禽、肉的销售与再销售。

（4）医生、兽医的收入。

（5）铀矿的销售与再销售。

（6）学校、大学机构的收入。

（7）未建房的地皮收入。

（8）空中运输。

（9）人员与货物的公路运输。

（10）报纸的编写、销售、印刷所得，广告收入除外。

（11）电影爱好者俱乐部、文化中心、国家博物馆、协会的非营利活动。

（12）邮票、印花公文纸的销售。

（13）国家、公共机构不带工商性质的出售与转让。

（14）保险公司的业务，但要缴纳保险单一税。

（15）产权、客户的转让税（含房屋租赁），登记税除外。

（16）对自然人提供的水电费，每月提供的水量少于或等于50立方米，每月提供的电能少于或等于150KW/H。

（17）利息所得。

5. 销项税额

《增值税法案》规定增值税税基为销售货物或提供服务的全部价款。符合下列条件的内容不包括在税基内：

（1）从事农业、畜牧业及渔业的活动。

（2）海关税制所列的第一表格产品的销售。

（3）铀矿的销售与再销售。

（4）蔬菜、水果、家禽、肉的销售与再销售。

（5）医生、兽医的收入。

（6）学校、大学机构的收入。

（7）未建房的地皮收入。

（8）空中运输。

（9）人员与货物的公路运输。

（10）报纸的编写、销售、印刷所得，广告收入除外。

（11）电影爱好者俱乐部、文化中心、国家博物馆、协会的非营利活动。

（12）邮票、印花公文纸的销售。

（13）保险公司的业务，但要交纳保险单一税。

（14）产权、客户的转让税，登记税除外。

（15）国家、公共机构不带工商性质的出售和转让。

（16）对自然人提供的水电费，每月提供的水量少于或等于50立方米，每月提供的电能少于或等于150KW/H；

（17）利息所得等。

6. 进项税额抵扣

《增值税法案》规定下列增值税进项税可以抵扣：具有纳税人识别号（NIF）的增值税发票；进口单据；用于自用的申报表；租赁公司的租赁发票。以下情况不允许抵扣：住宿、餐饮、观看演出；进口后再出口的商品；石油产品（购买用于销售或用于生产电出售的除外）；虚假发票、虚假海关的申报；取得附属于不允许抵扣资产的服务。

7. 征收方式

增值税按进销项相抵后的余额缴纳，留抵余额不能申请退税，只能用于以后抵扣销项税额，且留抵期限不能超过两年。

8. 征管与合规性要求

增值税按月申报，截止日期为每月15日之前。逾期申报、未申报以及逃税将被处以未申报税款50%的罚息。

（三）个人所得税

1. 征税原则

个人所得税是基于自然人的工作薪酬征收的税种。征收范围涵盖所有收入、工资、各项津贴和补助（不包括家庭抚恤金和退休金）。但是，外交和领事组织、国际机构的人员可免个人所得税。

2. 申报主体

以个人为单位进行申报，申报的时候参照家庭情况、婚姻状况和子女数量，由所在企业或者政府机构代扣代缴，并于每月 15 日前申报缴纳；每年 4 月 30 日前，由企业统一进行年度纳税申报。

3. 应纳税所得额

根据《税法通则》卷一第 1 条对个人下列收入征收个人所得税：财产收入；工业、商业及手工艺收入；工资薪金及各种补贴；非商业性收入；动产收入；资本性收入；农业收入。应纳税所得额为主要毛收入减去应扣除和减免部分。

4. 扣除与减免

个人收入在计算个人所得税时，可以在税前扣除工资总额 6% 以内的社会保险金、薪酬项目中符合免征条件的特殊补助、企业发放每个小孩每月不超过 5000 西非法郎的家庭补贴、战争和工伤的伤残补贴、学生的假期补贴等。

家庭负担（子女，每户限 6 人，包括 21 岁以下子女、残疾子女、25 岁以下求学子女、收养的子女；无收入来源配偶，每户限 1 人）减免如下：0 个，税率为 0%；1 个，税率为 5%；2 个，税率为 10%；3 个，税率为 12%；4 个，税率为 13%；5 个，税率为 14%；6 个，税率为 15%；7 个，税率为 30%。

5. 税率实行累进税率

表9-2-1　个人所得税累进税率表

序号	应纳税所得额（西非法郎/月）	税率
1	0~2.5 万	1%
2	25001~5 万	2%
3	50001~10 万	6%
4	100001~15 万	13%
5	150001~30 万	25%
6	300001~40 万	30%

序号	应纳税所得额（西非法郎/月）	税率
7	400001~70 万	32%
8	700001~100 万	34%
9	高于 100 万	35%

数据来源：《尼日尔税费》，2016 年版。

6. 征管与合规性要求

个人所得税按月申报，截止日期为每月 15 日之前。惩罚逾期申报、未申报以及逃税将被处以未申报税款 50% 的罚息和根据《税法通则》卷一的罚则处罚。

（四）关税

1. 关税体系和构成

尼日尔是西非国家经济共同体和西非经济货币联盟组织成员国，其关税与西非国家经济共同体和西非经济货币联盟税制一致。从 2000 年 1 月 1 日起，在共同体特惠关税体制框架内原产于西非经济货币联盟体成员国的产品享受所有进口免税。其他国别进口货物需按照《海关征收管理办法》缴纳关税，具体细项见表 9-2-2：

表9-2-2　西非经济货币联盟关税税率

编号	关税	税率	计算方式
1	进口关税	X	VI × X
2	统计登记税	1%	VI × 1%
3	共同体统一捐税或西非经济货币联盟共同税	1%	VI × 1%
4	进口核查税	2%	VI × 2%
5	保护递减税	10%~20%	VI ×（10%~20%）
6	增值税	19%	VI ×（1+X）×18%

数据来源：《西非经济货币联盟海关法》，2001 年版。

2. 税率

2007 年，尼日尔根据西非经济货币联盟和西非经济共同体的海关税制，对《海关法》进行了修改。根据货物分类，进口关税如表 9-2-3：

表9-2-3　尼日尔关税税率

类别	品种	税率
1	特殊商品和货物	5%
2	半成品、机器、设备	10%
3	其他产品	30%

数据来源：《尼日尔海关法》，2007 年版。

3. 关税免税

为支撑某个行业或者是招商引资的需要，财政部会单独针对某个行业或者某个企业出具免税文件，免税范围和优惠范围根据免税协议确定。免税的项目仍需缴纳统计税 1%。工程类项目免税范围一般为建设该项目所进口物资、机械设备，主要包括钢筋、水泥、沥青、车辆、机械设备等大宗材料。免税期限为项目合同上规定的施工期限，如遇工程延期需要向海关提供由业主出具的延期证明并办理延期免税文件。但生活物资、豪华车辆不在免税范畴。

4. 设备出售、报废及再出口的规定

企业向项目所在地海关监管机构申请鉴定所需出售的车辆、机械和设备，由监管机构鉴定残值后出具书面文件；按残值补缴全额关税并取得结关单后方可出售。免税到期后，如果没有后续免税项目，需按鉴定残值补缴关税，企业可自行处理设备；如果转入其他免税项目，需要办理转移登记手续；如果项目结束后设备转场到其他国家，需取得海关监督管理机构的同意，按照核定的残值缴纳 1% 的出口税。

全额关税进口设备，企业可以自行报废；对海关税收优惠进口设备的报废必须通过海关监督管理机构认定残值，补齐相应关税后进行报废，同时申请海关管理机构进行销关。

（五）企业须缴纳的其他税种

学徒税。尼日尔境内使用人工的企业、机构或自然人均需缴纳学徒税。

该税基于除去社会保险金后雇员的年收入进行征收。计算公式为：学徒税金 = 工资总额 ×（1–10%）×（1–1.6%）× 3%（尼日尔雇员）；学徒税金 = 工资总额 ×（1–17%）×（1–10%）× 5%（外籍员工）。次年 4 月 30 日前缴纳上一年度学徒税。

管理费超标税。税基为各类礼品、招待费、车辆使用费、员工及家人年假机票等费用，税率为 28%。每年 4 月 30 日之前申报。

职业税。在尼日尔境内注册且有营业收入的组织均需缴纳职业税。征税办法：固定税率 + 比例税率。固定税率：企业年营业收入总额的 1‰，企业年收入总额的 1‰应不小于 150000 西法，否则按 150000 西示计算；比例税率：办公室年度房租总额的 10%，比例税率应不小于固定税率的 1/4。综上所述，职业税最低不得低于年营业收入的 1.25‰。

代扣代缴房屋租金税。此税种按房租的 12% 缴纳，在尼日尔居民企业租赁房屋，双方签订合同或协议后，需向税务局缴纳合同金额 5% 的登记税。

不动产税。所有的不动产都要缴纳不动产税，主要指建筑（房屋、商场、库房等），分为个人（租金费）和公司（固定资产原值或市场公允价值）。个人：用于办公用途，税率 10%；用于其他用途，如第二套住所、出租等，税率 5%。公司：上述认定价值的 1.5%。

公共合同管理费。针对承揽尼日尔政府直接所属工程，尼日尔设专门的独立机构，对投标进行监督，固定税率为 1%。无论是国库出资、国际援助或贷款，只要是与尼日尔政府签订合同，都需要支付。

特殊行业许可税。从事与酒精饮品类相关行业（经销商、酒吧、餐厅等），需缴纳特殊行业许可税，按固定税费缴纳。红酒及其他酒精度 15 度及以上的许可税为 16.4 万西法 / 年，其他酒精类商品的许可税为 10 万西法 / 年。

武器税。按固定税费缴纳，每件武器 2 万西法，不分武器类型。

车辆登记税。征收标准如表 9-2-4：

表9-2-4　车辆登记税征收标准

动力大小	税额（西法）
1~2HP	5000
3~6HP	10000
7~11HP	15000
12~14HP	20000
15~19HP	25000
20~24HP	35000
25HP 以上	50000

数据来源：《尼日尔税法》，2016 年版。

在转让车辆时，需要在转让许可上粘贴印花税，价值为 5000 西法。

彩票收入税。根据尼日尔的马票的总额或其他类似产品的全国彩票销售产生，税率为 15%。

赌博税。适用于商业目的的个人或公司举办组织的所有赌博游戏的收入，国家彩票除外，以赌博总收入或营业额为税基，税率为 20%。

保险税。税率如表 9-2-5。

表9-2-5　保险税税率

险种	税率
河海及空中航行	8%
火险	20%
养老险，包括截止日期不到三年的	9%
出口信贷险	1.2%
其他险种	12%

数据来源：《尼日尔税法》，2016 年版。

烟草税。进口烟草产品以入关价（含增值税以外的其他税费）为税基，本地烟草产品以出厂价（不含增值税）为税基，税率为 40%。

乘客登机税。所有的商业航空公司都需缴付，每名乘客应缴税额为 5000 西法，支付盖章后，凭登机的机票或电子机票，支付相应的税款。

环境保护税。税率是污染和降解商品价值的 5%，特别是塑料包装，润滑油等。每家污染或破坏环境的公司都应每年缴纳 6 万~12 万西法，根据环境的污染和退化程度而定。

电信网络税。任何个人或公司使用和访问公共网络都要交电信网络税，公共电信网的供应商（手机或座机）负责对所有访问使用网络的客户收取税费，税率是供应商总收入的2%。

注册费、印花税。

注册费：根据注册合同等事宜征收。注册税对表9-2-6所列公司行为产生的财务义务做出特殊规定：

表9-2-6 注册费税率

公司行为		税率
公司建立、合并、扩大	少于1亿西法	2%
	1亿~3亿西法	1.5%
	3亿~5亿西法	1%
	5亿西法以上	0.5%
投资房产行业		3%
注册资本增加		8%
在合伙人之间进行的可议付债券和股票转让		1%
股份转让		5%

数据来源：《尼日尔税法》，2016年版。

印花税：除非法律存在其他特殊规定，对用于民事和法律或可在法院制作和作为证明文本的文件，征收印花税。

（六）社会保险金

1. 征税原则

所有根据《劳动法》第3条雇佣1人以上雇员的，并在尼日尔从事经营活动的雇主，无论公共或私人的，都应加入社会保险基金，缴纳社会保险。如果在尼日尔境内从事工作不超过6个月的，在其常住地继续享受社会保险的雇员，可以不享受尼日尔法律法规规定的社会保险。

如果应工作需要或者雇主命令，雇员被派往尼日尔以外的地点工作且不超过6个月，雇员可继续享受社会保险。如果超过六个月，必须经社保局批准。

社会保险金包括养老金（公司缴纳雇员工资的 6.25%，个人缴纳工资的 5.25%，上限 50 万西非法郎）、家庭补贴（全部由公司承担，8.4%，上限 50 万西非法郎）及工伤（全部由公司承担，1.75%，上限 50 万西非法郎），共计 21.65%，由公司负责缴纳，个人部分由公司从工资里代扣。此外，企业还需向国家就业促进局缴纳雇员工资的 0.5%。20 人以下的公司每季度申报并缴款。20 人以上的公司，每月申报并缴款。逾期需缴纳应缴金额 10% 的罚款，此后每滞纳 1 个月多交应缴金额的 1%，罚款上限为 50%。

第三节　外汇政策

尼日尔的外汇管理部门为对外财政关系和外币管理局，隶属于财政部。尼日尔官方货币为西非法郎，与欧元挂钩，实行固定汇率，1 欧元兑换 655.957 西非法郎，货币发行受外汇保证金制约，货币相对稳定。

尼日尔施行宽松的外汇管理，外资企业经财政部和工商部注册批准可以在当地开设美元账户，外汇汇入兑换成当地货币，合法外汇可以自由汇出，不交税，交手续费。外国人携带现金出入境限额为 200 万西非法郎或等值货币。

第四节　会计政策

一、会计管理体制

（一）财税监管机构情况

在尼日尔注册的企业如果有经济业务发生，均需按照非洲统一商法（SYSCOHADA）中的《会计统一法》体系要求建立会计制度进行会计核算。

税务局为财政部下设机构，税务局根据企业规模大小进行分类，由下属部门大型企业联合会（UGI）、中小型企业联合会（UMI）、微型企业联合会（UTPI）对企业进行监管，各企业需要按照统一格式上报会计和税务资料。

（二）事务所审计

每年营业额超过 5 亿西非法郎的企业需要由审计机构进行审定，税务局在稽查时会对企业是否进行外部审计予以关注。

（三）对外报送内容及要求

会计报告中主要包含内容。①企业基本信息，行业分类、经营范围、股东情况、公司地址、银行账户信息、税务登记号等。②企业经营情况表，资产负债表、利润表。③披露信息，费用类、资产类、历年营业额（五年内）、权益变动。④关联交易中，采购定价相关的证明材料及交易申明。

上报时间要求：会计报告须按公历年度编制，于次年的 5 月 20 日前完成。

二、财务会计准则基本情况

（一）适用的当地准则名称与财务报告编制基础

尼日尔采用非洲统一商法的会计准则。自 2018 年开始所有企业需按新修订后的非洲统一商法准则执行，该体系和 IFRS 逐渐趋同；在尼日尔的上市公司（以集团公司层面定义）2019 年开始也可以选择采用 IFRS 进行财务报告。

非洲统一商法中的《会计统一法》中规定了会计处理的具体核算方法，包括会计科目分类规则（共 9 类）及其核算具体内容，同时也规定了借贷记账规则。尼日尔于 2001 年 1 月 1 日开始实施，规范企业会计处理的原则。

尼日尔的会计核算制度与税法联系紧密，在会计核算中会充分考虑税法规定，所以纳税申报时对会计报表纳税调整项较少，与税务政策趋于一致。会计核算按照非洲统一商法中的《会计统一法》处理，实务处理时可以参照一些财税部门公布的以前会计处理惯例。在纳税申报时，对与税法不一致的事项进行必要纳税调整，并以调整后的税务报表作为报税依据。

（二）会计准则适用范围

所有在尼日尔注册企业均需要按照会计准则进行会计核算并编制报表。实际操作中，划归大型、中型企业管理局所涉及的企业会计工作更加规范。

三、会计制度基本规范

（一）会计年度

《会计统一法》第7条规定，公司会计年度与历法年度一致，即公历年度1月1日至12月31日为会计年度。对于上半年新成立的公司，当年会计年度可以小于12个月；下半年成立的公司，当年会计年度可以大于12个月。

（二）记账本位币

《会计统一法》第17条规定，企业会计系统必须采用所在国的官方语言和法定货币单位进行会计核算。尼日尔采用西非法郎作为记账本位币，货币简称FCFA。

（三）记账基础和计量属性

《会计统一法》第17条规定，企业以权责发生制为记账基础，以复式记账为记账方法。

《会计统一法》第35条规定，企业以历史成本计量属性为基础，在某些情况下允许重估价值计量（第62~65条）。

《会计统一法》规定，会计计量假设条件，其一般原则有：谨慎、公允、透明（第6条）、会计分期（第7条）、持续经营（第39条）、真实性、一贯性、可比性（第8条）、清晰性（第9条）。

四、主要会计要素核算要求及重点关注的会计核算

（一）现金及现金等价物

会计科目第5类记录现金、银行存款及现金等价物。会计科目（51）核算现金，会计科目（52）核算银行存款。

资产负债表中列示的现金是指库存现金及可随时用于支付的银行存款，

现金等价物是指持有的期限短（从购买日 3 个月以内到期）、流动性强、易于转换为已知金额现金及价值变动风险很小的投资。主要涉及资产有现金、银行存款。

现金流量表中列示的现金及现金等价物和 IFRS 准则中概念一致。

（二）应收款项

会计科目第 4 类记录应收、预付款项。《会计统一法》规定：应收款项科目记录应收账款的初始计量按初始价值计量确认，同时规定了坏账准备、折扣、可回收包装物的会计处理。

《会计统一法》第 42 条规定，年末应收款项需要按公允价值计量确认；《税法通则》第一卷第 115 条 C 款（企业所得税法）明确企业资产的坏账准备可以从税前扣除，但 115 条 F 款规定对国家及地方政府债权的坏账准备不能税前扣除。

（三）存货

《会计统一法》第 39 条规定，存货初始计量以历史成本计量确认，包括买价以及必要合理的支出。存货的初始核算：存货的采购成本不包含采购过程中发生的可收回的税金。不同存货的成本构成内容不同，通过采购而取得的存货，其初始成本由使该存货达到可使用状态之前所发生的所有成本构成（采购价格和相关采购费用）；通过进一步加工而取得的存货，其初始成本由采购成本、加工成本，以及使存货达到目前场所和状态所发生的其他成本构成。《会计统一法》规定存货由全部商品、原材料和有关的供应品、半成品、产成品以及在盘点日企业拥有所有权的物资组成。具体分类如下：31 商品，32 原材料，33 其他储备品，34 在产品，35 在建工程，36 产成品，37 半成品，38 在途物资，39 存货减值。

《会计统一法》第 44 条规定，存货出库可以采用先进先出法和平均法（移动平均或加权平均）。企业应根据存货的性质和使用特点选择适合的方法进行存货的出库核算。确定存货的期末库存可以通过永续盘点和实地盘点两种方式进行。

《会计统一法》第 43 条规定，存货期末计量采用初始成本与可变现净值孰低法，若成本高于可变现净值时，应根据存货的可变现净值与账面价值的差额计提存货跌价准备并计入会计科目（39 存货减值）作为存货的备抵项。

施工企业存货分两种情况：第一，在工程账单确认收入方法下，期末采用永续盘点法确认未出库（32 原材料）和已领用未办理结算（35 在建工程）金额。第二，在建造合同法确认收入情况下，期末采用永续盘点法确认未出库原材料，并用"工程结算和工程施工"差额确认在建工程。

（四）长期股权投资

《会计统一法》中定义了长期股权投资是投资企业为了与被投资企业建立长期关系或为了自身的经营和发展而持有的被投资企业权益 10% 以上的投资。

会计科目（26）长期股权投资下设四个明细科目，分别核算控制、共同控制、重大影响、其他四种情况的投资。按会计法规的解释，控制是直接或间接持有被投资单位 40% 以上的表决权，且没有其他持有者通过直接或间接持有被投资单位超过 40%；共同控制是由有限的股东共同持有被投资单位的股权，共同决定被投资企业的决策；当直接或间接持有被投资单位有表决权股权的 20% 以上时，视为有重大影响。初始计量按投资成本计量确认，期末计量按《会计统一法》第 43 条以成本与可变现净值孰低法确认期末价值；处置长期股权投资时，其成本通过账户 81 处置非流动资产的账面价值结转。不属于长期股权投资的其他投资通过账户 50 短期投资核算。

（五）固定资产

《会计统一法》第 45 条规定，固定资产初始计量以历史成本计量确认，企业应在其预计使用期限内对固定资产计提折旧。

《会计统一法》第 42 条规定，固定资产期末计量按可回收价值计量，如果发生减值，计入减值准备。

《税法通则》第 1 卷第 114 条 B 款（所得税法）规定：企业计提的折旧金额不可低于正常使用期内直线法下计算的折旧总额。若企业不能遵循此项义务，少计提部分不能递延至后期。折旧计算应该以表格形式申报，否则无法税前扣除。《税法通则》第 1 卷第 114 条 A 款对固定资产的折旧年限做出了规定：

（1）建筑物，按建筑物种类折旧年限为 5~20 年。

（2）固定成套工具和器材，4~20年。

（3）移动设备，1~10年。

（4）交通设备，3~20年。

（5）动产、装配、装置，3~10年。

（6）特殊设备折旧，2~10年。

《税法通则》第1卷第114条G款对重型设备和工具允许选择加速折旧法，折旧率为40%，须同时满足以下条件：购买时为全新转台，价值高于4000万西非法郎；三年以上仍然可以使用；用于制造、加工、运输和装卸业经营；集中使用。同时需在购置后3个月之内申请税务部门的许可同意。

（六）无形资产

《会计统一法》中没有单独对无形资产的确认和计量规范，但与固定资产一样适用确认计量的一般规范。具体是：无形资产初始计量采用历史成本，企业应在其预计使用期限内对资产计提摊销（第45条）。无形资产期末计量按可回收价值计量，如果发生减值，计入减值准备（第42条）。

（七）职工薪酬

《会计统一法》中会计科目（42）核算职工薪酬，核算所有支付给职工的各类报酬。包括以下人员的薪酬费用：行政管理人员、普通员工、临时性雇佣员工（代扣5%来源扣缴税）、职工代表、提供服务的企业合伙人。确认和计量方法与中国会计准则的职工薪酬类似。对于建筑工程行业采用BTP惯例（类似于劳动法，规定企业必须给工人年假、年终奖、医疗报销等规定）。

（八）收入

《会计统一法》中会计科目（70）核算企业日常经营活动中取得的收入，核算企业对第三方销售货物、提供服务或劳务取得的经济权利。收入计量按净价计量确认（不包括销售代收的税金和在发票上注明的折扣，但现金折扣例外）。《税法通则》第1卷116条规定了日常经营活动中取得收入确认标准：当期经营活动中形成的、能基本确定金额且很可能有流入企业的经济利益，企业必须确认为当期收入。

对于房建和工程建筑企业，企业收入可以采用工程账单法或者建造合同法确认。

（九）政府补助

政府补助包括三类（前两类也包括第三方补助）：投资性补助、经营性补助和平衡性补贴。

投资性补助类似于中国《企业会计准则第 16 号——政府补助》中与资产相关的政府补助，是企业取得的为了购置、建造长期资产或为了提供长期服务而取得的补助。会计科目（14）用于核算投资性补助收入。取得时计入会计科目（14）和相关资产；年末结转会计科目（14）中当年分配的收益部分至会计科目（865），计入本年收益；处置相关资产时将会计科目（14）尚未分配的余额计入会计科目（865）。

《会计统一法》中会计科目（71）用于核算经营性补助收入，核算方法类似中国《企业会计准则第 16 号——政府补助》中与收益相关的政府补助。经营性补助是由政府、公共机构或第三方为了弥补企业产品的售价或其经营费用而给予的补助，既不是捐赠也不是投资性补助。经营性补助分为进口产品补助、出口产品补助。债权人放弃债务权利也视同经营性补助计入本科目，年末本科目结转至本年利润。

平衡性补贴是政府对企业特别事项的补贴，相当于营业外收入，直接通过会计科目（88）"营业外收入"，并在期末结转到本年利润。

（十）借款费用

借款费用是指企业因借款而发生的利息及其相关成本。借款费用包括借款利息、折价或者溢价的摊销、辅助费用以及因外币借款而发生的汇兑差额等。

（十一）外币业务

外币交易时，应在初始确认时采用交易发生日的即期汇率折算为记账本位币金额，当汇率变化不大时，也可以采用当期平均汇率或者期初汇率核算。

资产负债表日，外币货币性项目采用资产负债表日的即期汇率折算为外币所产生的折算差额，除了为购建或生产符合资本化条件的资产而借入的外币借款产生的汇兑差额按资本化的原则处理外，其他类折算差额直接计入当期损益。以公允价值计量的外币非货币性项目采用公允价值确定日的即期汇率折算为人民币所产生的折算差额作为公允价值变动直接计入当期损益。

资产负债表日，以历史成本计量的外币非货币性项目，除涉及计提资产减值外，仍采用交易发生日的即期汇率折算，不改变其记账本位币金额。流动性较强的科目、有合同约定的科目应采用外币核算，包括：买入或者卖出以外币计价的商品或者劳务；借入或者借出外币资金；其他以外币计价或者结算的交易。

（十二）所得税

所得税采用应付税款法，不区分时间性差异和永久性差异，不确认递延所得税资产和负债，当期所得税费用等于当期应交所得税。本期税前会计利润按照税法的规定调整为应纳税所得额（或由税务局核定的应纳税所得额），与现行税率的乘积就是当期在利润表中列示的所得税费用。会计科目（89）核算所得税，分为当期所得税费用和以前年度所得税费用调整，年末余额结转至本年利润。

五、其他

《会计统一法》中没有单独的企业合并准则，但《会计统一法》第5章合并财务报表明确该体系接受两种国际标准：

（1）国际会计准则理事会批准的标准，即 IASC 发布的 IAS，其中 IAS22 企业合并已经被后来 IASB 发布的 IFRS3 取代，但由于《会计统一法》并没有修订，没有明确是否自动适用 IFRS3。

（2）欧洲标准（欧洲共同体理事会第7号指令），然而后来的欧盟也于 2005 年起上市公司执行 IFRS3。

因此该会计系统的企业合并处理与中国《企业会计准则第 20 号——企业合并》中非同一控制下企业合并类似。

第十章 尼日利亚税收外汇会计政策

第一节　投资环境基本情况

一、国家简介

尼日利亚，全称尼日利亚联邦共和国（Federal Republic of Nigeria），位于非洲西部，西接贝宁，北邻尼日尔，东连乍得与喀麦隆，南临大西洋几内亚湾。尼日利亚国土面积 92.38 万平方公里，人口 1.86 亿（2016 年），是非洲人口最多的国家，青年人口仅次于印度和中国位居第三位。尼日利亚国内信奉伊斯兰教与基督教人口约各占一半，伊斯兰教在北部地区占主导地位，官方假期包含了穆斯林与基督徒的主要节日。尼日利亚属英联邦国家，1960 年独立，官方语言为英语，官方货币为尼日利亚奈拉（NGN）。

尼日利亚政治实行联邦总统制，总统、国民议会、最高法院分领行政权、立法权、司法权，总统任期四年，连任不得超过两届。尼日利亚全国设联邦、州、地方三级政府，划 1 个联邦首都特区与 36 个州，1991 年尼日利亚首都由拉各斯迁入新修建的阿布贾。尼日利亚法律属普通法法系（英美法系），在北部一些以伊斯兰教为主的州存在伊斯兰教法。

二、经济情况

尼日利亚 2017 年 GDP 约 5082.58 亿美元，世界排名第 25 位，位居非洲第一位。尼日利亚自然资源丰富，已探明石油储量与天然气储量分居世界第十位和第八位，是世界第六大石油出口国与石油输出国组织 OPEC 成员之一。油气占出口收入逾 90%，占国家收入比重达 2/3。

尼日利亚主要经济部门为服务业，金融、电影等产业发展迅速。制造业产业包括纺织工业、汽车制造等，但整体工业基础薄弱，大量产品仍然依赖进口。尼日利亚通信市场是世界发展最快的市场之一，交通业相对落后，基础设施经久失修，主要港口位于拉各斯、哈科特港和卡拉巴尔。

尼日利亚是 15 国集团、西非国家经济共同体、石油输出国组织、发展中国家全球贸易优惠制等国际经济组织成员国。

三、外国投资相关法律

尼日利亚法律法规系英美法系，除议会颁布的法律外，联邦政府及相关部门与州政府都有权出台各项法规。与投资合作经营有关的法律法规有《公司及相关事务法（Company and Allied Matters Act）》《投资与证券法（Investment and Securities Act）》《尼日利亚投资促进委员会法案（Nigeria Investment Promotion Commissions Act）》《劳动法（Labour Act）》《养老金改革法案（Pensions Reform Act）》《专利与设计法（Patent and Design Act）》《贸易不当行为法令 Trade Malpractices Decree》》《联邦环境保护局法（Federal Environmental Protection Agency Act）》《环境影响评估法（Environmental Impact Assessment Act）》以及税法、金融相关法律法规等。

尼日利亚《公司及相关事务法》规定在尼日利亚外国投资者必须成立一个独立实体，在进行经营活动前须到公司事务委员会（Corporate Affairs Commission）注册，形式包括私人或公共有限责任公司、股份有限责任公司、担保有限责任公司、外国公司（外国公司分公司或子公司）、合作企业、独资企业、代表处等。外国公司在当地注册的分公司或子公司必须向尼日利亚投资促进委员会（NIPC）申请商业许可证和其他必要的许可证和执照。以下四项外国公司可向部长会议提出豁免在当地注册企业：

（1）获得联邦政府邀请或批准到尼日利亚执行特定单项工程的外国企业。

（2）代表援助国或者国际组织到尼日利亚执行特定单项工程的外国企业。

（3）仅从事出口推广业务的外国国有企业。

（4）根据与联邦内各地方政府及其部门或其他机构及个人签订的合同（该合同已经获得联邦政府批准），从事单项专业工程的工程顾问和技术专家。

外国公司在当地注册企业，根据《移民法》，可申请获得外籍移民配额，其执行股东可获得永久配额，其他人员可获得临时配额，通常为 2~3 年。外籍人员应通过签证方式进入尼日利亚，短期签证包括旅行签证和商务签证、临时工作许可等方式，可停留时间一般不超过 3 个月；停留 3 个月以上须获得居住许可，可通过申请人所在国大使馆或领事官员递交文件，申请授予工作签证（STR 签证），在到达尼日利亚后申请获得居住或工作许可。

《劳动法》规定，雇主应该在雇员开始工作 90 天内向雇员提供书面雇佣合同。尼日利亚《劳动法》等法律对员工产假、工伤、最低工资标准、工会行为等作出了相应规定。尼日利亚法定工时每日不超过 8 小时，一周不超过 40 小时，连续工作 6 小时以上应允许员工至少休息 1 小时，加班需支付加班费用。

1995 年尼日利亚颁布《投资促进委员会法案》，设立尼日利亚投资促进委员会（NIPC），负责促进、协调、监督在尼日利亚所有投资，规范了外商在尼日利亚投资行为，包含投资自由化、投资保护、投资争端解决等多方面内容。外国企业可以投资除军工业用品、麻醉药品等少数受限制领域外的其他所有经济领域，投资比例不受限制，并且还规定了仲裁机制。尼日利亚投资促进委员会发布指导方针和程序，规定了优先投资领域，并且有相应政策奖励和利益。

2007 年颁布的《投资与证券法》，用于规范尼日利亚资本市场运营。根据法规，尼日利亚证券交易委员会负责监督尼日利亚资本市场，监管尼日利亚证券交易所以及证券的发行和交易，该交易所为私营企业，是非洲第二大证券交易所。除此之外，尼日利亚并无反垄断法，该法律规定证券交易委员会有权确定任何企业合并是否有可能大幅度阻止或减少竞争。

1992 年《环境影响评估法》（EIA 法）第 2 节规定，经济的公共或私营部门在事先没有考虑到对环境的影响的情况下，不得执行或授权项目或活动。尼日利亚联邦环境部和各个州政府下级部门都出台了相关环境保护法律法规，各州政策与执行情况不尽相同。

四、其他

西非国家经济共同体是非洲最大的发展中国家区域性经济合作组织，1975 年 7 月成立，成员国有贝宁、佛得角、冈比亚、加纳、几内亚、几内亚比绍、象牙海岸（今科特迪瓦）、利比里亚、马里、毛里塔尼亚、尼日尔、尼日利亚、塞内加尔、塞拉利昂、多哥和上沃尔特（今布基纳法索）

16个国家。总部设在拉各斯。其宗旨是：促进成员国在所有经济部门的合作与发展，提高人民生活水平，维持经济稳定，为非洲大陆的进步和发展作出贡献。组织机构有：首脑会议、部长理事会、执行秘书处、大使委员会、共同体法院以及一些技术和专业委员会。西非国家经济共同体对于同盟内国家关税协商、基础设施建设以及构建货币同盟有重要作用。

自2015年4月11日起，尼日利亚关税税率开始执行西共体《统一对外税则2015—2019年》和《2015年财政政策措施》有关规定，此前规定的关税税率停止执行。其《补充保障措施》（SPM）同时生效执行。

第二节　税收政策

一、税法体系

尼日利亚税收法律中没有税收基本法，实体法包括资本收益税、企业所得税、个人所得税等各类一般税种相关法律，增值税、进口关税及消费税等专业税种相关法律与其他法律中有关税收规定的实体内容；程序法包括联邦税务局（设立）法案、税收征收（征收核准清单）法，以及其他各类税法中关于税收程序的内容；税收使用的国际法包括《统一对外税则2015—2019年》及其《补充保障措施》。

尼日利亚现行的主要税种有：企业所得税、个人所得税、增值税等。尼日利亚与包括中国、英国、法国等在内的22个国家签订了双边税收协定（部分尚未完全生效），对预提所得税税率、避免双重征税等作出规定。

尼日利亚与经济合作与发展组织（OECD）全球关系与发展部门签署了《落实防范税基侵蚀和利润转移与税收条约相关措施的多边公约》（MLI）和《通用报告准则多边主管当局协议》（CRS MCAA），旨在实现防范税基侵蚀与利润转移和金融账户信息的自动交换。

二、税收征管

（一）征管情况介绍

尼日利亚有较完整的税法和系统的税收征管体系。尼日利亚的税收管理部门实行联邦政府、州政府和地方政府三级管理。联邦政府征收的税赋有 8 种，州政府征收的税赋有 11 种，地方政府征收的税赋有 20 余种。尼日利亚实行属地税。

尼日利亚税务征收以纳税人申报为主，税务机关负责监督和催收。尼日利亚所有注册公司应在联邦税务局或地方税务部门注册，并得到相应的统一纳税号；纳税人在规定纳税期内开展自评，计算应缴税额；根据自评结果填写纳税申报表，连同审计报表、固定资产表等到税务机关核准的银行缴税。银行代收税款及各类报表后，向纳税人出具收款凭证，纳税人依据银行收款凭证向税务部门换取正式收据，并办理完税证明。

联邦税由尼日利亚联邦国内税收局负责征收，主要包括企业所得税、石油利润税、增值税、教育税、公司资本收益税、公司印花税、公司扣缴税、信息技术发展费等税种。此外，联邦首都区居民的个人所得税、个人扣缴税、资本收益税、印花税，尼日利亚外交部官员、警察人员、武装人员的个人所得税，以及非尼日利亚居民的个人所得税也由尼日利亚联邦国内税收局征收。

州内税由各州的州内税收委员会负责征收，主要包括州内居民的个人所得税、个人扣缴税、资本收益税、赌博和彩票税，以及商用场所注册费、州首府道路注册费等。

地方税由地方政府税收委员会负责征收，主要是与地方政府行政管理有关的税费，比如酒税、出生和婚姻注册费、公共广告费、州首府以外的道路注册费、动物牌照费、电视许可费等。

（二）税务查账追溯期与处罚

通常尼日利亚税务机关会有定期税务审计与其他税务检查。尼日利亚税法没有查账追溯期的具体规定，各税种相关法对违反税法规定的行为作出了相应行政处罚和刑事处罚规定。

通常来讲，尼日利亚纳税人需接受每年例行的税务检查，当纳税人申请退税或申请注销时，也需要接受税务检查。如果纳税人在税务检查中被发现少缴纳税款时，除补缴税款外，纳税人还会被处以罚款和滞纳金。未按照规定进行自行纳税申报并在截止日前缴税的企业，将会被联邦国内税务局进行税务稽查，并且需在稽查通知下发后 2 个月内缴付税款，延迟缴纳税款将被处以应纳税款 10% 的罚款并按同期银行贷款利率加收滞纳金。

（三）税务争议解决机制

尼日利亚税务纠纷主要通过诉讼手段解决。尼日利亚法律规定，纳税人可以先通过行政渠道协商解决税务纠纷，并且可以在行政程序解决之前随时提起上诉。纳税人可以在收到税务评估通知后 30 天内向相关税务机关发出反对通知，说明异议及理由。税务机关可以做出撤销税务评估、接受或拒绝异议的决定，税务机关拒绝异议，应向纳税人发出拒绝修改通知，纳税人可在 30 日内向税务上诉法庭或其他法庭提起诉讼。

尼日利亚纳税人对征税行为不服，可以向税务上诉法庭（Tax Appeal Tribunal）或相关的联邦、州高等法院提起诉讼，税务上诉法庭诉讼将公开举行，上诉人负有举证责任。对税务上诉法庭裁决不服的，可以在 30 天内通知税务上诉法庭秘书，向联邦高等法院上诉，如果没能在规定时间内上诉，税务上诉法庭裁决即为最终判决。

可能引发税务争议的情况包括：在相关税务部门定期税务审计中获得的信息；银行根据法律向联邦税务局提供的信息；纳税人提交的定期报税表；相关税务部门做出的税务评估或额外评估；不同税种在诉讼方面可能产生的不同争议（如个税争议是由习惯法院、州高等法院、还是税务上诉法院或联邦高等法院受理，取决于法院的管辖权，涉的税额大小以及税收行为是由联邦还是州税务机关处理）。

尼日利亚法律规定只有在提交纳税申报表时可以申请减税或免税，没有其他程序可以申请减免税。

有关税务纠纷的补偿包括撤销有争议的评估，赔偿损害、诉讼费用、罚金、罚款、利息等。

三、主要税种介绍

（一）企业所得税

1. 征税原则

根据尼日利亚《企业所得税法》，公司应就其一个纳税年度内（具体为公历 1 月 1 日至 12 月 31 日）的全部收益缴纳所得税。应税收益包括经营收入、租金、分红、利息、折扣、特许权使用费、养老金收益、年金，以及来自短期货币工具如政府债券收益等。

在尼日利亚从事经营活动并获得收益的所有公司，均构成纳税义务人。非尼日利亚公司（非居民企业）在满足下面四项条件中任何一项的情况下，该公司应该就该笔交易所取得的收入向尼日利亚联邦国内税务局缴纳相应税款：

（1）如果该公司在尼日利亚有从事经营的固定场所，且企业经营利润主要来自此固定经营场所。

（2）该公司在尼日利亚没有从事经营的固定场所，但该公司一般是通过隶属尼日利亚的代理人开展商业、经营、贸易活动的。

（3）如果以上的商业、经营、贸易活动只含有单一的合同，且该合同包含调查、运输、安装或建设的。

（4）该商业活动是在该公司和代表另一家公司的个人之间进行，并受该合同控制。

2. 税率

根据尼日利亚《企业所得税法》，企业所得税税率一般为公司本年度应纳税所得额应税收益的 30%，按年度缴纳，解释如下：

（1）尼日利亚公司应该就以下五类资金中最高者缴纳 15% 的特别税款。①已缴资本的 40%；②资本或法定储备金的 20%；③一般储备金的 15%；④长期贷款的 20%；⑤600 万奈拉。

（2）非尼日利亚公司用于尼日利亚境外的运营项目的本年度营业额如果超过 600 万奈拉，则按前者的 15% 缴纳特别税款；如果用于境外的运营项目的本年度营业额没有超过 600 万奈拉，则按 600 万奈拉的 15% 缴纳特别税款,即 90 万奈拉。

任何公司在组建后 6 个月内若没有开始营业,则必须在第一年度缴纳 500 奈拉,如果之后还没有营业,则缴纳 400 奈拉,直至其营业以后才按照以上的规定征缴公司所得税。

3. 税收优惠

尼日利亚联邦政府为了促进本国基础设施的建设以及经济的发展,公布了一系列的税收优惠政策,其中比较重要的是从事先锋产业企业的免待遇、原始投资津贴、重建投资抵免、出口加工区抵免等。

(1)投资先锋产业企业的免税待遇。尼日利亚联邦政府对某些对国家经济发展具有重要意义的产业或产品授予了先锋地位,并给予投资先锋产业的企业免税的待遇,以使这些企业在投产后的几年内获得合理利润,以便用于日后的扩大再生产。投资先锋产业的企业可享受五年的免税期,在经济落后地区的更可享受七年的免税期。要获得先锋地位,合资企业或外商独资企业的资本投入不得低于 500 万奈拉,本土企业不得低于 15 万奈拉。申请获得先锋地位的企业在开始商业生产后一年内提出申请。目前,尼日利亚联邦政府共批准了 69 个产业 / 产品享受先锋地位。

2017 年 8 月,尼日利亚联邦政府又将 27 个行业部门新纳入"先锋行业"之列,27 个行业部门涉及煤炭、肉类、家禽、可可、音乐、出版及分销行业等。

(2)重建投资抵免。尼日利亚《企业所得税法》第 32 条规定,任何公司用于建设厂房和购买设备的实际开支可以享受投资抵免。投资抵免是指用公司的投资额来冲销其征税年度应纳税的利润,从而达到减免税款、鼓励企业投资再建设的目的。公司可以将本纳税年度内购买设备和建设厂房开支的 10% 来冲销本年度的应纳税所得额。

(3)农村投资抵免。尼日利亚是一个经济发展不平衡的国家,各个地区的基础设施建设水平参差不齐,有些地方连基本的道路、供水、供电设施都没有。如果公司在这种地方进行生产经营就必须要在初期投入大量的人力、物力、财力资源来进行基础设施的建设,才能开展下一步的生产经营活动。对此,尼日利亚《企业所得税法》第 34 条规定:在离供电、供水、道路、通信等相关设施 20 千米以上的公司，对于在进行以上基础设施建设活动的开销，政府将给予一定程度的税收抵免。其中，在没有任何基础设施的情况下，给予 100% 的税收抵免；在仅没有供电设施的情况下，给予 50% 的税收抵免；在仅没有供水设施的情况下，给予 30% 的税收抵免；在仅没有柏油路 的情况下，给予 15% 的税收抵免；在仅没有通信设施的情况下，给予 5% 的税收抵免。以上所说的抵免，只能够是在基础设施建设的那几年，就相关 投资冲销相应年度的应税所得。建设项目一旦完成，就不可以将之前尚未抵免的投资来冲销未来年度的应税所得了。

（4）出口加工区抵免。在尼日利亚出口加工区的公司可以享受特殊的优惠政策。出口加工区内从事生产活动的公司建设办公楼及厂房的投资享受 100% 的资金抵免，享受了这种资金抵免的投资不得享受本法规定的其他投资抵免。

一个以出口为导向的公司，不管其是否成立于出口加工免税区，只要它满足下列五个条件，在其成立后的头三年的所有收入都免于征税：①是百分之百出口型的企业；②不是通过分立或者原有公司重建而成立的；③在相关的年度内，即免税的那三年内，它的制造、生产、出口占其 营业额的 75%；④其经营活动不是机器设备、厂房的转让；⑤企业出口所得收益的 75% 都转移回尼日利亚，即转移到在尼日利亚境内注册的银行账户内。

（5）其他优惠政策。除了以上所提及的优惠政策，尼日利亚《企业所得税法》在第五章还规定了一些其他的优惠政策。这些规定相对零散，具体内容如下：新成立的从事矿产开采的公司，在其运作的头三年享受免税优惠。倘若酒店营业收入中，可自由兑换货币的 25% 在五年内，以筹备建立新的酒店、会议中心等公积金的形式存在的部分可免予征税，该项规定主要是为了鼓励旅游业的投资，推动旅游事业的发展。从事零部件生产的企业的相应资金开销享受 25% 的投资抵免。购买尼日利亚本地的生产厂房、机器设备的公司，这部分的投资享受 15% 的税收抵免。从事天然气利用的企业享受一些投资鼓励政策，其中包括：业务开展前三年免税，若运营良好，免税期可延长至五年；免税期结束后，加速 资本抵免，其中包括用于厂房建设和设备投资额 90% 的年度免税额和 10% 的保有额；在免税期内，外汇经营投资的红利免于征税；部长可以批准免予收取有关公司运营项目的贷款利息税等。从事制造业、农业生产或采矿业，并且营业额（总销售额）低于 100 万奈拉，则其首五个纳税年度的企业所得税按 20% 的优惠税率征收。投资特定工业活动的公司可以在申请时，授予三年免税期，在满足特定条件的情况下可延长至两年。可能获得免税期的产业包括玻璃和玻璃器皿制造，肥料制造和钢铁制造。从事固体矿物开采的新公司在运营的前三年免税。

4. 应纳税额计算

根据尼日利亚《企业所得税法》计算一个公司在某一纳税年度内的应纳税额时，需要分四个步骤：首先，明确该公司在该年度的收入总额；其次，将该公司在该年度的收入总额减去应该扣除的项目；再次，在收入总额中扣除用于弥补先前亏损的金额，再扣除一些法律规定的不征税收入和可以扣除的相关项目收入，得到应纳税所得额；最后，将应纳税所得额乘以适用的税率，减去应该减免的税额以及允许抵免的税额，计算得出本年度的应纳税额。用公式表达就是：应纳税额 = 应纳税所得额 × 适用税率 −税收优惠减免税额 − 税收优惠抵免税额。

应税收益包括经营收入、租金、分红、利息、折扣、特许权使用费、养老金收益、年金，以及来自短期货币工具如政府债券收益等内容。

（1）免税与不征税收入。尼日利亚居民公司从另一家尼日利亚居民公司收到的股息应缴纳预提所得税。从非居民公司收到的股息除非通过政府批准的渠道（尼日利亚中央银行授权的任何金融机构处理外币交易）将其汇回尼日利亚，否则应纳税。

政府债券的利息和外币银行账户的利息收入可以免税。

用于出口型商品制造银行贷款产生的利息收入和境外贷款利息收入可按照下列标准予以免税，见表 10-2-1：

表10-2-1　用于出口型商品制造银行贷款产生的利息收入和境外货款利息收入的免税标准

偿还期（包含延展期）	宽限期	免税比例
大于 7 年	大于 2 年	100%
5~7 年	大于 18 个月	70%
2~4 年	大于 12 个月	40%
2 年以内	0	0%

（2）允许税前扣除的项目和不允许扣除的项目。允许税前扣除的项目包括生产贸易成本、利息、租金、经费开支、薪资、州与地方税费、修理费、坏账、研发费用、限额内的捐款等。不允许扣除的项目包括折旧、罚款、商誉、社会组织会员费、缴纳的管理协议费用、娱乐支出、未得到尼日利亚政府认可的机构或个人捐款。应税收入减去扣除项目计算得出的利润即应纳税所得额。

（3）亏损弥补。因为企业的生产经营是一个连续的过程，在这个过程中的盈亏是按阶段划分的，所以在计算公司应纳税所得额的时候，亏损应作为一个特殊的项目而予以扣除。在尼日利亚，公司可以通过各种所得弥补在经营上的亏损，对于那些没有被弥补的，尼日利亚联邦政府允许纳税人将其结转至未来的相应年度，以此来冲销未来的应税所得。具体的法律规定如下：①在计算亏损结转的时候，合计扣除的金额不得超过公司的实际亏损；②任何经营或者贸易产生的亏损只能冲抵将来同一经营或者贸易中获得的利润；③贸易经营亏损只能够冲抵亏损纳税年度结束后四年内的利润；④从事农业经营与贸易的公司发生的亏损可以向亏损纳税年度之后年度无限结转，直至亏损全部弥补；⑤联邦税收委员会规定，每一年的损失都必须进行单独计算，以便在每个纳税年度结束后计算公司的应纳税所得额。

5. 反避税规则

（1）关联交易。尼日利亚《转让定价条例》于 2012 年 8 月 4 日生效，适用于关联方之间发生的交易。根据《转让定价条例》第十章关于关联方的定义，关联方包括个人、公司、合伙企业和合资企业。相关组织、个人只要符合经济合作与发展组织（OECD）指南中关于关联方的任一项条件，即构成关联方。OECD 指南中规定，只存在以下情况，两家企业即构成关联企业：一家企业直接或间接参与另一家企业的管理、控制或资本；同一方或数方直接或间接参与两家企业的管理、控制或资本。

OECD 指南进一步规定，所谓直接或间接参与两家企业得到管理、控制或资本是指直接或间接拥有超过该企业 50% 的股本，或能够实际控制该企业的经营决策。

（2）转让定价。转让定价条例与联合国（UN）第 9 条、经合组织税收收入和资本税收协定以及经合组织跨国企业和税收管理转移定价指导原则的原则一致。但是，如果公约与当地立法之间存在不一致，应以当地税法的规定为准。尼日利亚转让定价方法与国际保持一致，因此，经济合作与发展组织（OECD）转让定价准则规定的五种转移定价方法适用于尼日利亚进行关联交易的公司。

（3）资本弱化。尼日利亚没有资本弱化的相关规定。

6. 征管与合规性要求

公司从事经营超过 18 个月的，申报所得税的时间应为企业会计年度结束起 6 个月内。新设立的公司则应在设立后的 18 个月内，或会计年度结束后的 6 个月内，两者中较早时间申报所得税。根据税收征管条例，未能及时在 6 月 30 日（包含 6 月 30 日）之前支付及办理纳税申报，须补缴税款与 10% 罚款及同期商业利率计算的罚息。税收可以经过联邦税务局同意后最多分三期支付，具体时间由联邦税务局确定。

公司进行纳税申报应提交：课税年度的纳税计算表；各期间以国际财务报告准则编制的经审计财务报表；一份签署的企业所得税自我评估表；缴纳所得税的凭证。

（二）个人所得税

1. 纳税人

尼日利亚居民应就其全球范围内的收益缴纳个人所得税，非尼日利亚本国居民仅就其在尼日利亚日利亚获得的收益缴纳个税。尼日利亚法律规定，下列情形将被视为尼日利亚缴纳个人所得税的对象：

（1）外籍工作人员在任何一个 12 个月的时间段内，在尼日利亚工作滞留时间达到 183 天或超过此天数。

（2）外籍工作人员的雇主在尼日利亚境内，且所有的工作任务全都是在尼日利亚境内进行的。

2. 征税范围

根据尼日利亚《个人所得税法》，个人应就其一年内的全部收益缴纳个人所得税。应税收益包括个人工资、奖金、交易盈余、利息、分红、养老金、年金，以及来自许可他人使用或占用其财产所获得的收益等。

3. 减免与扣除

（1）免税收入。根据尼日利亚《个人所得税法》，以下收入可享受免税：企业职工在完成本职工作过程中，发生费用的单据报销，而在此过程中企业职工并没有从中获得额外收入；企业职工的医疗（看牙病等）开销；退休补助金和失业补偿费；企业职工因离开或回到尼日利亚所发生的差旅费用；企业职工取得用于孩子抚养或教育的收入，如果该收入从下一年度该职工的个人救济金中扣除的话，则不征收个人所得税；无偿援助的收入；企业职工的租金补助金；交通补贴费；休假补贴，该补助金额可达年基本薪金的 10%；餐费补贴，每年最多补助金额为 5000 奈拉；娱乐补贴，每年最多补助金额为 6000 奈拉；多功能补贴，每年最多补助金额为 10000 奈拉。

（2）免于征税的其他项目。对纳税个人来讲，根据其自身具体情况，还有一些可减轻税收负担的项目。

个人减免：估算为 5000 奈拉，再加上 20% 的个人收入。

子女津贴：一般允许的年度津贴总额为每个孩子 2500 奈拉。当然，还取决于以下条件：一是子女未婚，年龄不超过 16 周岁，二是如果子女年龄已超过 16 周岁的，孩子必须正在公认的教育机构受到全日制教育，本项津贴最多为四个孩子申请。

赡养亲属补贴：最大补贴金额是每个赡养亲属 2000 奈拉，最多不超过两位被赡养亲属，如果被赡养者收入已超过 2000 奈拉，申请该项补贴将不予考虑，另外，如果被赡养人是由一个以上纳税人照顾，该项补贴将被分摊给这些纳税人。

人寿保险费用的免除：企业职工为自身和配偶，向保险公司交纳的人寿保险费全部免于纳税。

残疾津贴：企业残疾职工，一般指那些在其工作岗位上使用特殊设备，并有护理人员照顾的职工，准予其每年 3000 奈拉，或者是相当于 20% 的工资收入的金额，作为残疾补贴金，但选择其中较高的作为实际津贴补助。

向政府批准建立的研究中心或机构捐款：捐款金额上限是不超过个人收入中应纳税部分的 10%。

（3）税前扣除。除了各类收入法定的扣除额，尼日利亚居民个人可进行税前扣除部分为：个人扣除额统一按照 200000 奈拉或按含不纳税收入的总收入的 1% 的较大额。此限制不适用于有偿捐赠。

利息费用。与金融系统实体签订的为购置住宅的按揭贷款合同实际支付的无通货膨胀调整的利息可税前扣除。

社保保险。经批准的养老金、公积金或其他退休福利基金或方案可税前扣除，最高金额仅限于 5000 奈拉。个体户所支付的养老保险个人保费不得超过总收入的 10%。

4. 税率与应纳税额

尼日利亚个人所得税实行的是超额累进税率，2012 年 1 月 1 日起开始执行的税率如表 10-2-2：

表10-2-2　个人所得税税率表

单位：奈拉

序号	年收入	税率
1	300000 以下	7%
2	300000~600000	11%
3	600001~1100000	15%
4	1100001~1600000	19%
5	1600001~3200000	21%
6	3200000 以上	24%

数据来源：《中国赴尼日利亚税收投资指南》，国家税务总局。

当职工的年度总收入低于 250000 奈拉时，或超过了 250000 奈拉，但扣除减免项目以后没有应纳税收入，按收入总额的 1% 缴纳最小额度的个人所得税。

5. 征管与合规性要求

每年年初的 90 天内，每个应纳税个人（雇员除外）均应向相关税务机关就其上年全年内所有来源的收入报税。由雇主代扣代缴的情况下，年度申报必须在 1 月 31 日前完成。雇员的个税必须在工资支付次月的 10 日之内完成缴纳，税务机关下达税收指令的 30 天之内，企业必须完成缴纳或者提出异议。

雇主负有扣缴或提供雇员支付账户义务时，雇主如未能做出扣除或计算错误，应补缴相应税额，并处以相应税额 10% 的罚款与按同期商业利率计算的罚息。

（三）预提所得税

根据尼日利亚《个人所得税法》和《企业所得税法》，在支付某些特定商品或服务费用的过程中，付款方有义务代政府向收款方扣去一定比例的税款，并在扣款后 30 天内上交税务部门。

1. 性质

预提所得税实际上并不是单独的税种，而是由付款人代政府收取的企业所得税和个人所得税。这主要是出于所得税收取的便利，特别是避免纳税人隐瞒收入规避所得税，因而由法律规定付款人在支付费用时直接按比例代扣。收款方可以凭付款方开具的发票，在申报所得税时予以抵免。预提所得税主要在涉及合同的交易时收取。

纳税人缴纳企业所得税与个人所得税款时，已缴纳预提所得税款可进行相应的抵减。

2. 税率

根据尼日利亚《企业所得税法》和《个人所得税法》，预提所得税涵盖的商品和服务范围相同，但企业和个人扣缴的税率不同，具体如表 10-2-3：

表10-2-3　企业和个人预提所得税税率表

付款类型	企业预提所得税税率	个人预提所得税税率
股息，利息和租金	10%	10%
董事费用	—	10%
设备租用	10%	10%
特许权使用费	10%	5%
佣金、咨询、技术、服务费用	10%	5%
管理费	10%	5%
建筑/建筑（不包括勘测，设计和交付）	5%	5%
在正常业务过程中除销售以外的合同	5%	5%

3. 征管与合规性要求

付款方应在扣除税款后 21 天申报纳税，未扣除、缴纳税款处以未扣除、缴纳金额 10% 的罚款。

预提所得税的主管机构为州政府或者联邦政府。州政府根据《个人所得税法》，向个人或者个体工商户收取预提所得税；联邦税务局代表联邦政府根据《企业所得税法》向企业收取预提所得税。

（四）增值税

1. 征税原则

根据尼日利亚《增值税法》，增值税在消费链的每个环节上，由出售商品的企业代政府向消费者收取商品价格 5% 的增值税，但下列三种情况下，将由购买商品或服务一方代扣增值税并缴纳至联邦内陆税务服务局（FIRS）：石油（含石油服务类）和天然气公司；政府、政府代表和政府部门；居民纳税人与非居民纳税人交易。由于企业在购入原料时被代扣税款（进项税），同时在销售商品时又收取税款（销项税），尼日利亚《增值税法》规定，企业应以月为单位计算净增值税，将代收的盈余税款上交税务部门，或就被多扣的部分办理退税。尼日利亚征税范围包括尼日利亚当地商品和服务，进口的商品和服务。

2. 计税金额和税率

增值税销项税和进项税计税金额为商品和服务不含税发票价格，如果交易无货币表示，则计税金额应为商品和服务的市场价值。进口服务或商品价格包括佣金、运输费、保险费以及所有的关税和收费。增值税标准税率目前为商品和服务发票价值的5%，但明确规定免税或零税率的项目除外。

3. 增值税免税项目

根据尼日利亚《增值税法》，以下商品或服务免征增值税：药品、基本食品、书籍和教学资料、报纸和杂志、婴儿用品、商用车及其零配件、农产品和农业设备、肥料、农用化学品、医疗服务、宗教服务、社区银行和按揭机构提供的服务、教学使用的戏剧和表演、出口服务。

根据尼日利亚《增值税法》，下列商品及劳务享受增值税零税率，同时允许抵扣进项税：非石油相关货物出口；为外交人员提供的商品或服务；为人道主义援助项目提供的商品或服务；进口商用飞机、飞机零件以及用于固体矿产开采的机械设备。

4. 征收方式

根据尼日利亚《增值税法》，企业应以月为单位开展企业自评、计算净增值税，并在每月依据自评结果选择到银行补缴增值税，或凭原始单据到联邦国内税收局办理退税。

要申请进项税抵扣，注册人必须持有"税收发票"。税务发票应包含以下信息：纳税识别号（TIN）；名称、地址和增值税注册号；客户名称和地址；交易日期；提供商品与服务类型；描述所提供的商品和服务；商品数量或服务范围；增值税税率；提供现金折扣的比率和应付的增值税总额。

5. 征管与合规性要求

除从事豁免商品服务的企业外，其他所有企业均需在联邦税收局注册增值税号，以办理增值税的缴纳和退税。如果未将应交增值税款汇寄到"联邦内陆税务服务局（FIRS）"，将被处以相当于拖欠税收金额5%的罚金，另外还加收按当期商业主流利率计算的欠款利息。

（五）关税

1. 关税体系和构成

尼日利亚关税适用《海关和消费税管理法》《西共体统一对外税则（2015—2019 年）》（CET）及其《补充保障措施》（SPM）和《2015 年财政政策措施》。尼日利亚政府出台的《补充保障措施》和《2015 年财政政策措施》主要补充了以下内容：

（1）《进口调整税》（IAT）清单。列明了《西共体统一对外税则（2015—2019 年）》中 177 个税号所涉及的所有附加税。

（2）《国别清单》（A National List）。该清单列明了已审查通过的属于国家经济战略导向行业产品的进口关税税率。

（3）《进口禁止清单（贸易）》。该清单仅适用于原产地属于西共体成员国以外国家的特定货物。

《西共体对外统一税则》是西共体国家间构建贸易区和关税同盟的重要协约，协约除了统一关税税率外，还规范了反倾销措施、反补贴措施、保障措施和包括进口调整税与补充保障税在内的辅助保障措施。

《海关和消费税管理法》中规范了海关管理办法、进出口货物范围、关税税目与税率，其中关于关税税率的部分已被《西共体对外统一税则》取代。关税由海关管理委员会负责征收与管理。

2. 税率

新《西共体对外统一关税税则》主要包含四个范畴：属于基本原材料和资本货物的 2146 个税号适用 5% 的关税税率；属于半成品的 373 个税号适用 10% 的关税税率；属于最终用户产品的 2165 个税号适用 20% 的关税税率；将原《西共体对外统一关税税则》中的其他税号根据具体产品对地区经济发展的促进程度重新划分为 130 个税号，适用关税税率为 0%~35%。具体关税税目、税率以及附加税率可通过尼日利亚海关（NCS）官方网站查询。

表10-2-4　关税税率表

货物种类	类别	税率
基础公共产品	0	0%
原材料和资本货物	1	5%
半成品	2	10%
产成品	3	20%
特定商品	4	35%

3. 关税免税

临时进出口货物免税；出口后再进口货物，如果出口已交税，且重新进口时产品形式与功能未发生实质改变则免税，否则应对新增加价值缴纳关税。

（六）企业须缴纳的其他税种

资本收益税。资本收益税是尼日利亚联邦政府对企业或个人在处置资产过程中的收益征收的税种，税率为所获收益的10%。资产包括：土地、建筑物、期权、债权、产权、非奈拉外币资产、动产（车辆）。如果纳税人处置资产未获得收益，比如亏损贱卖，则不需要缴纳资本收益税。但是，纳税人在某笔资产处置中遭受的损失，不得抵扣其在其他资产处置中获得的收益，仍应就获益的资产处置缴税，除非两项资产的处置为同一笔交易。处置股票或买卖股份不缴纳资本收益税。根据尼日利亚《资本收益税法》，资本收益税按年度缴纳，即计入纳税人处置资产当年的纳税年度予以缴纳。采取分期付款方式处置资产，且付款期限超过18个月的，应将应税收益按每年付款的比例分摊到不同年度缴纳。对于居民纳税人，处置境外资产不论收益是否汇入尼日利亚，都需要缴纳资本收益税；对于非居民纳税人，只需要就尼日利亚境内的资产处置收益缴纳资本收益税。如果企业在处置资产后一年内获取相似资产用于同样的生产或者贸易，可以免予缴纳该项资产处置资本收益税。

教育税。根据尼日利亚1993年第7号法令[①]，在尼日利亚注册的公司应以其应税收益的2%向联邦国内税收局缴纳教育税。教育税以年为征收单

---

① 第7号法令：《尼日利亚教育税第7号法令》，1993年颁布。

位，与企业所得税一并缴纳。

信息技术发展费。根据尼日利亚《信息技术发展局法》，特定领域的企业年营业额超过 1 亿奈拉的，应向联邦国内税收局缴纳信息技术发展费，费率为企业利润总额的 1%。具体的纳税企业包括：GSM 服务提供商和所有的电信公司；信息技术公司和因特网提供商；银行、保险公司及其他金融机构；与养老金有关的公司及经理人。

印花税。印花税由联邦政府和州政府共同执行，税率因活动类别不同而不同，有固定费率与从价费率两种，从价费率从 0.5%~2% 不等，对于股本征收 0.75% 的印花税。

石油利润税。从事石油业务的企业根据每个会计期间利润情况缴纳石油利润税。

消费税（货物税）（Excise Duty）。消费税是尼日利亚国内税收的一种，只针对国产产品。目前征收消费税的商品有：啤酒和烈性啤酒；葡萄酒、苦艾酒和发酵饮料；烈酒、酒精饮料及其浓缩提取物；香烟、方头雪茄烟；其他烟草制成品或替代品。上述产品消费税税率均为 20%。

房产税（Property Tax）。房产税适用于房屋建筑物，由建筑物使用人缴纳。房产税税率通常根 据房产的租赁价格进行核定。例如，拉各斯州（Lagos）的房产税是按房屋租赁价格的 10% 进行缴纳。

（七）中尼双边税收协定

为避免对企业所得双重征税和防止偷税漏税，中尼两国政府于 2002 年 4 月 15 日签署了《关于对所得避免双重征税和防止偷漏税的协定》。经履行生效所必须的法律程序，协定自 2009 年 3 月 21 日起生效，自 2010 年 1 月 1 日起执行。

根据该协定，中国对外投资企业在尼日利亚设立公司的，该子公司在中国取得的收入缴纳中国税收后，再缴纳尼日利亚税收时可将该部分应税收益抵免；中国对外投资企业未在尼日利亚设立公司，则它在尼日利亚获得的收益缴纳尼日利亚税收后，可在中国税收中将该部分税额予以抵免，从而避免对所得双重征税。尼日利亚在中国取得利润、所得或应税收益缴纳的税款也允许在尼日利亚税收中抵免。

协定规定，缔约国一方支付给缔约国另一方居民的股息、利息、特许权使用费,可以在缔约国另一方征税。然而,也可以在其发生的缔约国征税,收款人是股息、利息、特许权使用费收益所有人时,所征税款不应超过金额的 7.5%(低于尼日利亚当地预提所得税税率 10%)。

(八)社会保险金

1. 征税原则

根据《养老金改革法案》,在尼日利亚,超过 15 人的私人公司雇主必须为员工缴纳养老金,15 人以下企业不作强制要求。缴纳比例最低为应付薪酬的 18%(公司承担 10%,职工承担 8%)。公司不得拒绝缴纳或延期缴纳养老金,相应处罚为应支付的金额加上不低于应付金额 2% 的罚金。

2. 外国人缴纳社保相关规定

外国人在尼日利亚工作可自由裁量是否在尼日利亚缴纳养老金,如果永久离开尼日利亚境内,应提前 3 个月通知养老金缴纳机构。

第三节 外汇政策

一、基本情况

尼日利亚的外汇管理部门为尼日利亚中央银行,1995 年颁布的《尼日利亚外汇管制法令》与央行相应政策文件组成了现在的外汇政策体系,构建了自由化的外汇市场。

尼日利亚外汇实行浮动汇率制度,外汇价格由市场决定,外汇交易无须披露外汇来源,交易要提供足够的文件支持。尼日利亚外汇交易商包括央行授权的外汇授权买家与外汇授权交易商,外汇授权买家包括旅店、外币兑换所(Bureau De Change)及其他央行授权的实体,外汇授权交易商通常为商业银行或其他许可交易外汇的专业银行。大多数外汇交易,通过尼日利亚授权交易商进行。

尼日利亚官方货币为尼日利亚奈拉,官方汇率为 1 美元兑换 305 尼日利亚奈拉(2017 年 6 月),奈拉币值并不稳定,近些年来,由于国际油价低迷，尼日利亚奈拉贬值严重。尼日利亚奈拉禁止输入输出。外汇市场交易外汇主要有美元、欧元、日元、南非兰特等可自由兑换货币，可以通过外汇纸币、硬币、银行汇票、旅行支票、汇款等多种方式交易外汇。

二、居民及非居民企业经常项目外汇管理规定

尼日利亚对于经常项目下外汇兑换与输入输出没有实质限制，超过5000美元的交易应进行申报，但仅为统计目的，任何从外汇市场购买的外汇无需进一步审批即可汇出。交易方在交易外汇时只需提交相应的支持文件即可，授权交易商将输入输出超过10000美元项目汇报央行。

2014年下半年，国际原油价格暴跌，尼日利亚央行为维持外汇储备，采取紧缩外汇政策，2015年6月颁布了对41项产品实施禁止进口购汇禁令，产品包括大米、水泥、玻璃和玻璃器具、餐具、衣服等，禁止进口商购买外汇来进口这些货物或服务。

三、居民企业和非居民企业资本项目外汇管理规定

对于资本项目，在尼日利亚投资的外国人须从授权交易商那里获取《资本输入证书》（Certificate of Capital Importation）方可享有在授权交易商处进行外汇交易与将外汇汇出境外的资格，汇出境外的外汇可包括：投资产生的股利和利润，外国贷款的还款，投资的售出或清算所获得的收入。

除此之外，通过其他正常途径获得的外汇输入输出不受限制，如出口创汇的汇入或通过外汇交易所兑换的外汇。

四、个人外汇管理规定

在尼日利亚企业或个人都可以用任何国际可兑换货币开立、维持、运作账户，每日可存入不超过10000美元或等值外汇。

个人旅行、商务旅行、旅馆账单支付等都可自由兑换外汇，个人纳税后所得可100%汇出尼日利亚。

五、人民币交易管理规定

2018年5月3日，尼日利亚央行与中国人民银行签署三年期150亿人

民币（折合约 720 亿奈拉）双边本币互换协议。尼日利亚央行出台了《尼日利亚中央银行授权经销商人民币交易管理法令》，用于规范人民币交易，旨在促进中尼贸易，鼓励在贸易中使用人民币进行交易。

中央银行售卖人民币的主要方式为两周一次的人民币竞买会议（CBN bi-weekly Renminbi Bidding），授权交易商进行报价与竞买。授权交易方开立人民币账户并向央行报备，在购得人民币后必须于 72 小时内使用资金，否则应以买价退回。外汇使用者通过授权交易商进行申购，从而实现人民币与奈拉的兑换，尼日利亚央行要求所有交易应基于真实的贸易（贸易与直接投资等）。

第四节　会计政策

一、会计管理体制

（一）财税监管机构情况

2011 年，尼日利亚颁布《财务报告委员会法案》，新成立财务报告委员会（FRCN）代替原尼日利亚会计准则委员会（NASB），受联邦工业、贸易和投资部监管。财务报告委员会负责拟定尼日利亚公共实体财务报告标准与制定或采用相关专业机构颁布的审计准则（应与国际审计与鉴证准则理事会公告一致），并作为独立机构负责监管会计、审计、精算、估值和公司治理。

尼日利亚另存在尼日利亚特许会计师协会（ICAN）和尼日利亚国家会计师协会（ANAN）两个专业会计组织，可以制定审计准则，审计员必须是其中一个组织的成员。

所有尼日利亚注册企业均需要按照会计准则进行会计核算并编制报表。

（二）事务所审计

所有注册企业编制财务报告都需要进行审计，次年 6 月 30 日应取得注册会计师签字的审计报告。

（三）对外报送内容及要求

财务报告必须每年编制并提交给公司事务委员会。会计报告中主要包含：会计报表、资产负债表、损益表、审计报告和管理报告，另外对于控股公司，还应提交集团财务报告。

二、财务会计准则基本情况

2010年，尼日利亚宣布逐步采用国际财务报告准则（IFRS），2014年起，所有公共实体和其他中小企业都开始采用IFRS，废止原尼日利亚通用会计准则。

国际财务报告准则是国际会计准则理事会（IASB）编写发布的财务会计准则与解释公告，包括《财务报告概念与框架》，国际会计准则委员会1973—2001年编制的《国际会计准则》（IAS）及其官方解释，2001年以来国际会计准则理事会颁布的《国际财务报告准则》（IFRS）及其官方解释《解释委员会解释公告》，以及其他技术总结和官方订正文件。

尼日利亚的会计核算制度与税法联系紧密，纳税申报时对会计报表纳税调整项较少，与税务政策趋于一致。在进行纳税申报时，要求一并提交以国际财务报告准则编制、经审计的财务报表。

三、会计制度基本规范

（一）会计年度

通常会计年度应为公历1月1日至12月31日，尼日利亚公司有权选择或更改其会计年度，《公司及相关事务法》规定，企业选择与决定财务报表日应通知公司事务委员会。《企业所得税法》规定任何将其会计报表日期从每年1月1日—12月31日更改为另一报告期的公司必须将该更改通知联邦税务局，税务机关要求企业在收到变更通知日，计算从上一次递交税务申报表到采用新会计年度前最后一日之间的税额。

（二）会计假设和计量基础

国际财务报告准则基本假设为权责发生制和持续经营假设。计量基础包括历史成本、现行成本、净变现价值、现值、公允价值等。财务报告质量要求包括：相关性（预测价值、确认价值、重大性）、忠实表述（完整性、中立、免于错误）、可比性、可验证性、时效性、可理解性。

四、其他

根据《国际财务报告准则第 10 号——合并财务报表》规定，子公司是被另一主体（母公司）所控制的主体。控制判断因素包括：投资者拥有对被投资者的权力；投资者因参与被投资者而承担或有权获得可变回报；投资者通过对被投资者行使权力有能力影响所取得的回报金额；还应考虑保护性权利、授予的权力、实际控制，以及实际代理人安排等因素。

合并财务报表是指集团（母公司与子公司）如同一个单独经济主体一样列报的财务报表。如果存在母公司—子公司关系，则须编报合并财务报表（存在若干特定的例外情况）。

集团中的所有主体均应采用相同的会计政策及相同的报告日期（如果可行）。集团内部往来余额、交易、收益和费用应全额予以抵销。

非控制性权益应在合并财务状况表的权益内与母公司所有者权益分开列报。综合收益总额应在非控制性权益与母公司所有者之间进行分摊，即使将导致非控制性权益出现赤字余额。在获得控制权后对子公司所有者权益的进一步购买应作为权益交易进行核算，不确认任何损益或商誉调整。

仍保留控制权的对子公司投资的部分处置应作为与所有者的权益交易进行核算，且不在损益中确认任何利得或损失。导致丧失控制权的对子公司投资的部分处置将引致须以公允价值重新计量所持有的剩余权益。公允价值与账面金额之间的差额应作为处置利得或损失计入损益。

本章资料来源：

◎ 国家税务总局《中国居民赴尼日利亚投资税收指南》

◎《对外投资合作国别（地区）指南——尼日利亚》（2018 年）

◎《中华人民共和国政府和尼日利亚联邦共和国政府关于对所得避免双重征税和防止偷漏税的协定》

◎ 德勤会计师事务所《尼日利亚税收与投资指南》

◎ 国际财务报告准则（IFRS）

◎ 安永会计师事务所《尼日利亚企业所得税、增值税、个人所得税纳税指南》（2018 年）

第十一章　塞尔维亚税收外汇会计政策

第一节　投资环境基本情况

一、国家简介

塞尔维亚共和国简称塞尔维亚，是欧洲巴尔干半岛中部的内陆国家，东接保加利亚，东南和南部分别毗邻阿尔巴尼亚和马其顿，西部与波斯尼亚和黑塞哥维纳、黑山拥有共同边界，西北部与克罗地亚相接，北连匈牙利，东北部为罗马尼亚。国土总面积 88361 平方公里（含科索沃），人口为706 万（2017 年估计）。首都贝尔格莱德是塞尔维亚最大城市，人口约 158万人。官方语言为塞尔维亚语，官方文字为西里尔字母。货币为塞尔维亚第纳尔（RSD）。塞尔维亚与该区域的其他国家适用大陆法系。议会是国家最高立法机关，而政府与其部长有权利在特定领域通过法令和其他附则。所有法律首先必须符合塞尔维亚共和国宪法，然后再符合已核准的国际协定以及所有其他法律。所有法律（法案和附则）在塞尔维亚共和国官方公报上发布之后生效。普通管辖与特种管辖的国家法院除外，争议可以通过替代争议解决方式解决，即仲裁。在合同中提出仲裁条款的前提下，法律实体可以选择以仲裁解决争议。塞尔维亚商会的外贸仲裁法院作为机构仲裁法院，位于贝尔格莱德。法庭的裁决是最终的裁决，具有约束力。此外，各方可以自由选择程序规则以及适用的实体法，因此特别有利于涉外因素的争议。

二、经济情况

近年来，塞尔维亚政府积极实行经济改革、推进私有化、改善内部投资环境，经济呈现稳中有升态势。2013—2017 年的 GDP 经济增长率为2.6%、−1.8%、0.8%、2.8%、2%；GDP 总额从 2013 年的 342.6 亿欧元增长至 2017 年的 475.4 亿欧元，人均 GDP 从 2013 年的 4781 欧元增长至 5581

欧元。① 农业在经济中占有重要地位。工业部门主要包括冶金、汽车制造、纺织、仪器加工等。主要出口商品为汽车、绝缘线、谷物等，主要进口商品为汽车零部件、原油等。塞尔维亚与俄罗斯、罗马尼亚和保加利亚等国签有自由贸易协定。

三、外国投资相关法律

塞尔维亚的法律法规较为健全。与投资合作经营有关的法律法规有《外国投资法》《吸收投资条例》《公共采购法》《公共私营合作制和特许经营法》《劳动法》《税法》《环境保护法》等。目前根据中塞两国政府 2009 年签署的《基础设施领域经济技术合作框架协议》，中国企业参与由中方提供融资的公共采购项目时，可与塞方业主直接进行议标，不受新版《公共采购法》的约束。

塞尔维亚经营实体的形式包括：股份公司、有限责任公司、合股公司及合伙公司。在塞尔维亚注册企业，无论申请注册何种形式的企业，均需要到塞尔维亚商业注册署办理注册手续。最低注册资金 500 欧元。在塞尔维亚办理投资相关手续时，向当地律师和相关咨询机构寻求帮助是比较便捷的方法。

塞尔维亚资本账户是开放的，外资可自由进入。塞尔维亚对外资参与国有企业私有化项目或参股、并购民营企业均持欢迎和支持态度。涉及国有企业的项目，普遍要求投资方承诺保证和新增一定数量的工作岗位。

外国人在塞尔维亚工作需要向塞尔维亚内务部外国人管理局申办居留许可，居留许可的有效期为一年，每年需申办一次。凭居留许可，再向塞尔维亚国家就业局申办工作准证，工作准证有效期一年。当前塞尔维亚失业形势严峻，对外来劳务严格限制，工作许可常带有限制条件。但是，塞尔维亚在高新技术产业、技术外包、软件设计等行业非常需要外来技术人才。塞尔维亚劳动法律比较严格，用工制度及劳动保障要求较高。

---

① 数据来源：塞尔维亚财政部，http://www.mfin.gov.rs/?change_lang=en。

四、其他

1995 年 12 月，中国与前南联盟签订双边投资保护协定。塞尔维亚继承了前南联盟的国际法主体地位，因此该协定仍然有效。2009 年，中塞宣布建立战略伙伴关系。两国外交部合作良好，建立了磋商机制。中国政府同塞尔维亚政府间建立了经贸混委会机制，签有《投资保护协定》《避免双重征税协定》《基础设施领域经济技术合作协定》《文化合作协定》《科技合作协定》和《中华人民共和国公安部和塞尔维亚共和国内务部合作协议》等协议。

塞尔维亚政府对来塞投资企业给予国民待遇，放开外资对工业部门投资，外资企业的资金、资产、利润、股份以及分红等可以自由转移，在建筑用地等方面也提供了相关便利和优惠。

第二节 税收政策

一、税法体系

塞尔维亚全国执行统一的税收制度，以中央税为主，并以所得税和增值税为税收体系的核心，主要税种包括企业所得税、增值税、个人所得税、不动产税、社会保障税和财产转让税等，各种税收均由立法确定并保护。

塞尔维亚继续适用相关国家与前南斯拉夫、塞尔维亚及黑山联盟缔结的税收协定直至其缔结新规定，且通过官方公告正式批准发布现行有效并成为塞尔维亚的法律的组成部分，其法律效力高于塞尔维亚国内法。

塞尔维亚近年并无与税基侵蚀与利润转移（BEPS）相关的重大税制改革，已推行的税制改革主要集中在增值税、社会保障、转让定价规则以及税收征管等方面。

适用法律主要有《法定社保法案》《个人所得税法》《转让定价规则手册》《税收征管法》《财产税法》《海关法》《关税法》《不动产税法》等。

二、税收征管

（一）征管情况介绍

塞尔维亚税务局是财政部所设的一个行政机关，负责开展与以下事项相关的公共行政活动，包括纳税人注册、税务审计、披露税收犯罪以及塞尔维亚《税收征管法》规定的其他事项。塞尔维亚只有中央税，没有地方税，因此，地方政府主要负责所在地区的中央税的征管。各自治地区的税务局在确认、征收及监管税收，以及执行强制性措施过程中，不具有以下权限：纳税人注册管理；通过对比和交叉审查的方法评估税基；披露税收犯罪；在税收申诉程序中出具税收裁决；《税收征管法》相关规定禁止的其他事项。

（二）税务查账追溯期

根据塞尔维亚法律规定，税金核定、征缴、退回等业务的执行权的期限为十年，但对税务违法行为可终身追溯。

（三）税务争议解决机制

1. 塞尔维尔纳税人和税务机关争议解决途径

塞尔维亚目前税务争议解决途径主要为两种：一种是行政申诉，依据的法律为塞尔维亚《税收征管法》；另一种是行政诉讼，依据塞尔维亚《行政诉讼法》。税务行政申诉是行政诉讼的前置程序。

根据塞尔维亚《税收征管法》第四部分申诉程序的规定，纳税人对于税务机关作出的税务行政行为不服的，可以向上一级税务机关提出申诉，上一级税务机关经审理可以作出驳回、部分或全部撤销、修改等决定。纳税人应当在税务机关作出税务行政行为 15 天内提出申诉。申诉期间，具体的税务行政行为不停止执行，但有下列行为的可以停止执行：申诉受理机关认可纳税人提出立即执行会造成重大损失的证明。申诉受理机关应当在受理申请之日起 50 日内作出决定，下一级税务机关在收到申诉受理机关作出决定 20 日内执行完毕。

根据塞尔维亚《行政诉讼法》的第 3 条、11 条、14 条规定，法人或者自然人对于与政府部门的争议可以向法院提起诉讼，但只能对最终的政府行为提起诉讼。

2. 中国和塞尔维亚间的国际税务争议解决

在中国与塞尔维亚间的国际税收利益分配活动中，两个主权国家是通过签订国际税收协定的方式来协调彼此之间的国际税收利益分配关系，中国和塞尔维亚间的国际税务争议主要表现为中国和塞尔维亚之间就相互签订的国际税收协定条款的解释、执行和使用范围等问题所产生的争议。纳税人适用中塞税收协定产生争议时，可启动相互协商程序确保税收协定正确和有效适用，消除分歧。因两国主管当局就相互协商程序能否达成一致具有相当的不确定性，而且该程序通常耗时很长，故当事人在申请启动协商程序后还可选择同时启动其他的救济程序，如行政复议或司法救济。迄今为止中国对外签署的税收协定中尚未包含有仲裁条款。

三、主要税种介绍

（一）企业所得税

塞尔维亚企业所得税是对塞尔维亚居民企业的全球所得和塞尔维亚非居民企业来源于塞尔维亚境内的所得所征收的一种所得税。

1. 居民企业

（1）纳税主体。居民纳税人是指在塞尔维亚依法注册成立的或管理控制地在塞尔维亚的法人实体。塞尔维亚适用地域管辖权。纳税人包括注册的股份公司、有限责任公司、一般合伙人、有限合伙人、社会所有制公司以及合作制企业或任何从货物销售和市场服务中获取收入的其他法人实体。

（2）征税范围。收入的确认通常以权责发生制为基础，包括营业收入、财务收入和其他收入。其中，营业收入主要指销售货物及提供服务取得的收入、政府拨款等；财务收入主要指利息收入、股息收入及汇兑收益；其他收入主要是资本利得。企业的利润总额为总收入扣除成本、费用，包括营业成本费用、财务费用、非营业成本费用以及非经常项目成本费用。其中，营业成本费用包括产品销售成本、原材料成本、工资薪金、服务成本、折旧等；财务成本费用包括利息、汇兑损失等；非营业成本费用和非经常项目的成本费用包括资本损失、风险准备金等。应纳税所得额的计算体现在《税务平衡表》中，是基于会计利润按照税法规定进行调整计算产生的。

塞尔维亚企业的财务报表必须每年编制。一个公历年即为一个纳税年度。

企业所得税当前年度的月度预缴税额基于前一纳税年度的应付税额。当企业在公历年内由于合并分立事项导致企业运营终止或企业开始进入清算或破产程序，企业的纳税年度为当年的 1 月 1 日至上述事项引起的商业登记变更日。如果企业在公历年中开始运营，企业的纳税年度为从商业登记日起至当年的 12 月 31 日。例外情况：纳税人（除银行外）如果为境外母公司在塞尔维亚的子公司或分支机构，境外母公司所在国的纳税年度非适用公历年度，纳税人需向塞尔维亚财政部或国家银行负责人准备和提交相应的财务报告以及要申请的纳税年度区间。该申请被批准后，税务机关则需按要求给予纳税人不同于公历年度的纳税年度许可。同时，纳税人需适用该获批的纳税年度至少五年。

（3）税率。居民纳税人的企业所得税税率为 15%，无附加税，无可替代最低税。居民纳税人的资本利得适用相同税率（计入年度所得税申报表）。

（4）税收优惠。当公司同时满足下列条件时，公司可以从实现应税所得的年度开始享受免征十年所得税的优惠：企业投资固定资产，或由其他人向企业投资固定资产，投资的金额超过 10 亿第纳尔；在投资期间额外雇佣 100 名以上的员工，且为无限期合约。固定资产投资包括对初始股本投资或增资，固定资产的价值以公允价值计量。投资的固定资产不包括非用于经营活动的汽车、飞机和轮船，也不包括家具（除了酒店、旅馆和餐馆等）、地毯、艺术品、手机、空调系统、视频监视器和公告牌。按照《企业所得税法》第 50 条规定，税收减免的幅度取决于符合条件的投资在纳税人总固定资产的价值占比。

与特许经营权相关的投资，允许企业五年内免征企业所得税。从事职业培训、职业康复和残疾人就业的企业可根据上述员工占企业总员工比例免征企业所得税。

对以租赁方式开展基础设施项目的大型投资，免征五年的企业所得税。

对投资不足 800 万欧元的外资企业给予按比例抵扣减税优惠。外商固定资产投资额的 20%，可作为免税额度抵扣应交所得税（称为免税抵扣额度），但该免税抵扣额不能超过外商当年应交税额的 50%。免税抵扣额度可留用，使用有效期最长为十年。

对特定领域的外资实行高额免税抵扣办法。免税抵扣额度可达外商固定资产投资额的 80%。免税抵扣额度可留用，使用有效期最长为十年。特定投资领域包括：农业、渔业、纺织生产、服装生产、皮革生产、初级金属加工、金属标准件制造、机械设备、办公设备、电气设备、广播电视及通信设备、医疗器械、汽车、再生资源和音像制品。

对中小企业也给予免税抵扣优惠。抵扣额度比例为企业当年投资总额的 40%，但免税抵扣额不能超过外商当年应交税额的 70%。如果免税抵扣额度未用，可留用十年。

（5）应纳税所得额。应纳税所得的确认原则。应纳税所得额的计算体现在《税务平衡表》中，基于会计利润按照税法规定进行收入和成本费用的调整计算产生。

收入调整。主要为不征税和免税收入，一般为取得的塞尔维亚税收居民分配的股息和来自塞尔维亚政府、自治省、地方政府或塞尔维亚国家银行发行的债券利息所得享受免税优惠。

成本费用调整。不可以税前扣除的费用：无合法证明支出；评估个人（债权人）提出的索付要求；赠送政治机构的礼品无记录证明的馈赠礼品和其他广告宣传品，或馈赠关联方的礼品；未及时纳税、捐赠和缴纳其他公共费用而支付的利息；罚款；非业务活动发生的费用；资产损失发生的费用，不可抗力的情况除外；因工人退休、中止劳动合同而未付的多余补偿金；关联方之间产生的逾期利息。限额税前扣除的费用：满足条件的公益捐赠扣除限额为收入总额的 5%；与文化有关的投资的扣除限额为收入总额的 5%；缴纳的会费（政党除外）的扣除限额为收入总额的 0.1%；销售费用的扣除限额为收入总额的 10%；业务招待费的扣除限额为收入总额的 0.5%。

税法规定的固定资产折旧率如下：建筑、仓库、高速公路、桥梁、石油管道等，年折旧率为 2.5%；机动车辆、飞机、船舶、空调、办公设备等，年折旧率为 10%；家具等，年折旧率为 15%；电视广播设备、油井设备、飞机零部件等，年折旧率为 20%；建筑设备、电脑、广告牌等，年折旧率为 30%。

无形资产摊销方法：商标、专利、版权、模型和特许经营权按年 10% 进行摊销；商誉，不视为无形资产，不摊销；视频游戏、光盘、数字多功能光盘等按年 30% 摊销。

亏损弥补。税收亏损可向以后五年结转并抵扣相应收益，但不可以向以前年度结转。

境外税收抵免。在与塞尔维亚签订双重避税协定的国家或地区，居民企业已支付的企业所得税款可享受抵免，但抵免额度限于境外收入依塞尔维亚税法规定计算的应纳税额。

资本利得是资本资产处置而获得的对价，包括股份的处置、长期债券的处置、开放式投资基金的处置、知识产权的处置以及房地产的处置。资本利得是资产销售价格和原采购价格的正差异；当该差异为负数时，则称作资本损失。资本利得应作为纳税人的应税收入。税法并未对短期和长期的资本利得规定不同的税务处理方式。资本损失不可冲抵营业收入和财务收入。只有当资本利得真正实现时才需要缴税，例如资产处置以获得对价缴税。资本利得免税的情况包括：处置塞尔维亚政府发行的关于"经济发展贷款"债券的利得（事实上，政府从未偿付贷款而是转换成债券）；公民处置冻结的外币存款账户的利得；处置塞尔维亚政府、自治省、地方政府或国家银行发行的债券和信用债券形成的利得。

2. 非居民企业

（1）纳税主体。如果法律实体不满足塞尔维亚税收居民企业的定义，则被视为塞尔维亚非居民企业。非居民企业的应纳税所得：在塞尔维亚设有常设机构的塞尔维亚非居民企业对归属于常设机构的收入及来源于塞尔维亚的收入缴纳企业所得税。在塞尔维亚没有常设机构的非居民企业仅就来源于塞尔维亚的收入缴纳企业所得税。

（2）收入来源地的判定标准。根据收入性质判定来源地：经营收入，非居民纳税人通过设立在塞尔维亚的常设机构获得经营收入；股息、利息、版税，如果股息、利息或特许权使用费的支付方是塞尔维亚居民企业；不动产或动产租金收入，位于塞尔维亚境内的不动产或动产所付的租金；资本利得，资本利得的支付人是塞尔维亚居民纳税人或者非居民纳税人、自然人或居民。

（3）税率。非居民企业通过设立在塞尔维亚的常设机构所获得的经营收入应缴纳15%的企业所得税，其他（股息、股票利润、版税、利息、资本收益、房地产和其他资产的租赁支付）来源于塞尔维亚的收入应缴纳20%的预提所得税。

（4）应纳所得税额。非居民企业构成常设机构。非居民纳税人在塞尔维亚构成常设机构，如果该常设机构依据会计、审计等相关规定独立记账（如分支机构或非居民纳税人的其他组织部门），则常设机构应依照居民纳税人相关规定计算应纳税所得额并进行纳税申报；如果非居民纳税人的常设机构并未进行独立记账，则应记录与常设机构收入与费用相关的所有数据，以及其他有助于确认常设机构经营所得的数据（税法没有具体规定，习惯做法为在塞尔维亚审计公司的协助下根据会计准则从公司的业务中筛选出与常设机构有关所有的收入费用数据，单独进行纳税申报）。

非居民企业不构成常设机构。非居民纳税人就来源于塞尔维亚的资本利得缴纳预提所得税，其应纳所得额为买卖差价。通常，除资本利得以外，其他所得应按照对方实际支付额缴纳预提所得税（详见（5）预提所得税的规定）。

（5）预提所得税。对非居民企业的某些收入（股息、股票利润、版税、利息、资本收益、房地产和其他资产的租赁支付）征收20%的预提税。避免双重征税协定有关预提税的条款将采用，但是非居民必须提交居住国的有效文件证明其为条约协定缔约国的居民。

股息，塞尔维亚居民企业向另外一家塞尔维亚居民企业发放的股息免缴企业所得税。非居民企业需就其收到的股息缴纳20%的预提税，除非税收协定给予更低的税率。向优惠税率地区居民个人支付的款项适用25%的预提税。

利息，非居民企业需就收到的利息缴纳20%的预提税，除非税收协定给予更低的税率。向优惠税率地区居民个人的支付适用25%的预提税。

特许权使用费，非居民企业需就收到的特许权使用费缴纳20%的预提税，除非税收协定给予更低的税率。向优惠税率地区居民个人的支付适用25%的预提税。

舞台表演、娱乐、艺术、体育或其他类似的活动收入，非居民纳税人需就其所收到的相关收入缴纳 20% 的预提所得税，但是如果获得收入的个人（如表演者、音乐家、运动员或其他类似个人）已经在塞尔维亚就该所得缴纳个人所得税的除外。

技术服务费无预提税。

支付给非居民企业的动产和不动产的租金适用 20% 的预提税，除非税收协定给予更低的税率。财产租赁所得以及支付给税收优惠地区居民个人的服务费适用 25% 的预提税。

（6）亏损弥补。非居民企业构成常设机构的情况下，亏损弥补同居民企业规定。

（7）其他。居民纳税人有义务就支付给非居民纳税人的股息、利息、版税、租金收入、娱乐或运动收入进行代扣代缴。如果非居民纳税人收到的股息、利息、版税、娱乐或运动收入、不动产或动产租金是支付给其在塞尔维亚的常设机构，则该支付不须缴纳预提所得税。非居民纳税人应当通过依法指定的税务代理在塞尔维亚提交关于资本利得预提所得税的纳税申报表，申报表须向收入产生的当地税务局递交，且须在收入产生之后 15 日内提交。

3. 反避税规则

（1）关联交易。根据塞尔维亚《企业所得税法》，关联方的定义为有特殊关系的实体，各方可以对其交易的条件或者经济结果产生直接影响。在下列情况下存在特殊关联关系：一家实体持有另一家实体至少 25% 的股份、股票或公司管理机构的投票权；一家实体能够控制或影响另一家实体的商业决策。上述定义适用于直接持有或间接持有的情况。另外，根据前述定义，同一控制下的公司也被认定为关联公司。

关联交易基本类型。塞尔维亚的转让定价规则基本遵循 OECD 转让定价指南。关联交易的基本类型主要包括：有形资产的转让；无形资产的转让；劳务交易；融资交易。

关联交易申报管理。

关联方之间的交易应遵循公平交易原则，并在次年的 6 月 30 日前向税务局提交转让定价报告和其他要求的资料。

（2）同期资料。分类及准备主体。根据塞尔维亚现有的转让定价规定，除融资交易外，如纳税人满足以下任意一个条件，则可提交"简易版的转让定价报告"（仅需包含关联方基本信息，关联交易的种类及数额）：性质为临时性的交易（一次性交易），并且交易额于纳税年度不超过增值税强制注册门槛金额（800万第纳尔）；与同一关联方在同一纳税年度内交易总额不超过增值税注册所用的门槛金额（800万第纳尔）。

具体要求及内容。转让定价同期资料应与资产负债表及纳税申报表一同递交税务机关。同期资料必须包含以下信息：集团分析；业务分析；功能风险分析；转让定价验证方法的选择；结论以及附录。

其他要求。转让定价同期资料应自所属期间6个月内递交至税务机关，特殊情况，经税务机关同意，可再延长90天。截至目前，BEPS第13项行动计划并未对塞尔维亚转让定价规定的执行产生实质性影响。

（3）转让定价调查。塞尔维亚《转让定价规则手册》确定了五种定价方法，分别为可比非受控价格法、成本加成法、再销售价格法、交易净利润法，以及利润分割法。纳税人选择最适合的定价方法时，应充分考虑下列因素：交易的性质；因素的可获得性及可靠性；关联交易与非关联交易之间的可比性；利用非关联方的财务数据判定关联交易公允价格的适当性；假设的性质及其可靠性。

税务机关有权对纳税人进行转让定价调整。纳税人可以选择通过行政申诉或直接通过行政法院启动司法程序。

（4）资本弱化。依据资本弱化规则，向关联公司支付的利息可在税前扣除，前提是贷款金额不得超过当年年初与年末的平均权益的4倍（银行与租赁公司的适用比例为10倍）。

根据转让定价规则，纳税人必须证明根据资本弱化规则可以税前扣除的利息符合公平交易原则，否则可能需要做相应的纳税调整。

4. 征管与合规性要求

（1）塞尔维亚采用自我纳税评估的税务管理体制，要求纳税人自行计算应纳税额并提交申报表。企业应当在纳税年度结束后的180天内提交申报表并缴纳相应税款。自2015年4月1日起，纳税人应当以电子申报的方式进行纳税申报。

（2）企业所得税实行预缴，当前年度的月度预缴税额是基于前一纳税年度缴纳税额的月平均数，当月税款要在次月 15 日之前缴纳。预缴金额不包括资本收益和资本损失。年度企业所得税的汇算清缴期限为次年的 180 日内，次年月度预缴的所得税，可能会根据上年的汇算清缴结果进行调整。如果纳税人预缴税款高于汇算清缴确定的最终应纳税额，则纳税人有权申请退税或者将多缴的税款用于下一个年度的预缴。如果纳税人预缴税款低于汇算清缴确定的最终应纳税额，则纳税人有义务补足差额。

（3）根据塞尔维亚《税收征管法》，企业纳税人和个人纳税人不合规的纳税申报面临不同程度的罚款。例：如果纳税人自行核定了税额，但是未提交纳税申报表且未缴纳税款，罚款金额为欠税金额的 20%~75%，不低于 400000 第纳尔，不高于 10000000 第纳尔；如果纳税人履行了纳税申报义务，但是未缴纳税款，罚款金额为欠税款金额的 10%~50%，不低于 250000 第纳尔，不高于 10000000 第纳尔；如果纳税人未在规定时间内提交纳税申报表，或未自行核定税额，或未在规定期限内缴纳税款，罚款金额为欠税金额的 30%~100%，不低于 500000 第纳尔，不高于 10000000 第纳尔。

（二）增值税

1. 征税原则

增值税的纳税人为在塞尔维亚境内独立从事生产经营活动过程中提供货物（货物供应）及劳务服务（劳务供应），或进口货物的法律实体和个人。

2. 计税方式

根据《增值税法》，塞尔维亚企业采用一般计税方式（扣税制），需开具含税基、税率和增值税额的销售账单（至少一式两份，买卖各自保存），保留增值税计算的相关记录，账单、增值税计算记录等文件中应注明纳税人识别号。

自然人或法人前 12 个月内的营业额超过 800 万第纳尔的，应进行强制性增值税登记，成为增值税纳税人；营业额低于上述金额的自然人或者法人，可以选择登记为增值税纳税人，也可以不进行登记。如果不登记，不能进行增值税进项税额的抵扣，也不可以开具增值税发票。塞尔维亚无中国增值税小规模纳税人的定义。

3. 税率

目前塞尔维亚增值税的标准税率为 20%，部分商品或服务适用 10% 的特殊税率。适用 10% 税率的商品和服务：基本食品（牛奶、面包、糖、蜂蜜、脂肪、大豆及橄榄油，可食用动植物油等）；新鲜及冷冻的果蔬和肉类、蛋类；动物和人类使用的药物；矫正和假肢工具，包括外科手术植入人体的医疗器械、医疗透析设备；肥料、杀虫剂、种子、饲料等；教科书和教学用具；每日新闻报纸；书籍、专题和连续出版物；木柴；酒店、旅馆、招待所、休闲中心、露营的住宿服务；公共服务设施；天然气；供暖设备。

4. 增值税免税及优惠

根据塞尔维亚《增值税法》，增值税减免包括增值税零税率征收及增值税免税。两者的区别是，增值税零税率可以抵扣进项税额，增值税免税不可以抵扣进项税额。

对商品出口及服务出口，免征增值税（零税率）。

塞尔维亚有 12 个自由贸易区，在自由贸易区内的项目免除增值税。主要情形为：为来料加工、外发加工或者测算、认证、维修、市场推广等，自贸区纳税人可以将商品转运到塞尔维亚其他关税区或者自贸区，免征增值税（免征）；自贸区用户为商业活动以及自贸区设施建设而进行的货物进口，免征增值税（免征）；进入自贸区的商品以及该商品相关的运输、存储等服务免征增值税，商品的购买者以及运输、存储等服务接受者享有进项税抵扣权和退税。

5. 销项税额

根据塞尔维亚《增值税法》第 17 章，增值税为价外税。提供货物或劳务的应税金额为供应商从接收方或第三方取得或将要取得的对价，包括任何直接或间接同货物或服务的价格相关的补贴，以及消费税、关税和其他进口税负，不包括增值税。应税金额也包括供应商收取的所有附带发生的费用（佣金、包装费、运费和保险等）。

根据塞尔维亚《增值税法》第 19 章，进口货物的应税金额为完税价格，包括消费税、关税，其他进口税负及公共支出，不包括增值税。

6. 进项税额抵扣

进项税额是采购货物、服务以及进口货物时在上一环节计算或缴纳的增值税，纳税人可以用来抵扣增值税销项税额。纳税人有权利抵扣从塞尔维亚境内购买或进口的货物的进项税额，包括为经营活动采购的设备和建筑物，或为提供以下商品和服务所接受的服务：应缴增值税的货物和服务的供应；适用增值税零税率的货物和服务的供应；境外提供的货物和服务，如果在塞尔维亚境内提供该服务或货物，则有权抵扣进项税。

纳税人进项税额有效的证明资料：增值税纳税人的供应商向纳税人开具的增值税发票；进口商品文件，列明了进项税额以及证明进口货物环节已缴纳了增值税。纳税期间内，满足上述条件，纳税人可以利用以下项目的进项税额作抵扣：计算和规定的增值税应税义务已被履行或将由其他从事销售的纳税人履行；进口货物时已支付的增值税。进项税额抵扣的权利在满足上述所有条件时生效。

不可抵扣的项目：采购、生产和进口客用汽车、摩托车、游轮、船只和飞机，存放它们的货物、零件、燃料和消耗品产生的存储费，以及租赁费、维护费、修理费和其他关于使用这些交通工具的服务费用（但当纳税人用这些交通工具和其他规定的货物以出售或租赁，提供运输服务或驾驶培训为目的，则可抵扣进项税额）；业务招待费；购买或进口地毯、电子家用电器、电视、无线接收器、艺术品、工艺品和其他用于办公家具装饰的费用。

7. 征收方式

增值税按进销项相抵后的余额缴纳。进项税额大于销项税额的情况下，纳税人有权向税务机关申请退税，也可转做下期留抵扣。退税申请须于当期纳税申报截止日（每月15日）前提交，税务机关应在退税申请递交之日起45日内支付给纳税申请人。根据《增值税法》第28条规定，抵扣有效期间为取得进项税额抵扣权利的当年起五年内。

8. 征管与合规性要求

增值税按月申报，截止日期为每月15日之前。违反《增值税法》规定（如应开发票而未开票、未保存申报记录、未在规定期限内提交注册登记表）的纳税人将面临 100000~1000000 第纳尔罚款，相关负责人将面临 10000~50000 第纳尔的罚款等处罚。

9. 纳税义务发生时间

增值税义务从货物或服务供应日期，或者预付款（或部分预付款）支付 / 接收日期起算，以先发生者为准。开票日期也能作为增值税纳税义务发生时间，但仅适用于版权、专利、许可证等。进口货物发生时间为货物实际进入塞尔维亚关境内的时间。

10. 纳税地点

（1）货物提供的纳税地点。根据塞尔维亚《增值税法》第 11 章，下列情况视同货物提供：需运输的货物，行为发生地为货物起运地；需供应商组装或安装的货物，行为发生地为货物组装或安装地；无需运输的货物，行为发生地为货物供应时货物所在地。货物供应在塞尔维亚境内，但供应商为外国实体（例如，未在塞尔维亚构成常设机构或无经营分支的法人），该实体有义务指定税务代理。如果未指定，将适用反向收费机制。

（2）劳务提供的纳税地点。根据塞尔维亚《增值税法》第 12 章，通常情况，劳务发生地为提供劳务方的机构所在地。如果纳税人是通过分支单位（例如酒店）提供劳务，则劳务发生地为提供劳务所在地。以下为劳务发生地的特殊情况：不动产所在地（与不动产相关的服务）；服务实际发生地（文化、艺术、教育、科学或体育，以及运输或辅助性服务等领域）；运输服务发生地；服务接收方接收服务所在地。

劳务供应在塞尔维亚境内，但供应商为外国实体（例如，未在塞尔维亚构成常设机构或无经营分支的法人），该实体有义务指定税务代理。如果未指定，将适用反向收费机制。

（3）进口货物的纳税地点。根据塞尔维亚《增值税法》第 13 章，进口货物发生地被认为是货物进入塞尔维亚关境的地点。货物进口至塞尔维亚境内，但进口商为外国实体，则其被认为是税收债务人。

（三）个人所得税

1. 征税原则

居民个人就全球收入纳税，非居民个人（累计居住时间不超过 183 天）仅就其来源丁塞尔维亚的所得缴税。除根据收入类别征税（分类所得税）

外，塞尔维亚还征收年度个人所得税，即在一个公历年度结束时，居民纳税人对分类的各种净所得应汇总纳税，年度净收入超过国内平均工资收入（塞尔维亚统计当局年初发布，2017 年为 791712 第纳尔）3 倍的居民自然人，需要缴纳年度个人所得税，非居民纳税人的塞尔维亚来源收入超过上述标准，也需要缴纳年度个人所得税。年度个人所得税是塞尔维亚的附加税。

个税起征点为：塞尔维亚税务局颁布的标准工资（2017 年为 15000 第纳尔）。

没有针对非居民纳税人雇佣所得的特别规定。借调的雇员（非居民雇主派往塞尔维亚工作的非居民雇员）必须根据《个人所得税法》第 100 条就其来源于塞尔维亚的雇佣所得申报 10% 的所得税，同时不得适用每月扣除额。

2. 申报主体

居民纳税人夫妻双方为独立纳税人，不以家庭为单位合并纳税，合伙企业（普通合伙和有限合伙）被视为独立纳税人。

非居民纳税人获得来源于塞尔维亚的收入，应仅就不征收预提所得税的部分申报缴纳个人所得税，预提所得税的扣缴义务人为所得支付人。

3. 应纳税所得额

根据塞尔维亚《个人所得税法》，个人收入类型包括：雇佣收入；营业收入；特许权使用费收入；投资收入；资本利得；其他收入。

非居民纳税人在 2013 年及以后年度的所得也应在塞尔维亚缴纳补充所得税。非居民纳税人所缴的预提所得税为最终税负。

4. 扣除与减免

通常情况下，部分个人成本费用支出可从居民纳税人的汇总收入中扣除，如个人抵押贷款利息、医疗费、医疗保险费、教育费、赡养费、维护费和非商业捐赠。

纳税人所供养的家庭成员可享受个人所得税项减免。居民纳税人缴纳补充所得税的情况下，基本个人津贴（年平均工资收入的 40%）和每位家属的津贴（年平均工资收入的 15%）可在应税所得中扣减，津贴总额应不超过应税收入的 50%。

5. 税率

分类所得税的税率取决于收入的类型：雇佣收入的税率为 10%，营业收入为 10%，特许权使用费、租金收入与其他收入为 20%，资本收益为15%。

年度个人所得税适用 10% 和 15% 的累进税率：10% 税率适用于净所得不超过 3~6 倍年平均工资收入的部分；15% 税率适用于净所得超过六倍年平均工资收入的部分。

非居民纳税人获得以下收入应适用预提所得税，其税率如表 11-2-1：

表11-2-1　非居民纳税人预提所得税税率

序号	收入类别	税率
1	股息 / 利息	15%
2	版税	20%
3	保险金	15%
4	不动产所得、动产租金所得、博彩所得、董事所得、提供专门服务所得	20%

数据来源：《塞尔维亚个人所得税法》。

6. 资本利得税

资本利得，指纳税人出售或转让以下权利所获得的收益：不动产所有权、建筑产权、城市土地使用权、版权、著作权及其他工业产权、股权、债权、开放投资基金投资份额、可选养老基金投资份额、由可选养老基金定期支付组成的资金池。除针对特定资本利得类型的特别规定外，资本利得的税基，指相关资产的卖出价与买入价之差。税率为 15%。非居民个人没有特别规定，参照居民个人资本利得的规定。

7. 征管与合规性要求

个人所得税申报截止日期为每月最后一个工作日。惩罚逾期申报、未申报以及逃税将被处以 50% 的罚息。具体规定参考塞尔维亚《税收征管法》和《个人所得税法》的规定。

（四）关税

1. 关税体系和构成

塞尔维亚现行《海关法》在 2010 年 3 月 3 日生效，是塞尔维亚《海关法》与欧盟规定相统一的重要一步，涉及海关程序的标准化及海关执法的现代化。塞尔维亚关于货物分类的《关税税则》与《欧盟统一海关关税命名法》一致，并且根据《商品名称及编码协调制度的国际公约》在不断修改、调整。

2. 征收范围和税率

《塞尔维亚海关关税法》规定了各类进出口商品的清关规则，塞尔维亚海关每年公布新的海关税则表作为《海关法》的附属文件，税则表中分别列出自主关税、协议关税、优惠关税、减让关税及零关税等不同的税率。依据《关税税则》规定，海关注册税为报关基数的 0.5%。塞尔维亚的平均关税率为 12%，对绝大部分进口产品征收 0%~30% 不等的关税，个别产品如含量超标的卷烟等适用 57.6% 的最高关税税率。欧盟是塞尔维亚最主要的贸易伙伴，占贸易额 60% 以上，目前塞尔维亚自欧盟进口产品平均关税维持在 0.99%，其中 95.1% 的产品免征关税自由进口。与塞尔维亚签订最惠国条款的国家可以享受最惠国待遇，适用优惠的通关税率。

塞尔维亚鼓励出口，对产品出口基本不作限制。

主要商品进口关税税率如表 11-2-2：

表11-2-2　主要商品进口关税税率表

商品名称	关税税率	商品名称	关税税率
酒类、烟草	10%~30%	纸浆、纸制品	1%~20%
矿物原料	1%~5%	机械设备	1%~15%
化工产品	1%~30%	汽车、飞机	1%~20%
木制品	1%~10%	纺织品	0%~22%
塑料和橡胶制品	1%~20%	鞋帽	5%~30%

数据来源：塞尔维亚海关 http：//www.upravacarina.rs/cyr/Stranice/Default.aspx。

3. 关税免税

塞尔维亚对关税减免控制得十分严格，对特定大项目免税的有关事宜，需经议会审批后，由财政部签发免税函。

依据《关税法》与《外国投资法》的规定，对外商投资的设备、部件及规定所需物品等实行减免关税，其中投资设备免关税。进口原材料和半成品免征关税，适用于产品全部出口的项目和在自由贸易区内的项目。

4. 设备出售、报废及再出口的规定

免税设备有三年监管期，监管期内不能随意处置，监管期限后，企业可自行处理设备。

全额关税进口设备，企业可以自行报废；对海关税收优惠进口设备的报废必须通过海关监督管理机构认定残值，补齐相应关税后进行报废，同时申请海关管理机构进行销关。

对于免税进口的设备，如果项目结束后设备转场到黑山等与塞尔维亚有贸易协定的国家，则不需要缴纳关税。

（五）企业须缴纳的其他税种

不动产税。根据塞尔维亚《财产税法》的规定，塞尔维亚政府对于在塞尔维亚境内拥有或者使用不动产的法人和个人，按照不动产的价值征收不动产税。不动产税的价值为上一年度 12 月 31 日房地产公允市价，无法获得公允市价的，税务部门可以按照不低于原值的 70% 进行核定。税率为 0.4%。

环境税。包括环境保护及改善费用、环境污染税。环境保护及改善费用对以下企业和个人征收：

（1）利用公寓、营业场所、土地从事营业活动的业主或承租人。

（2）进行对环境有破坏活动的法律实体和企业家。

（3）从事运输石油和石油衍生物、原材料、化工产品和中间化学产品及其他危险品的卡车所有者。

环境保护及改善费用适用的最大税率是：

（1）商业用房每平方米 2.64 第纳尔，公寓每平方米 0.87 第纳尔。

（2）非环保企业销售原材料、原材料中间产品年收益的 0.4%。

（3）运输的石油、石油衍生物或其他危险物品每吨 100 第纳尔。

环境污染税是对污染环境者征收，污染环境的行为有：排放污染源、生产或储存垃圾等。

印花税。取得某项经济活动的资格应缴纳的许可证照费用。主管部门每年发布新的收费价目表。以下为几种常见证照 2017 年的收费标准：

表11-2-3　常见证照2017年收费标准

单位：第纳尔

序号	许可类型	单件收费标准
1	居留许可	17670
2	工作许可	13470
3	驾驶证	9260

数据来源：塞尔维亚移民局，www.mup.gov.rs；塞尔维亚就业局，www.nsz.gov.rs。

资本利得税。非房地产、股票、证券、某些债券和投资单位的出售或转让产生的非居民收益，税率为 20%。

财产转让税。《不动产税法》规定的转让项目，如不动产、知识产权的转让，需缴纳 2.5% 的财产转让税。

礼品税。以收取现金、储蓄存款或银行存款、应收账款、知识产权、车辆或船只、飞机、其他动产不动产的所有权作为礼物时的财产税。税基是税务机关确定的收到礼物的市场价值，税率为 2.5%。

非寿险保费税。根据保险性质（非寿险），按保费金额征收 5% 的税，由保险公司代扣代缴。

消费税。根据塞尔维亚《消费税法》，对以下产品的生产商和进口商征收消费税：石油衍生品、生物燃料和生物燃油、烟草制品、酒精饮料和咖啡等。税基为每一计量单位，例如每公斤烘焙咖啡的消费税为 112.6 第纳尔（参考《消费税法》）。

中央政府、地方市政府及授权公共实体收取的各种其他费用，这类费用有 150 多种，最常见的有：土地开发费、非金属材料开采费、石油和天然气开采费、各种水费、机动车费用等。

（六）社会保险金

1. 征税原则

根据塞尔维亚强制性社会保险法律规定，雇主及其雇员应缴纳的社会保险的计算基础为员工月薪的 37.8%（雇员承担 19.9%（养老和伤残保险

14%，医疗保险 5.15%，失业保险 0.75%），雇主承担 17.9%（养老和伤残保险 12%，医疗保险 5.15%，失业保险 0.75%））。

雇主另需承担雇员的全部病假保险、事故保险、劳动基金。

2. 外国人缴纳社保规定

外国人在塞尔维亚工作需要缴纳社会保险，计算、申报和缴纳与塞尔维亚籍员工一致。

2018 年 6 月 7 日，中塞两国政府签订了《中华人民共和国政府和塞尔维亚共和国政府社会保障协定》，解决双方投资企业和员工双重缴纳社会保险费的问题。根据该协定，双方将免除在对方境内的企业派遣员工等人员的养老保险和失业保险缴费义务。协定将在双方完成各自国内法律程序后生效。

第三节　外汇政策

一、基本情况

塞尔维亚的外汇管理部门是塞尔维亚国家银行，对议会负责，主要负责货币政策、外汇及储备管理、维护本国市场价格和汇市稳定、监管本国银行等，央行下辖外汇管理局、反洗钱局等相关部门。

塞尔维亚官方货币为塞尔维亚第纳尔。塞尔维亚第纳尔实行有管理的浮动汇率制。在每个交易日末，塞尔维亚国家银行基于银行间外汇市场所有交易使用汇率的加权平均值，计算得到塞尔维亚第纳尔兑欧元的汇率中间价。自 2015 年 1 月 12 日起，人民币被纳入一篮子货币，进入塞尔维亚第纳尔的汇率中间价计价体系。

主要法规：《塞尔维亚国家银行法》《外汇交易法》《资本市场法》等。

由于本国货币币值波动较大，通货膨胀时有发生，因此民众偏好持有欧元等外汇，中资机构的本地雇员也大多要求以欧元或美元对薪酬计价。企业和民众在进行大额交易时，一般习惯以欧元报价，再按即时汇率的中间价进行结算。

境内正规交易只能以第纳尔结算。对于进口业务，可在网银系统中填写并提交外汇使用申请，同时将发票交银行审核，银行确认后在其网银系统中支付。

二、居民及非居民企业经常项目外汇管理规定

（一）货物贸易外汇管理

本国或外国国民（包括个人和企业）均可在塞尔维亚银行开立外汇账户（外汇存款账户有账户管理费）并进行外汇的汇入汇出，并且对金额没有严格限制，但需提供相应证件、交易证明（如发票等，证明交易合理合法），对外支付和收款通过授权银行进行。

为了保持正常生产，可以预付进口原料、再生产材料、零部件合同金额的50%，进口须于颁发支付指令后的30天内兑现；进口设备可以提前支付30%的合同金额。

一般情况下，货物贸易出口收入没有汇回境内的强制要求。外币资金汇入需进行申报。

（二）服务贸易外汇管理

本国或外国国民（包括个人和企业）均可在塞银行开立外汇账户（外汇存款账户有账户管理费）并进行外汇的汇入汇出，并且对金额没有严格限制，但需提供相应证件、交易证明（如发票等，证明交易合理合法），对外支付和收款通过授权银行进行。

一般情况下，服务贸易出口收入没有汇回境内的强制要求。外币资金汇入需进行申报。

（三）跨境债权债务外汇规定

对外债务和债权的折抵须经塞尔维亚国家银行批准，补偿债务所进口的商品应是原料、再生产材料、设备或进口有关的劳务。

（四）外币现钞相关管理规定

境内企业出口收汇以现钞方式结算的单笔上限不能超过1.5万欧元，并在收到现钞3个工作日内存到银行。

提取外币现钞可向开户银行申请，需列明目的，并在日后提交发票等

资料核销。在银行提取外币现钞 6000 欧元以上时需提前预约。

三、居民企业和非居民企业资本项目外汇管理

塞尔维亚对境外直接投资和外商直接投资业务没有限制。

借贷业务：根据《外汇交易法》，境内居民可以外币和本币形式从国外借入外债，或形成对外债权，但均需向塞尔维亚国家银行报告或经其批准。本币借贷较为严格，仅限于国际金融组织、国外州政府成立的开发银行和金融机构等，借入本币外债需要塞尔维亚国家银行批准。在购汇时需要提供双方签署的借款协议，还款时间表，收款证明材料；如果提前还款，需借款人书面同意。

担保业务：居民给非居民担保的，需符合法律规定且满足必要条件（如居民是投资方或有相应抵押），并报告给塞尔维亚国家银行。非居民给居民担保没有限制。

证券投资：证券委员会管理股票发行和交易，非居民投资股票没有限制，但非居民交易境内武器生产和销售企业的股票受限制，除非合资企业由境内居民控股。非居民境内交易集合证券需符合法律和相关规定，非居民发行集合投资证券需要提前注册。境内居民只能通过投资公司和管理公司在境外购买集合证券。境内居民境外购买衍生证券和其他工具需要事先取得塞尔维亚国家银行许可，且以对冲风险为目的。

四、个人外汇管理规定

个人经常项目：居民个人可以支付法律允许的货物和服务进口货款。居民或非居民个人可自由携带不超过等值 1 万欧元的外币现钞出境，携带不超过等值 1 万欧元的外币现钞入境无需申报。外币现金提取无手续费。

个人资本项目：居民个人不得向非居民个人发放贷款。居民个人可由于进口商品和服务等原因借入一年期以上外债，债务资金需汇入境内银行开立的外汇账户。

第四节　会计政策

一、会计管理体制

（一）财税监管机构情况

塞尔维亚财政部负责国家财政预算、管理国库，负责管理全国会计工作，起草、解释和更新会计法律、行政法规，研究并提出会计改革和发展的政策建议，拟订并组织实施国家统一的会计准则制度、管理会计标准、内部控制规范、会计信息化标准等，拟订政府会计准则和行政单位会计制度，依法对注册会计师行业进行监督、指导，制定注册会计师行业规章制度和政策措施。财政部主导成立了该国的会计师和审计师协会（The Association of Accountants and Auditors of Serbia，国际会计师联合会 IFAC 及欧洲会计师联合会 FEE 成员），负责对会计人员的继续教育，监督会计专业的发展，更新和应用会计准则。财政部组织翻译 IFRS、IAS 等用于规范经济组织会计运作的财务管理准则，IFRS、IAS 的翻译版本由财政部决定和出版发布，IFRIC（国际财务报告解释委员会）则出版相关解释。财政部下设税务局，属于行政机关，负责开展与纳税人注册、税务审计、披露税收犯罪等相关的公共行政活动。

（二）事务所审计

《审计法》规定，大型企业、中型企业、国有企业、《资本市场法》所述的上市公司、营业收入超过 440 万欧元的企业，其财务决算需要由审计机构进行审定。上述类型的企业有义务将会计报表和审计报告一并提交工商登记署。

（三）对外报送内容及要求

会计报告中主要包含：资产负债表、损益表、现金流量表、所有者权益变动报告、企业经营情况说明、企业利润分配情况说明、管理层同意财务报告的决定书、财务情况说明书等财务报表及附注。

关联交易中，采购定价相关的证明材料及交易申明。

上报时间要求：会计报告须按公历年度编制，于次年的 2 月 28 日前报送统计目的需要的统计数据和统计报告至商业注册署，6 月 30 日前向商业注册署和税务局报送信息公开需要的完整的会计报告、批准会计报表的决议、利润分配 / 损失保险的决议等，7 月 31 日前报送合并会计报表。

二、财务会计准则基本情况

（一）适用的当地准则名称与财务报告编制基础

塞尔维亚根据企业规模大小，按照规定分为微型、小型、中型与大型企业，适用 IFRS、IFRS for SMEs 或国家会计和财务报告规则等。塞尔维亚小型、中型与大型公司需要根据国际会计准则准备财务报表，财务报表必须每年编制。微型企业选择遵从中小企业国际财务报告准则或塞尔维亚财政部对微型企业制定的财务报告规定（资产负债表、利润表和简易统计表）。

（二）会计准则适用范围

微型企业适用基于一般会计原则的、由财政部通过的二级立法，亦可选择适用 IFRS for SMEs，但应保持 IFRS for SMEs 适用的连续性。微型企业为不超过以下标准中的两项者：平均员工人数 10 人、营业收入 70 万欧元、平均资产总额 35 万欧元。

中小型企业适用 IFRS for SMEs。小型企业为超过本条第一段所述标准的两项，但不超过下述标准中的两项者：平均员工人数 50 人、营业收入 880 万欧元、平均资产总额 440 万欧元。

中型企业可选择适用 IFRS for SMEs 或 IFRS，如果选择适用 IFRS，应保持 IFRS 适用的连续性，除非其根据法律转变为小型企业。中型企业为超过本条第二段所述标准的两项，但不超过下述标准中的两项者：平均员工人数 250 人、营业收入 3500 万欧元、平均资产总额 1750 万欧元。

大型企业、所有金融机构、《资本市场法》所述的上市公司、被政府归类为公共利益的实体适用 IFRS。大型企业为至少两项同时超过本条第三段所述标准者。

三、会计制度基本规范

（一）会计年度

根据塞尔维亚《会计法》，公历年度 1 月 1 日至 12 月 31 日为会计年度。如果来自境外母公司的会计年度与塞尔维亚经营机构的会计年度存在差异，该机构可以申请对会计年度进行变更。

（二）记账本位币

根据塞尔维亚《会计法》，塞尔维亚记账本位币为塞尔维亚第纳尔，货币符号 RSD。

（三）记账基础和计量属性

塞尔维亚企业以权责发生制为记账基础，以复式记账为记账方法，以历史成本、重置成本、可变现净值、现值以及公允价值为计量属性。

四、主要会计要素核算要求及重点关注的会计核算

（一）现金及现金等价物

会计科目第 24 类核算现金、银行存款及现金等价物。会计科目（243）核算第纳尔现金，（246）核算外币现金；会计科目（241）核算第纳尔银行存款，（244）核算外币银行存款。

资产负债表中列示的现金是指库存现金及可随时用于支付的银行存款，现金等价物是指持有的期限短、流动性强、易于转换为已知金额现金及价值变动风险很小的投资。主要涉及资产有现金、银行存款。

现金流量表中列示的现金及现金等价物和 IFRS 中概念一致。

（二）应收款项

会计科目第 20、21、22 类核算应收款项。应收款项的初始计量按初始价值计量确认，同时规定了坏账准备、折扣等的会计处理，至少每年进行一次减值准备测试。

会计科目第 28 类核算预付款项。

年末应收款项需要按公允价值计量确认；坏账准备不能从税前扣除。

（三）存货

在塞尔维亚，按照 IAS 2 相关规则进行存货的会计核算。存货按照成本

与可变现净值孰低法计量，成本包括采购成本、加工成本（材料、人工和间接费用）、使存货达到当前场所和状态所发生的其他成本（但不包括汇兑差额）。

存货出库采用先进先出法。

在建造合同法确认收入的情况下，期末采用永续盘点法确认未出库原材料，并用"工程结算和工程施工"差额确认在建工程。

（四）长期股权投资

按照 IFRS 7、IFRS 9、IFRS 12 以及 IAS 32、IAS 39 进行初始确认和后续计量。

（五）固定资产

固定资产参照 IAS 16 和 IFRS 13 进行核算。固定资产初始确认以成本计量。

企业应在其预计使用期限内对固定资产计提折旧。塞尔维亚《会计法》规定固定资产按照直线法进行折旧，税法则规定固定资产采用加速折旧法进行折旧。

固定资产期末计量，企业可以选择成本模式或者重估价模式作为其会计政策，并将该政策应用于所有类别的固定资产。成本模式，是指确认为资产后，账面金额应为其成本扣减累计折旧和累计减值损失后的余额；重估价模式，是指确认为资产后，如果能够可靠计量资产的公允价值，则其账面金额应为重估金额，即该资产在重估日的公允价值减去随后发生的累计折旧和累计减值损失后的余额。在重估价模式下，应定期进行重估，并且特定类别资产的所有项目都应进行重估。

《税法》第 10 条对固定资产的折旧做出了规定：固定资产划分为五大类，并依据资产类别适用的不同的折旧方法和折旧率。第一类为不动产，按比例法进行折旧，适用的年折旧率为 2.5%。其他四类资产按加速折旧法进行折旧，购入第一年以购置成本作为折旧基础，之后以折余价值作为折旧基础，年折旧率分别为 10%、15%、20% 和 30%。

表11-4-1　固定资产年折旧率表

序号	具体资产名称	税法规定的年折旧率
1	建筑、仓库、高速公路、公路、桥梁、隧道、石油管线、仓储设施等	2.5%
2	飞机、载客车辆、空调、商标、专利、版权、模型和特许经营权等	10%
3	工业机器、卡车等	15%
4	环境设备、无线电广播设备、油井设备等	20%
5	土建机械、电脑和软件、广告牌等	30%

数据来源：《塞尔维亚企业所得税法》。

（六）无形资产

塞尔维亚关于无形资产核算的相关规定参照 IAS 38。

无形资产在初始购入后进行会计处理时，无形资产应被划分为：具有不确定的使用寿命（"不确定的"并不意味着"无限的"）和具有有限的使用寿命。

具有有限使用寿命的无形资产的成本应在其使用寿命内进行摊销。当存在迹象表明该无形资产的账面金额超过其可收回金额，应根据 IAS 36 执行减值测试。

具有不确定使用寿命的无形资产无需进行摊销，但应每年执行减值测试。如果可收回金额低于账面金额，则应确认一项减值损失。

通常，无形资产在购买或完工后发生的后续支出应确认为费用。仅在极少数情况下才满足资产的确认标准。

（七）职工薪酬

会计科目第 45 类核算职工薪酬，核算所有支付给雇员的各类报酬，包括短期福利（工资、年假、病假、年度利润分享、奖金和非货币性福利）、养老金、离职后人寿保险和医疗福利、其他长期福利（长期服务假、残疾福利、递延报酬、长期利润分享和奖金），以及辞退福利。

职工薪酬的确认和计量方法参照 IAS 19，基本原则是：职工薪酬成本应在取得雇员提供的服务当期（而非支付或应付福利时）予以确认。

（八）收入

会计科目第 6 大类核算企业日常经营活动中取得的源自销售商品、提供服务或劳务、利息、特许权使用费和股利收入等。

收入应按已收／应收对价的公允价值计量，具体参照 IAS 11、IAS 18，IFRS 15 发布后则适用 IFRS 15。

对于建筑企业，如果建造合同的结果能够可靠估计，则可应用完工百分比法核算，收入和成本根据合同活动的完工进度予以确认；如果合同的结果无法可靠地估计，不应确认任何利润，合同收入仅在已发生的合同成本预计可以收回时才能确认，且合同成本应在其发生时确认为费用。

（九）政府补助

关于政府补助的定义和核算参照 IAS 20。

政府补助的确认采用权责发生制，同时满足下列条件才能确认：企业能够满足政府补助所附条件；企业能够收到政府的补助。

政府补助为货币性资产的，按照收到或应收的实际金额计量；政府补助为非货币性资产的，按照公允价值计量。

政府补助包括与收益相关的政府补助和与资产相关的政府补助。

（十）借款费用

借款费用是指企业因借款而发生的利息及其相关成本。塞尔维亚参照 IAS 23 核算借款费用。对于可直接归属于符合条件的资产的购置、建造或生产的借款费用，仅当此类费用将很可能导致经营主体获得未来经济利益且能可靠地计量时，才可作为该资产成本的一部分予以资本化；不符合资本化条件的所有其他借款费用均应在发生时确认为费用。符合条件的资产，是指需要经过相当长时间才能达到预定可使用或可销售状态的资产，包括生产厂房、投资性房地产和某些存货等。

（十一）外币业务

外币交易时，应在初始确认时采用交易发生日的即期汇率折算为记账本位币金额。

资产负债表日，外币货币性项目采用资产负债表日的即期汇率折算，为外币所产生的折算差额，除了为购建或生产符合资本化条件的资产而借入的外币借款产生的汇兑差额按资本化的原则处理外，其他类折算差额直接计入当期损益。以公允价值计价的外币非货币性项目采用公允价值确定日的即期汇率计量，产生的折算差额作为公允价值变动直接计入当期损益。

资产负债表日，以历史成本计量的外币非货币性项目，仍采用交易发生日的即期汇率计量。

（十二）所得税

塞尔维亚参照 IAS 12 进行所得税核算，与此相关的还有塞尔维亚《企业所得税法》。会计科目（4810）核算所得税。

五、其他

关于企业合并的定义和核算参照 IFRS 3。企业合并的购买方应按购买日的公允价值确认其取得的资产和承担的负债并披露相关信息，以使财务报表使用者能够评价购买的性质及财务影响。

本章资料来源：

◎ 国家税务总局《中国居民赴塞尔维亚投资税收指南》

◎ 塞尔维亚德勤会计师事务所税务资料